高等职业教育新能源汽车类专业教材

新能源汽车电学基础与高压安全

湖南省职业教育与成人教育学会◎组织编写
高职交通运输类专业委员会

段春艳◎主　　编

邓妹纯　匡伟祥　张雪文◎副主编

人民交通出版社股份有限公司

北　京

内 容 提 要

本书是高等职业教育新能源汽车类专业教材之一。主要内容包括：新能源汽车常用仪器仪表的使用、新能源汽车直流电路分析与测量、新能源汽车交流电路分析与测量、汽车常用电磁器件检测、汽车电子控制电路分析、数字电路在汽车上的应用、高压安全事故应急处理。

本书可作为高职院校新能源汽车技术专业教材，也可供新能源汽车维修人员及相关技术人员参考使用。

图书在版编目（CIP）数据

新能源汽车电学基础与高压安全/段春艳主编. —
北京：人民交通出版社股份有限公司，2024.1
　　ISBN 978-7-114-19124-4

Ⅰ.①新…　Ⅱ.①段…　Ⅲ.①新能源—汽车—电气设备—高等职业教育—教材 ②新能源—汽车—高电压—安全技术—高等职业教育—教材　Ⅳ.①U469.7

中国国家版本馆 CIP 数据核字（2023）第 231728 号

书　　　名：**新能源汽车电学基础与高压安全**
著 作 者：段春艳
责 任 编 辑：郭　跃
责 任 校 对：刘　芹
责 任 印 制：刘高彤
出 版 发 行：人民交通出版社股份有限公司
地　　　址：（100011）北京市朝阳区安定门外外馆斜街 3 号
网　　　址：http://www.ccpcl.com.cn
销 售 电 话：（010）59757973
总 经 销：人民交通出版社股份有限公司发行部
经　　　销：各地新华书店
印　　　刷：北京市密东印刷有限公司
开　　　本：787×1092　1/16
印　　　张：13.5
字　　　数：303 千
版　　　次：2024 年 1 月　第 1 版
印　　　次：2024 年 1 月　第 1 次印刷
书　　　号：ISBN 978-7-114-19124-4
定　　　价：45.00 元

≫ 前言

随着新一轮科技革命和产业变革深入推进,汽车与能源、交通、信息通信等多个领域加速融合,汽车的电动化、网联化、智能化、共享化成为汽车产业发展的主流和趋势。为了对接汽车产业发展新趋势,满足新能源汽车领域的高质量发展对高素质技术技能人才的需求,推动职业教育专业升级和数字化改造,提高人才培养质量,湖南省职业教育与成人教育学会高职交通运输类专业委员会组织湖南交通职业技术学院、湖南国防工业职业技术学院、湖南机电职业技术学院、湖南生物机电职业技术学院、湖南石油化工职业技术学院、益阳职业技术学院共同编写了高等职业教育新能源汽车类专业教材。

党的二十大报告提出:"教育、科技、人才是全面建设社会主义现代化国家的基础性、战略性支撑。"从战略全局上对全面建设社会主义现代化国家作出战略部署,对办好人民满意的教育、加强教材建设和管理提出明确要求。为贯彻落实党的二十大精神,推进产教融合、科教融汇的时代风尚,坚持职教特色、示范引领、质量为先的建设原则,以项目驱动、任务主导的形式编写本教材。本教材的主要内容包括新能源汽车常用仪器仪表的使用、新能源汽车直流电路分析与测量、新能源汽车交流电路分析与测量、汽车常用电磁器件检测、汽车电子控制电路分析、数字电路在汽车上的应用、高压安全事故应急处理七个项目,每个项目分设不同的任务。从任务描述引入,到完成任务所需的知识准备,再到任务实施及工单填写,形成一个完整的学习操作过程。

本教材具有以下鲜明特色:

(1)融入1+X"特种作业操作证(低压电工证)"职业技能等级标准。

(2)以项目任务形式组织内容,有利于理论知识与实践能力的统一。

(3)以"应用"为目的、"必需、够用"为度,精选内容。

(4)以新能源汽车技术应用为主线,有机融合电学基础、高压安全防护的内容。

(5)配套了数字资源,帮助学习者更好地理解和掌握知识与技能。

本教材由湖南交通职业技术学院段春艳担任主编,由湖南交通职业技术学院邓妹纯、郴州职业技术学院匡伟祥、益阳职业技术学院张雪文担任副主编,由段春艳负责统稿。本教材编写分工为:湖南交通职业技术学院段春艳编写项目一和项目四;湖南交通职业技术学院张芳玲、邓妹纯,郴州职业技术学院匡伟祥编写项目二和项目三;湖南交通职业技术学院朱勇、益阳职业技术学院张雪文编写项目五;湖南交通职业技术学院黄鹏编写项目六;湖南省技术能手、湖南省五一劳动奖章获得者、全国交通技术能手刘华编写项目七。本教材在编写过程中得到了长沙比亚迪有限公司、创鸿新能源等企业的大力支持,在此表示感谢。

限于编者水平,书中难免有疏漏和错误之处,恳请广大读者提出宝贵建议,以便进一步修改和完善。

编　者
2023 年 9 月

目录

项目一

新能源汽车常用仪器仪表的使用

知识目标

(1) 掌握绝缘工具的种类、作用及使用方法。

(2) 掌握数字万用表的作用及使用方法。

(3) 掌握绝缘电阻测试仪的使用方法。

(4) 了解电池内阻测试仪的使用方法。

(5) 了解电烙铁的正确使用方法。

技能目标

(1) 能够正确进行安全防护。

(2) 能够正确使用数字万用表。

(3) 能够正确使用绝缘电阻测试仪进行绝缘电阻检测。

(4) 能够正确使用电烙铁进行焊接。

素养目标

(1) 遵守操作规程,树立安全第一的职业观。

(2) 培养劳动精神、团队合作意识。

(3) 培养严慎、细致、求实、创新的工匠素养。

任务1 绝缘工具的使用

任务描述

某维修店接到一台比亚迪 E5 故障车辆,经检查发现是动力蓄电池包高压线束有破损,需要使用绝缘工具进行更换。请你选择合适的工具,布置场地,为安全规范的执行更换任务做准备。

一、知识准备

(一)绝缘拆装工具的认知及使用规范

新能源汽车采用动力蓄电池为驱动电机提供能量,当动力蓄电池的输出电压超出了安全电压时,稍有不慎就可能发生触电事故。为了做到安全用电,我们在新能源汽车上执行高压作业时,必须选择绝缘拆装工具,并有效穿戴绝缘防护用品。

1.绝缘拆装工具的认知

绝缘是指用不导电的物质将带电体隔离或包裹起来,以防触电的一种安全措施。良好的绝缘是保证设备和线路正常运行的必要条件,也是防止触电、漏电、短路等事故的重要措施。

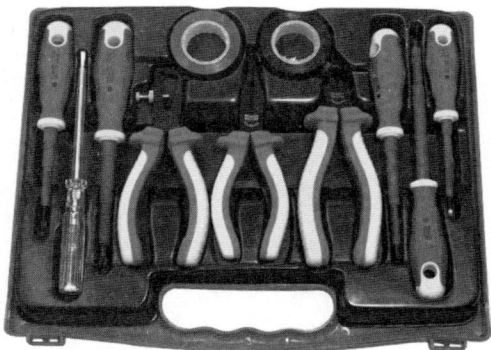

图 1-1　绝缘拆装工具

绝缘拆装工具是采用绝缘材料进行加工并适用于电气系统拆装等操作使用的工具。新能源汽车涉及高压部分的零部件,在拆装时必须使用绝缘拆装工具。绝缘拆装工具必须装有耐压等级 1000V 以上的绝缘柄,如图 1-1 所示。

2.绝缘拆装工具的使用规范

(1)使用绝缘拆装工具前,应仔细检查绝缘层是否有破损和老化迹象。

(2)使用绝缘拆装工具时,应配合绝缘手套、绝缘鞋等其他绝缘防护用具使用。

(二)绝缘防护用品的认知及使用规范

执行高压系统作业时,必须做好安全防护,防止触电的绝缘防护用品主要包括绝缘手套、绝缘鞋(靴)、绝缘防护服、护目镜、绝缘头盔、绝缘垫等。

1.绝缘手套

1)绝缘手套认知

绝缘手套是用在高压电气设备上进行操作时,使用的辅助安全工具。由特种橡胶制成,能够承受 1000V 以上的工作电压。

2)绝缘手套的使用规范

(1)使用前,应检查绝缘手套标签、合格证是否完好,是否超过有效期。

(2)每次使用前应进行外部检查,查看表面有无损伤、磨损或破漏、划痕等。如有砂眼漏气情况,应立即停止使用。常用检查方法为充气检查,如图 1-2 所示。

(3)戴绝缘手套时,应将衣袖口套入手套筒内。

(4)使用后应擦净、晒干,洒上一层滑石粉,以免粘连。

（5）使用后应存放在干燥、阴凉的地方，并倒置放在专用柜中。

（6）每月进行一次外观检查，做好检查和使用记录。

2. 绝缘靴

1）绝缘靴认知

绝缘胶鞋

绝缘靴是高压操作时用来与地面保持绝缘的辅助安全用具，在低压系统中，可作为防护跨步电压的基本安全用具。绝缘靴规格为 35 ~ 45 号，如图 1-2 所示。

2）绝缘靴的使用规范

（1）每次使用前应检查绝缘鞋是否在有效试验周期内，外观是否完好。

（2）穿用绝缘皮鞋和绝缘布面胶鞋时，其工作环境应保持鞋面干燥。

（3）穿用任何绝缘鞋均应避免接触锐器、高温、腐蚀性和酸碱油类物质，防止鞋受到损伤而影响电绝缘性能。

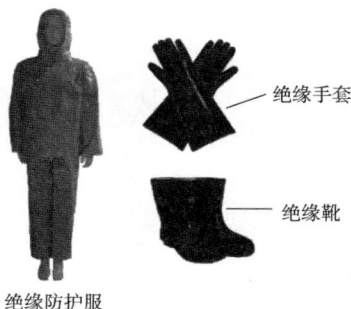

绝缘手套

绝缘靴

绝缘防护服

图 1-2　绝缘防护套装

（4）在潮湿、有蒸汽、冷凝液体或导电灰尘等容易发生危险的场所，尤其应注意配备合适的绝缘鞋，应按标准规定的使用范围正确使用，不得随意乱用。

（5）其他非绝缘鞋不能代替绝缘靴使用。

3. 绝缘防护服

1）绝缘防护服认知

绝缘防护服可防 10000V 以下电压，具有阻燃、耐热、耐压、耐老化的特性，以保护操作人员工作安全，如图 1-2 所示。

2）绝缘防护服的使用规范

（1）绝缘防护服使用前应进行全面检查，发现损坏不得使用。

（2）绝缘防护服不宜接触明火以及尖锐物体。

（3）绝缘防护服应保存在通风、透气、干燥、清洁的库房内。

（4）绝缘防护服水洗后，必须阴处晾干，折叠整齐，放入专门保管袋内。

4. 护目镜

1）护目镜的认知

护目镜主要用于避免眼睛被飞溅物品或维修过程中产生的电火花对眼睛造成伤害，如图 1-3 所示。

2）护目镜的使用规范

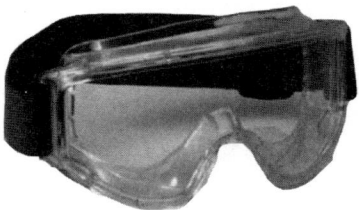

图 1-3　护目镜

（1）所选择的护目镜产品需要经过国家级检测并达到其标准才能使用。

（2）所选用的护目镜大小及型号要尽量适合使用者的脸型，防止因护目镜大小而产生意外情况。

（3）护目镜镜片使用时要注意专人专用，禁止交换使用。

（4）护目镜使用时间过长或使用不当,会造成镜片粗糙及损坏,留下刮痕后的镜片会影响佩戴者的视线,当达不到佩戴安全标准时,需要及时进行调换。

（5）护目镜禁止重压,在保存时应尽量远离坚固物体,防止对镜片造成损坏。

（6）在清洗护目镜时,需要使用柔软的专业擦拭布进行清理,并放于眼镜盒或安全的地方。

5.绝缘头盔

1）绝缘头盔认知

绝缘头盔是防止冲击物伤害头部的防护用品,具有冲击吸能性、耐穿刺性、侧向刚性、电绝缘性、阻燃性等。

2）绝缘头盔的使用规范

（1）使用前应检查外观是否有裂纹、碰伤痕迹、磨损,帽衬是否完整,如存在影响其性能的明显缺陷应及时报废。

（2）佩戴者在使用时一定要将头盔戴正、戴牢,不能晃动,系紧下颚带,以防脱落。

（3）不能私自在头盔上打孔,经受过一次冲击或做过试验的头盔,不能再次使用。

（4）不能在有酸、碱或化学试剂污染的环境中存放,不能放置在高温、日晒或潮湿的场所中,以免其老化变质。

6.绝缘地垫

1）绝缘地垫认知

绝缘地垫广泛应用于变电站、发电厂、配电房、实验室以及维修车间等场景中,主要采用胶类或泡沫绝缘材料制作。新能源汽车维修绝缘地垫,要求绝缘等级大于1000V,如图1-4所示。

图1-4　绝缘地垫

2）绝缘地垫的使用规范

（1）绝缘地垫的厚度应符合设计要求,一般应不小于3mm。

（2）铺设绝缘地垫的表面应平整、干净。

（3）绝缘地垫的铺设应平整牢固,不得有明显的起泡、鼓包等现象,缝隙应紧密,不得留有空隙。

（4）铺设绝缘地垫的场所应远离易燃、易爆物品,不得受潮、受热或受到机械损坏。

（5）绝缘地垫在使用过程中应定期检查、维护和更换,确保其绝缘性能良好。

二、任务实施

（一）实施要求

（1）按照新能源汽车维修规范,准备维修场地。

（2）选择合适的绝缘拆装工具。

（3）检查绝缘防护用品。

（4）落实维修安全保障措施。

（二）实施准备

隔离防护带、绝缘工具。

（三）实施步骤

（1）遵守车间作业、环保法规等规定，做好场地隔离，放置高压警示牌，如图1-5所示。

图1-5　场地隔离及高压警示

（2）绝缘拆装工具检查。
（3）绝缘防护用品检查、穿戴及储藏。
（4）进行6S管理。

三、任务工单

按要求完成绝缘场地的布置、绝缘拆装工具的选择及检查，绝缘防护用品的检查及储藏，并进行6S管理，将实施过程记录到工作记录单中。

任务名称	绝缘工具的使用				
姓名		班级		分组	
教师		地点		日期	
具体内容					
设备工具					
组员分工					
实训过程内容与流程记录					
一、场地隔离	1.隔离作业场地		是否完成:是□　否□		
	2.放置高压警示标志		是否完成:是□　否□		
二、工具选择	1.绝缘拆装工具选择		工具型号:		
	2.绝缘拆装工具检查		工具是否有破损:是□　否□		

续上表

实训过程内容与流程记录		
三、防护用品检查	1.绝缘手套的检查	是否完好:是□ 否□ 否的原因:
	2.绝缘靴的检查	是否完好:是□ 否□ 否的原因:
	3.绝缘防护服的检查	是否完好:是□ 否□ 否的原因:
	4.护目镜的检查	是否完好:是□ 否□ 否的原因:
	5.绝缘头盔的检查	是否完好:是□ 否□ 否的原因:
	6.绝缘地垫的检查	是否完好:是□ 否□ 否的原因:
四、防护用品储藏	1.绝缘手套的储藏方式: 2.绝缘靴的储藏方式: 3.绝缘防护服的储藏方式: 4.护目镜的储藏方式: 5.绝缘头盔的储藏方式: 6.绝缘地垫的储藏方式:	
五、6S管理	场地清理	是否有工具遗漏: 是□ 否□ 地面是否整洁干净:是□ 否□
实训任务回顾与总结		
任务收获与结果		
建议和改进措施		

任务2 数字万用表的使用

任务描述

　　某修理店接到一辆比亚迪秦EV,车主反映动力蓄电池故障指示灯亮起,班组长指派一学徒先用万用表测量该车的辅助蓄电池和动力蓄电池电压是否充足。

一、知识准备

(一) 数字万用表认知

　　数字万用表是一种多用途电子测量仪器,有时也称为万用计、多用计或多用电表。如

图1-6所示,可用来测量电压、电流、电阻、电容、二极管、三极管等,具体挡位功能见表1-1。

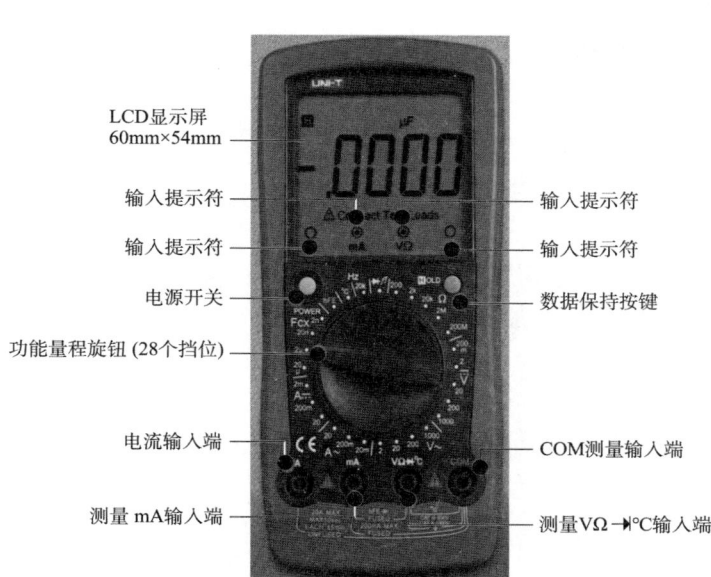

万用表

图1-6 万用表组成

万用表挡位功能   表1-1

挡位	功能
LCD 显示屏	数字显示区域
Power；ON/OFF	数字万用表开关
Hold	数字保持
A/mA	电流测量插孔
VΩ℃	除电流之外的测量插孔
COM	公共端
功能量程旋钮	调节测量挡位
Ω	测量电阻
V-	测量直流电压
V ~	测量交流电压
A-	测量直流电流
A ~	测量交流电流
▶⊢	二极管挡/蜂鸣挡
F	测量电容
hFE	测量三极管电流放大倍数
℃	测量温度

（二）常用物理量测量

1. 电阻测量

1）操作步骤

（1）首先检查数字万用表的电量与表笔。红表笔接 VΩ℃孔，黑表笔接 COM 孔。

（2）选择测量挡位。将挡位旋钮旋至欧姆挡 Ω，并根据待测物体的预估电阻选择稍大一些的量程。

（3）测量与读数。确认待测电阻处于断电状态，将红、黑表笔任意接触电阻两个引脚，从万用表显示屏中直接读取读数，加上量程所对应的单位，做好相应记录。

2）操作注意事项

（1）如果被测电阻值超出所选择量程的最大值，将显示过量程"1."，此时应选择更高的量程，对于大于 1MΩ 或更高的电阻，要几秒钟后读数才能稳定，这是正常情况。

（2）当没有连接好时，例如开路情况，仪表显示为"1."。

（3）当检查被测线路的阻抗时，要保证移开被测线路中的所有电源，所有电容放电。被测线路中，如有电源和储能元件，会影响线路阻抗测试正确性。

2. 直流电压测量

1）操作步骤

（1）检查数字万用表。检查万用表内置电池电量。

（2）检查表笔。正确连接红黑表笔，短接红黑表笔，显示屏应显示蜂鸣符号，并伴随有蜂鸣声。如图 1-7 所示。

（3）选择测量挡位。将挡位旋钮旋至直流电压挡"A▬"，并根据待测物体的预估电压选择稍大一些的量程。

（4）测量与读数。如图 1-8 所示，将表笔与被测对象并联，红表笔接待测对象的正极，黑表笔接负极，从万用表显示屏中直接读取读数，做好相应记录。

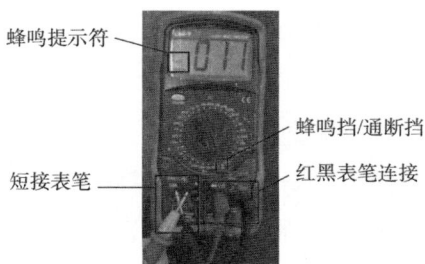

图 1-7　测量准备　　　　　　　图 1-8　电压测量

2）操作注意事项

（1）如果不确定被测电压范围，应将功能开关置于最大量程并逐渐下降。

（2）如果显示器只显示"1."，表示超量程，功能开关应置于更高量程。

（3）当测量高电压时，要做好安全防护避免触电。

3. 交流电压测量

（1）检查表笔安装位置。

（2）选择测量挡位。将挡位旋钮旋至交流电压挡"V～"，并根据待测物体的预估电压，选择稍大一些的量程。如测量家用交流电为220V，则需选择大于220V的挡位。

（3）测量与读数。将红、黑表笔任意接触待测物体两极，从万用表显示屏中直接读取读数，做好相应记录。

4. 直流电流测量

1）操作步骤

（1）表笔连接。黑表笔接"COM"，红表笔根据被测量的大小选择 A 或 mA 插孔。

（2）选择测量挡位。将旋钮开关旋至"A⎓"，并根据待测量的预估电流选择稍大一些的量程。

（3）测量与读数。断开待测的电路，然后将测试表笔串联接入到待测负载电路上，在电流值显示的同时，也将显示红表笔的极性。从万用表显示屏中直接读取读数，做好相应记录。

2）操作注意事项

（1）如果使用前不知道被测电流范围，应将功能开关置于最大量程并逐渐下降。

（2）电流测量完毕后应将红笔插回电阻挡孔，若忘记这一步而直接测电压，表或电源会报废。

5. 通断测试

将黑表笔插入 COM 插孔，红表笔插入电阻挡插孔（红表笔极性为"＋"）将功能开关置于"二极管"挡，将表笔连接到待测线路的两端，如果两端之间电阻值低于约70Ω，内置蜂鸣器发声。

二、任务实施

（一）实施要求

（1）按照新能源汽车维修规范，准备维修场地。

（2）选择合适的绝缘工具。

（3）检查绝缘防护用品。

（4）测量动力蓄电池和辅助蓄电池电压。

（二）实施准备

隔离防护带、绝缘工具、绝缘防护用品、数字万用表。

（三）实施步骤

（1）断开蓄电池负极接线柱，做好防接通措施。

（2）穿戴绝缘防护用品。

（3）断开动力蓄电池高压母线正和高压母线负,做好防接通措施。

（4）测量辅助蓄电池电压,并记录。

（5）测量动力蓄电池电压,并记录。

（6）进行场地恢复、清理及 6S 管理。

三、任务工单

按要求完成绝缘场地的布置、绝缘拆装工具的选择及检查,绝缘防护用品的检查,并进行 6S 管理,将实施过程记录到工作记录单中。

任务名称	数字万用表的使用				
姓名		班级		分组	
教师		地点		日期	
具体内容					
设备工具					
组员分工					
实训过程内容与流程记录					
一、场地隔离	1. 隔离作业场地		是否完成：是□ 否□		
	2. 放置高压警示标志		是否完成：是□ 否□		
二、工具准备	1. 绝缘工具/防护用品选择		种类/型号：_____		
	2. 绝缘工具/防护用品检查		是否有破损：是□ 否□		
三、检测操作	1. 断开辅助蓄电池负极		是否断开：是□ 否□		
	2. 是否采取防接通措施		是□ 否□		
	3. 辅助蓄电池电压测量				
	（1）红表笔连接孔：_____,黑表笔连接孔：_____				
	（2）挡位选择：_____				
	（3）量程选择：_____				
	（4）测量值：_____,（参考标准12V）		正常□ 亏电□		
	4. 绝缘手套的检查		是否完好：是□ 否□		
			否的原因：_____		
	5. 断开动力蓄电池 HV + 和 HV-		是否断开：是□ 否□		
	6. 是否采取防接通措施		是□ 否□		
	7. 动力蓄电池电压测量				
	（1）红表笔连接孔：_____,黑表笔连接孔：_____				
	（2）挡位选择：_____				
	（3）量程选择：_____				
	（4）测量值：_____（参考标准408V）,		正常□ 亏电□		

实训过程内容与流程记录		
四、6S 管理	1. 设备还原 2. 场地清理	是□ 否□ 是否有工具遗漏： 是□ 否□ 地面是否整洁干净：是□ 否□
实训任务回顾与总结		
任务收获与结果		
建议和改进措施		

任务3 绝缘电阻测量仪的使用

任务描述

一台比亚迪秦 EV，无法上高压，报绝缘故障，请对部件作绝缘测试。

一、知识准备

1）安全须知

A ⚠⚠警告代表可能导致人身伤害或死亡的危险情况和行为。

A ⚠⚠小心代表可能会损坏测试仪、被测设备，或导致数据永久性丢失的情况和行为。

以 FLUKE 1508 为例，如图 1-9 所示，为了避免触电或人身伤害，请根据以下指南进行操作：

（1）请严格按照规定使用，否则可能会破坏测试仪提供的保护措施。

（2）如果测试仪或测试导线已经损坏，或者测试仪无法正常操作，则请勿使用。若有疑问，请将测试仪送修。

（3）在将测试仪与被测电路连接之前，始终记住选用正确的端子、开关位置和量程挡。

（4）用测试仪测量已知电压来验证测试仪操作是否正常。

（5）端子之间或任何一个端子与接地点之间施加的电压不能超过测试仪上标明的额定值。

图 1-9 绝缘电阻测试仪

（6）电压在 30 VAC rms（交流真有效值），42V AC（交流）峰值或 60V DC（直流）以上时应格外小心。这些电压有造成触电的危险。

（7）出现电池低电量指示符（ ▬+ ）时，应尽快更换电池。

（8）在测试电阻、连通性、二极管或电容以前，必须先切断电源，并将所有的高压电容器放电。

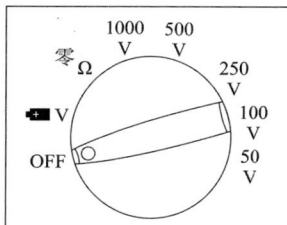

图1-10　旋转开关

（9）切勿在爆炸性的气体或蒸汽附近使用测试仪。

（10）使用测试导线时，手指应保持在保护装置的后面。

2）绝缘电阻测量仪的组成

（1）旋转开关位置。选择任意测量功能挡即可启动测试仪。测试仪为该功能挡提供了一个标准显示屏（量程、测量单位、组合键等），如图1-10所示，各挡位具体意义如表1-2所示。

旋转开关的选择　　　　　　　　　　　　　　　　表1-2

开关位置	测量功能
OFF	关闭
▬+ V	AC（交流）或DC（直流）电压，从0.1V至600V
零Ω	电阻，从0.01Ω至20KΩ
1000V/500V/250V/100V/50V	利用50、100、250、500和1000V执行绝缘测试

（2）按钮和指示灯。使用按钮来激活可扩充旋转开关所选功能的特性。测试仪的前侧还有两个指示灯，当使用此功能时，它们会点亮。按钮和指示灯如图1-11所示，并在表1-3中加以解释。

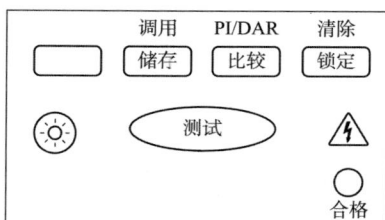

图1-11　按钮和指示灯

按钮和指示灯说明　　　　　　　　　　　　　　　表1-3

按钮/指示灯	说明
（蓝色按钮）	按蓝色按钮来选择其他测量功能挡
调用 储存	保存上一次绝缘电阻或接地耦合电阻测量结果； 第二功能：检索保存在内存中的测量值
PI/DAR 比较	给绝缘测试设定通过/失败极限； 第二功能：按此按钮来配置测试仪进行极化指数或介电吸收比测试
清除 锁定	测试锁定，如在按测试按钮之前按下此按钮，则在您再次按下锁定或测试按钮解除锁定之前，测试将保持在活动状态； 第二功能：清除所有内存内容

按钮/指示灯	说明
☀	打开或关闭背光灯,背光灯在 2min 后熄灭
测试	当旋转开关处于绝缘位置时,启动绝缘测试,测试仪输出高电压并测量绝缘电阻;当旋转开关处于"Ω"位置时,启动电阻测试
⚡	危险电压警告,表示在输入端检测到 30V 或更高电压(交流或直流取决于旋转开关的位置)
○ 合格	通过指示灯,指示绝缘电阻测量值大于所选的比较限值

(3)输入端子。输入端子及相应的功能解释如图 1-12 所示。

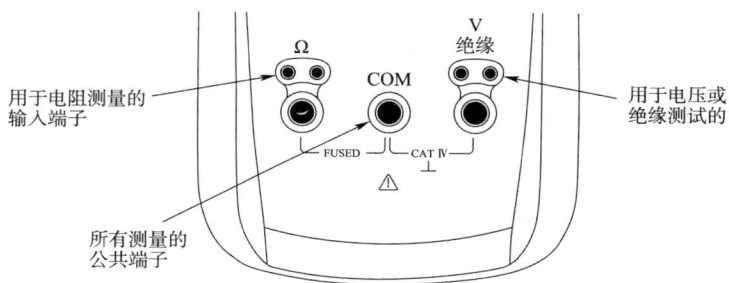

图 1-12 输入端子接口

3)绝缘电阻测量仪的测量原理

绝缘电阻测试仪主要是通过一个电压激励被测装置或网络,然后测量激励所产生的电流,利用欧姆定律测量出电阻。例如,与数字万用表上配备的欧姆表功能相比,这些电气测试器在进行电阻测量时施加的电压要更高。兆欧表采用的电压范围通常从 50V 到 5kV,而典型数字万用表的电压一般小于 10V。对于绝缘测试来说,需要测量的电阻值范围很大,其上限可达到 10TΩ,所需的电压更高。

二、任务实施

(一)实施要求

(1)为了避免触电、人身伤害,或损坏测试仪,在测试前,请断开电路电源并将所有高压电容放电。

(2)在危险的区域工作时,应依照当地或国家主管当局的要求,使用适当的保护设备。

(3)仅使用指定的替换保险丝来更换熔断的保险丝,否则测试仪的保护措施可能会遭到破坏。

(4)使用前,先检查测试导线的连通性,如果读数高或有噪音,则不要使用。

（二）实施准备

隔离防护带、绝缘拆装工具、绝缘防护用品、绝缘测试仪。

（三）实施步骤

（1）断开蓄电池负极接线柱，做好防接通措施。
（2）穿戴绝缘防护用品。
（3）连接测试探头。
（4）选择测试电压。
（5）测量绝缘电阻，并记录结果。
（6）进行场地恢复、清理及 6S 管理。

三、任务工单

完成相关测试并将结果记录到工作记录单中。

任务名称	绝缘电阻测量仪的使用				
姓名		班级		分组	
教师		地点		日期	
具体内容					
设备工具					
组员分工					
实训过程内容与流程记录					
一、场地隔离	1. 隔离作业场地 2. 放置高压警示标志		是否完成：是□　否□ 是否完成：是□　否□		
二、工具准备	1. 绝缘拆装工具/防护用品选择 2. 绝缘拆装工具/防护用品检查 3. 绝缘测试仪型号：		种类/型号：_____ 是否有破损：是□　否□		
三、检测操作 （以三相交流电机为例）	1. 断开辅助蓄电池负极 2. 是否采取防接通措施 3. 绝缘手套的检查 4. 测试探头插入_____和_____输入端子 5. 旋转开关转至_____测试电压 6. 测试 U 相与搭铁绝缘电阻值：_____ 7. 测试 V 相与搭铁绝缘电阻值：_____ 8. 测试 W 相与搭铁绝缘电阻值：_____ 9. 结论：		是否断开：是□　否□ 是□　否□ 是否完好：是□　否□ 否的原因：_____ 是否正常：是□　否□ 否的原因：_____ 是否正常：是□　否□ 否的原因：_____ 是否正常：是□　否□ 否的原因：_____		

续上表

实训过程内容与流程记录		
四、6S 管理	1. 设备还原 2. 场地清理	是□ 否□ 是否有工具遗漏： 是□ 否□ 地面是否整洁干净:是□ 否□
实训任务回顾与总结		
任务收获与结果		
建议和改进措施		

任务4 电烙铁的使用

任务描述

技师甲在汽车维修过程中,需要将元器件焊接在 PCB 电路板中,他应该如何正确操作电烙铁呢?

一、知识准备

(一)电烙铁的用途及分类

电烙铁是电子制作和电器维修的必备工具,主要用途是焊接元件及导线。电烙铁按机械结构不同可分为内热式和外热式;按功能区别可分为吸锡式和无吸锡式;按功率用途不同可分为大功率电烙铁和小功率电烙铁。

(二)内、外热式电烙铁的结构

1. 内热式电烙铁

由手柄、烙铁芯、烙铁头组成。由于发热芯在里面,烙铁头安装在烙铁芯外面,因而发热快,热利用率高,被称为内热式电烙铁。内热式电烙铁的常用规格为20W、50W 几种。

2. 外热式电烙铁

由烙铁头、烙铁芯、外壳、手柄、电源引线、插头等部分组成。由于发热芯在外面,烙铁头安装在烙铁芯里面,故称为外热式电烙铁。烙铁芯是电烙铁的关键部件,它是由电热丝平行地绕制在一根空心瓷管上构成的,中间的云母片绝缘,并引出两根导线与220V 交流电源连接。其与内热式电烙铁的结构差异如图 1-13 所示。外热式电烙铁的规格很多,常用的有

25W、45W、75W、100W 等,功率越大烙铁头的温度也就越高。

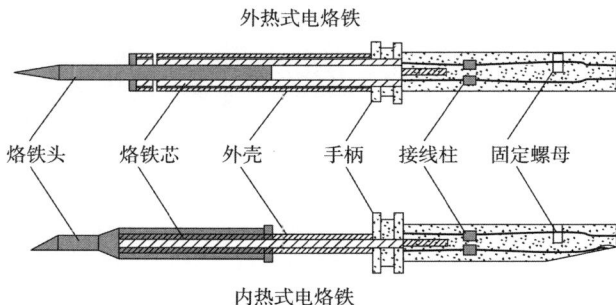

外热式电烙铁

烙铁头　烙铁芯　外壳　手柄　接线柱　固定螺母

内热式电烙铁

图 1-13　内热式与外热式的结构区别

(三)电烙铁的选用

电烙铁的种类及规格有很多种,而被焊工件的大小又有所不同,因而合理地选用电烙铁的功率及种类,对提高焊接质量和效率有直接的关系。

(1)焊接集成电路、晶体管及受热易损元器件时,宜选用 20W 内热式或 25～45W 的外热式电烙铁。

(2)焊接导线及同轴电缆时,宜先用 45～75W 外热式电烙铁,或 50W 内热式电烙铁。

(3)焊接较大的元器件时,如行输出变压器的引线脚、大电解电容器的引线脚,金属底盘接地焊片等,宜选用 100W 以上的外热式电烙铁。

(四)手工焊接技术

1.焊前处理

焊接前,应对元器件引脚或电路板的焊接部件进行焊接处理,一般有刮、镀、测三个步骤。

(1)刮。刮就是在焊接前做好焊接部位的清洁工作。一般采用的工具是小刀和细砂纸,对集成电路的引脚、印制电路板进行清理,以保持引脚清洁。

(2)镀。镀就是在洁净的元器件部位上镀锡。刮完的元器件引线上应立即涂上少量的助焊剂,然后用电烙铁在引线上镀一层很薄的锡层,避免其表面重新氧化,以提高元器件的可焊性。具体做法是蘸松香酒精溶液涂在刮净的元器件焊接部位上,再将带锡的热烙铁头压在其上,并转动元器件,使其均匀地镀上一层很薄的锡层。若是多股金属丝的导线,打光后应先拧在一起,然后再镀锡。

(3)测。测就是在镀之后,利用万用表,检测所有镀锡的元器件是否质量可靠,若有质量不可靠或已损坏的元器件,应用同规格器件替换。

2.温度设定

(1)温度由实际使用情况决定,以焊接一个锡点 4s 最为合适。当烙铁头发紫时候,说明温度设置过高,应进行调整。

（2）一般焊接不同的元器件,会将烙铁头设置在不同的温度范围直插电子料,将烙铁头的实际温度设置为330°~370°;表面贴装物料(SMC)物料,将烙铁头的实际温度设置为300°~320°;焊接大的组件脚,温度不要超过380°,但可以增大烙铁功率。

（3）特殊物料,需要特别设置烙铁温度。

（4）咪头、蜂鸣器等要用含银锡丝,温度一般在270°~290°之间。

小 贴 士

判断烙铁头的温度时,可将电烙铁碰触松香,若烙铁碰到松香时,有"吱吱"的声音,说明温度合适;若没有声音,仅能使松香勉强熔化,则说明温度低;若烙铁头一碰上松香就大量冒烟,说明温度太高。

3.手工焊接操作

（1）焊前准备。准备焊接需要的相关用具,包括金属支架、电烙铁松香、焊锡、海绵垫、吸锡器等,如图1-14所示。

（2）电烙铁的握法。电烙铁的握法有反握、正握和笔握三种,如图1-15所示。

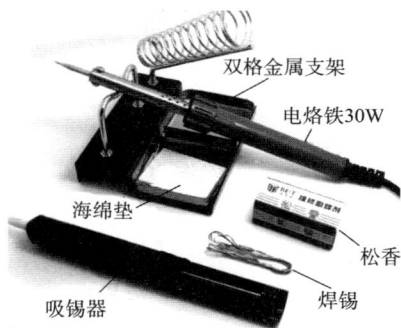

图1-14 焊前需要的相关用具

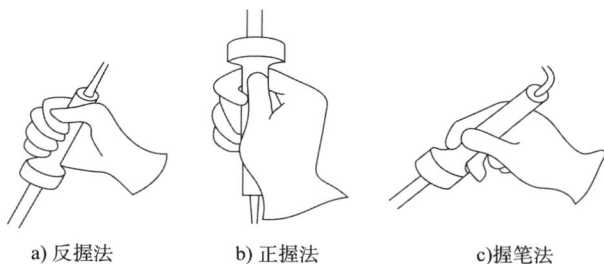

a)反握法　　b)正握法　　c)握笔法

图1-15 电烙铁的握法

（3）焊接步骤。一般来讲,焊接的步骤可分五步实施:

①准备施焊。烙铁头上先熔化少量的焊锡和松香,左手拿焊丝,右手握烙铁,将烙铁头和焊锡丝同时对准焊点,进入备焊状态。

②加热焊件。烙铁头靠在两焊件的连接处,加热整个焊盘,如图1-16a)所示,时间为1~2s。导线与接线柱、元器件引线与焊盘要同时均匀受热。

③送入焊锡丝。焊件的焊接面被加热到一定温度时,焊锡丝从烙铁对面接触焊件的焊盘,如图1-16b)所示。焊点应呈正弦波峰形状,表面应光亮圆滑,无锡刺,锡量适中。

注意:不要把焊锡丝送到烙铁头上。

④撤离焊丝。当焊丝熔化一定量后,立即向左上45°方向移开焊丝,如图1-16c)所示。

⑤移开烙铁。焊锡浸润焊盘和焊件的施焊部位以后,向右上45°方向移开烙铁,如图1-16d)所示,结束焊接。从第三步开始到第五步结束,时间也是1~2s。

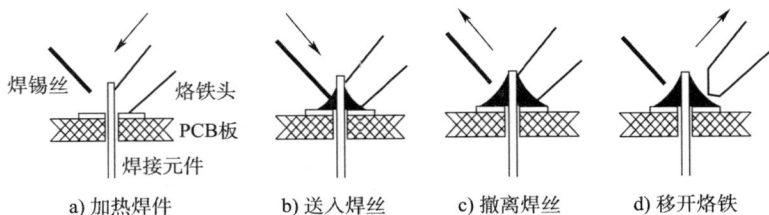

a) 加热焊件　　b) 送入焊丝　　c) 撤离焊丝　　d) 移开烙铁

图 1-16　焊接步骤

小　贴　士

焊接时间不宜过长,每次焊接不得超过 5s。

(五)注意事项

(1)电烙铁使用前应检查使用电压是否与电烙铁标称电压相符。

(2)电烙铁应具有接地线,应放在烙铁架上。

(3)电烙铁通电后不能任意敲击、拆卸及安装其电热部分零件。

(4)电烙铁应保持干燥,不宜在过分潮湿或淋雨环境使用。

(5)切断电源后,最好利用余热给烙铁头上一层锡,以保护烙铁头。

(6)当烙铁头上有黑色氧化层时候,可用砂布擦去,然后通电,并立即上锡。

(7)焊接完成后,要用酒精把线路板上残余的助焊剂清洗干净,以防炭化后的助焊剂影响电路正常工作。

二、任务实施

(一)实施要求

(1)按照要求选择合适的电烙铁。

(2)在 PCB 板实施焊接操作。

(二)实施准备

电烙铁、焊锡丝、松香。

(三)实施步骤

(1)将电烙铁通电加热。

(2)判断烙铁头温度。

(3)在 PCB 板上焊接相应的元器件。

(4)进行场地清理及 6S 管理。

三、任务工单

参照标准样板,在练习板上实施焊接操作,将实施过程记录到工作记录单中。

任务名称		电烙铁的焊接操作实训			
姓名		班级		分组	
教师		地点		日期	
具体内容					
设备工具					
组员分工					
实训过程内容与流程记录					
一、PCB 板认识	焊接练习板　　　　焊接样板				
二、焊接操作	手工焊接操作的步骤分别是:				
三、6S 管理	场地清理	是否有工具遗漏: 是□　否□ 地面是否整洁干净:是□　否□			
实训任务回顾与总结					
任务收获与结果					
建议和改进措施					

◆ 小结

1.绝缘工具是采用绝缘材料进行加工并适用于电气系统拆装等操作使用的工具。新能源汽车涉及高压部分的零部件拆装必须使用绝缘拆装工具。

2.执行高压系统作业时,必须做好安全防护,防止触电的绝缘防护用品主要包括绝缘手套、绝缘靴、绝缘防护服、护目镜、绝缘头盔、绝缘垫等。

3.数字万用表是一种多用途电子测量仪器,可用来测量电压、电流、电阻、电容、二极管、三极管等。

4.使用万用表时要做到测什么物理量,就选什么挡位,且量程应大于并尽量接近被测物理量。测量电阻、电压时,万用表并联接入,测量电流时,万用表串联接入。

5.用绝缘测试仪测试电阻、连通性、二极管或电容以前,必须先切断电源,并将所有的高压电容器放电。

6.电烙铁按机械结构不同可分为内热式和外热式;按功能区别可分为吸锡式和无吸锡式。

习题

一、单选题

1. 数字万用表能测量以下哪些物理量?(　　　)

　　A. 电压　　　　　　B. 电流　　　　　　C. 电阻　　　　　　D. 以上都可以

2. 测量一个大约24V的直流电压,应该选择(　　　)。

　　A. 直流20V电压挡　　　　　　　　　B. 交流200V电压挡

　　C. 直流200V电压挡　　　　　　　　　D. 电阻200Ω挡

3. 常用的绝缘防护用品主要包括(　　　)。

　　A. 绝缘手套　　　　B. 绝缘靴　　　　　C. 护目镜　　　　　D. 以上都是

4. 电烙铁的握法有(　　　)种。

　　A. 一　　　　　　　B. 两　　　　　　　C. 三　　　　　　　D. 四

5. 发热芯在外面,烙铁头安装在烙铁芯里面的电烙铁属于(　　　)。

　　A. 外热式　　　　　B. 内热式　　　　　C. 吸锡式　　　　　D. 非吸锡式

二、判断题

1. 若电动汽车高压部件绝缘损坏就有可能发生触电事故。　　　　　　　　　(　　　)

2. 在执行电动汽车高压系统作业时,一定要穿戴安全防护用品。　　　　　　(　　　)

3. 焊接作业完成后,应立即将电烙铁用纸包裹起来。　　　　　　　　　　　(　　　)

4. 数字万用表使用结束后应置于交流电压的最高挡或OFF挡。　　　　　　　(　　　)

5. 绝缘测试仪测量电阻时,必须先切断电源。　　　　　　　　　　　　　　(　　　)

三、填空题

1. 数字万用表笔插孔选择:黑表笔插入_____,测量电流时红表笔插入_____孔或_____孔,其余量的测量都是红表笔插入_____孔。

2. 量程的选择:所选择量程必须_____(大于或小于)被测量的量。

3. 测电压、电阻、电容、温度、频率时万用表的红黑表笔应_____连接在被测量的两端。

4. 电烙铁按机械结构不同可分为_____和_____。

四、简答题

1. 如何检查绝缘手套有无砂眼、老化等现象?

2. 数字万用表能检测哪些项目?

3. 请简述新能源汽车需要使用绝缘拆装工具的原因。

新能源汽车直流电路分析与测量

知识目标

(1) 熟知电路的组成与作用。
(2) 熟知电路中电压、电流及电位的定义。
(3) 熟知电路中基本元件的作用、特点、电路符号。
(4) 掌握全电路欧姆定律、基尔霍尔霍夫电流电压定律的内容。
(5) 掌握电路的三种状态及故障检测的基本方法。
(6) 掌握支路电流法、叠加原理、戴维南定理等电路分析方法。

技能目标

(1) 能正确测量电路中的电压、电流、电位及波形。
(2) 能熟练检测电路中的电阻、电感、电容等元件的参数及并判断其好坏。
(3) 能识读简单的电路原理图。
(4) 能运用基本定律及电路分析方法分析电路的工作原理。
(5) 能综合电路分析与相关物理量的测量,分析并排除电路故障。

素养目标

(1) 培养学生务实、严谨的科学态度。
(2) 培养学生的观察能力、动手能力、分析能力与判断能力。
(3) 培养学生理论应用于实践的能力。

任务1 新能源汽车电路组成及高压部件认识

任务描述

一辆电动汽车,按下一键起动后,仪表"OK"灯不亮,动力系统故障灯点亮,车辆不能行走,初步诊断为高压电路出故障。请按要求查阅维修资料,识读电路图;在新能源汽车上识别高压部件。

一、知识准备

如何根据电路图理解汽车各系统的工作原理,分析各系统间的内在联系,迅速排除电路故障,对于从事电路研究、检测、装配、改装、维修的人员来说至关重要。能正确识读电路图是其必须具备的一项专业基本技能。

(一)电路的概念、作用及组成

1.电路的概念

电路是电流流过的一条闭合路径,它是为了某种需要,由一些电工设备或元件按一定方式组合而成。电路分析就是在给定的电路结构与参数下,明确电流的流通路径,计算电流及电压大小。

2.电路的作用及组成

电路的作用有两个方面。

(1)实现电能的分配、传输、传递和能量的转换。实现电能转换的电路由电源、负载、中间环节三大部分组成,如图2-1所示。

图2-1　电路组成示意图

①电源,是提供电能的设备,它将其他形式的能转换为电能。电源一般有两种,一种是直流电,其电流或电压大小与方向都不随时间变化,极性始终不会改变,用"DC"表示,如图2-2a)所示。干电池、蓄电池提供的都是直流电。另一种是交流电,其电流或电压的大小与方向均随时间变化而变化,如正弦交流电随正弦规律变化,用"AC"表示,如图2-3a)所示。日常生活中国家电网提供的是正弦交流电,燃油汽车的发电机产生的是三相正弦交流电,如图2-3b)所示。在电动汽车中,驱动电机使用的三相交流电由逆变器转换而来。

②负载,是消耗电能的元件或设备,如图2-4所示。它将电能转换为其他形式的能。电动机将电能转换为动能、如电灯将电能转换成光能、喇叭将电能转换为声能等。

③中间环节,是连接电源与负载的部分,它起传输与分配电能的作用。中间环节包括导线和电器控制器件等。部分中间环节的器件如图2-5所示。

a) 稳定直流电压　　　　b) 汽车蓄电池　　　　　　c) 动力蓄电池

图 2-2　直流电源

a) 正弦交流电压　　　　b) 汽车发电机　　　　a) 刮水电动机　　　b) 汽车前照灯　　　c) 汽车喇叭

图 2-3　交流电源　　　　　　　　　　　　　　图 2-4　汽车负载

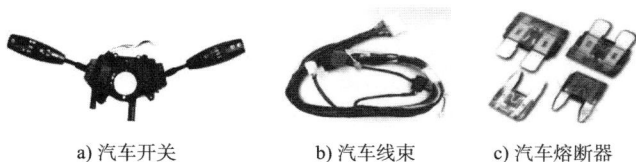

a) 汽车开关　　　　　　b) 汽车线束　　　　　c) 汽车熔断器

图 2-5　中间环节

汽车中典型实现电能分配、传输与能量转换的电路有照明电路、起动电路、电动车窗电路、空调电路等,如图 2-6 所示为汽车雾灯控制电路。

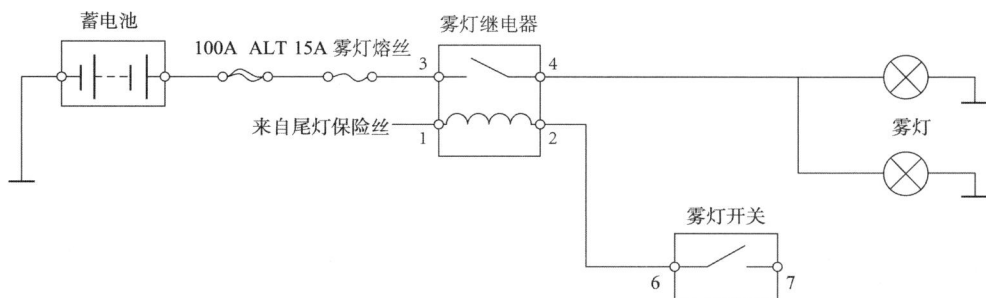

图 2-6　汽车雾灯控制电路

(2)实现信号的传递、控制与处理。现代汽车采用了许多电子控制,诸如转向悬挂控制、防抱死制动控制、车速控制、定速巡航等。

如图 2-7 所示的安全气囊控制电路中,碰撞传感器获取碰撞信号,经整形、放大、滤波等处理后,送到 SRS 中央处理器,中央处理器进行监测、计算、确认、判断后,发出点火信号,令安全气囊打开。电路主要实现信号的传递与处理功能,由信号源、信号处理、执行器三部分组成,如图 2-8 所示。

①信号源,能产生或接收含有某种特定信息的信号。如汽车电路中的碰撞传感器、轮速传感器、接收天线等。信号源相其变化规律取决于特定信息。

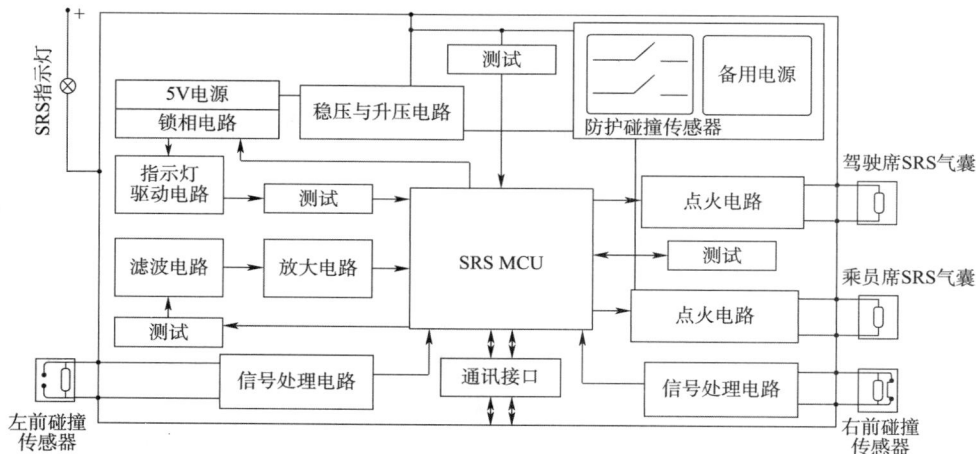

图 2-7　安全气囊控制电路

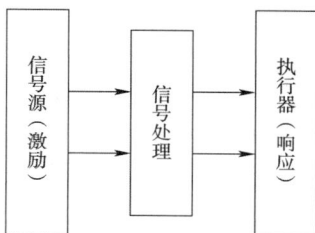

图 2-8　信号处理电路示意图

②信号处理包含两方面的意义,一是对信号进行整形、滤波、放大等处理(模拟电路),二是对所收集到的信号进行运算、分析、判断(数字电路)。

③执行器也就是负载,是能完成某一特定功能的设备或器件。如汽车的电磁阀、电动机、制动缸、喇叭等。

值得注意的是,电路的两种作用往往不是相互独立的,在信号进行处理的过程中同时也进行着能量的转换。

(二)电路图、符号及识读方法

1.电路模型、电路原理图及原理方框图

电路模型是为了方便对实际电路进行分析和用数学描述,将实际电路元件利用理想元件进行理想化(模型化)。理想元件是具有某种确定的电或磁性质的假想元件,它们及它们的组合可以反映出实际电路的电磁性质和电路的电磁现象。电路模型就是用理想元件及其组合代替实际电路,与实际电路具有相同的电磁性质的模型。电路原理图是用理想元件图形符号替代实际电路中的电气器件与设备,从而直接体现出各元器件的组成及电路结构与工作原理的布局图。如图 2-9a)所示为汽车远近光照明电路原理图。

当一个复杂的电路只需要表明各部分的关系时,通常采用原理方框图来表示。方框图是把一个完整电路划分成若干部分,各个部分用方框表示,每一方框再用文字或符号说明功能,各方框之间用线条连接起来,用以表明各部分的相互关系,不必画出元器件和它们之间的具体连接情况,如图 2-9b)所示。

2.电路符号

为了简化电路,在电路图中通常用特定符号代表实际电路的各种元器件,汽车电路中常用的元器件及其符号见表 2-1。

3.电路图识读的基本要求和方法

(1)熟记电路符号。汽车电路图是利用电路符号来表示其构成和工作原理的。因此,必

须牢记电路符号的含义,才能看懂电路原理图。

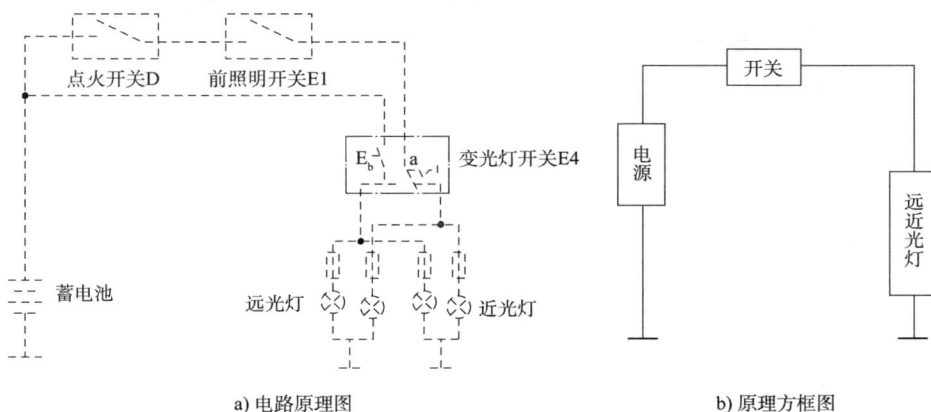

a) 电路原理图　　　　　　　　　　　　　　　　　　b) 原理方框图

图 2-9　汽车远近光照明电路示意图

常用电路元器件符号　　　　　　　　　　　　表 2-1

序号	名称	图形符号	序号	名称	图形符号
1	交流	～	16	电容器	
2	直流	—/- -	17	电感器、线圈	
3	正极	+			
4	负极	-	18	旋转开关	
5	搭铁	E/⊥			
6	电阻器		19	可变电容器	
7	可变电阻器				
8	加热元件		20	中间断开的双向触点	或
9	动合(常开)触点		21	旋转多挡开关位置	0 1 2
10	动断(常闭)触点		22	按钮开关	
11	热继电器触点		23	先断后合的触点	
12	滑线式可变电阻器		24	易熔丝	
13	旋转开关		25	钥匙开关	0 1 2
14	熔断器				
15	极性电容器		26	联动开关	

序号	名称	图形符号	序号	名称	图形符号
27	手动开关的一般符号	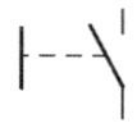	31	滑动触点电位器	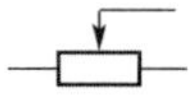
28	拉拔开关	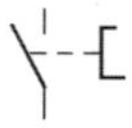	32	带磁心的电感器	
29	常闭触点继电器	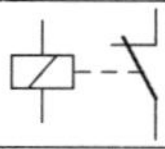	33	热敏开关动断触点	
30	热敏开关动合触点		34	常开触点继电器	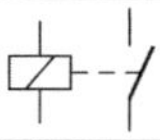

（2）化整为零，化繁为简。在大概掌握全图的基本原理的基础上，把一个个单元系统电路分割开来，这样就容易抓住每一部分的主要功能及特性。对于整车电路图，将整车电路图分解为系统部分图；对于各个系统单元电路，同样可以将其进行分解，再各个击破。

（3）运用回路原则。任何一个完整的电路都是由电源、熔断器、开关（控制装置）、用电设备、导线等组成的。电流流向必须从电源正极出发，经过熔断器、开关、控制装置、导线等到达用电设备，再经过导线（或搭铁）回到电源负极，才能构成回路。因此识读电路图时，有三种思路：

①沿着电路电流的流向，由电源正极出发，顺藤摸瓜查到用电设备，开关、控制装置等，回到电源负极。

②逆着电路电流的方向，由电源负极（搭铁）开始，经过用电设备、开关、控制装置等回到电源正极。

③从用电设备开始，依次查找其控制开关、连线、控制单元，到达电源正极和搭铁（或电源负极）。

实际应用时，可视具体电路选择不同思路，但有一点值得注意：随着电子控制技术在汽车上的广泛应用，大多数电气设备电路同时具有主回路和控制回路，读图时要兼顾两回路。

（4）读懂开关控制。对多层多挡接线柱的开关，要按层、按挡位、按接线柱逐级分析其各层各挡的功能。当开关接线柱较多时，首先抓住电源正极接线柱，再逐个分析与其他各接线柱相连的用电设备处于何种挡位，从而找出控制关系。

4. 汽车电路图的特点

（1）各用电设备、配电装置全用电路符号表示，不讲究电器设备的实际形状、位置和导线的实际走向。

（2）以表达汽车电路的工作原理和相互连接控制关系为重点，对线路图作了高度的简化，使电路变得简明扼要、准确清晰。

（3）对了解汽车电器设备的工作原理和迅速分析排除电器系统故障十分有利，它是分析电器系统工作原理以及维修电器系统最实用的资料。

汽车电路原理图重点表达各电气系统电路的工作原理，既可以是全车电路图，也可以是各系统电路原理图。我们通常所说的汽车电路图，就是这种原理图。它是检测与维修人员必备的基本功。

(三)新能源汽车高压系统

1.新能源汽车电源系统

电源系统是新能源汽车的核心组成部分,为整车提供能量来源。它包含高压与低压两大部分。

如图2-10是新能源汽车电源系统的简图。在该系统中有两个电源组,均提供直流电。一组是高压动力蓄电池组,其电压可高达数百伏,是主电源,主要提供驱动电机电能,同时经DC/DC变换后对12V蓄电池充电。另一组是12V辅助蓄电池,作为从电源,提供常规低压用电器电能,如电动车窗、刮水器、汽车音响、汽车电脑等。

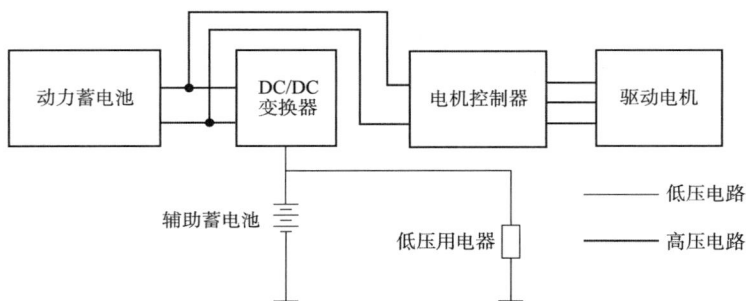

图2-10 新能源汽车电源系统示意图

2.新能源汽车高压部件

以纯电动汽车为例,整车内的高压驱动零部件有:动力蓄电池、电机控制器、驱动电机、高压配电系统、电动压缩机、DC/DC变换器、车载充电机(OBC)、暖风加热器(PTC)、高压线束等。如图2-11为电动汽车高压部件布局图。这些部件的高电压都会对人员与车辆带来潜在的危险性。

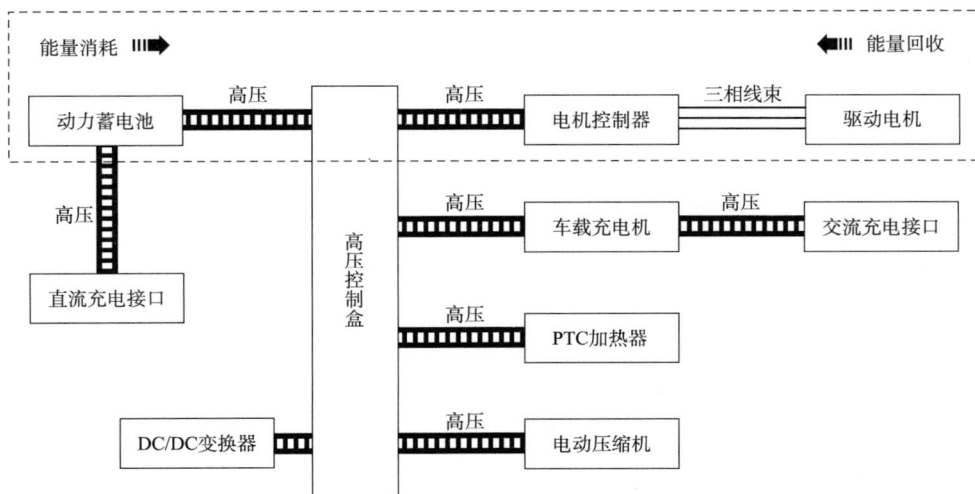

图2-11 纯电动汽车高压组件

在汽车工程中,高电压(HV)系统电压标准为:直流 60～1500VDC(无谐波),交流 30～1000VAC(RMS 值)。所有高压用电部件壳体上标识及传输线路均用鲜艳夺目的橙、黄色作为安全警示,非专业人员不得对其进行维护与检修。如图 2-12 为新能源汽车前仓高压部件位置图。

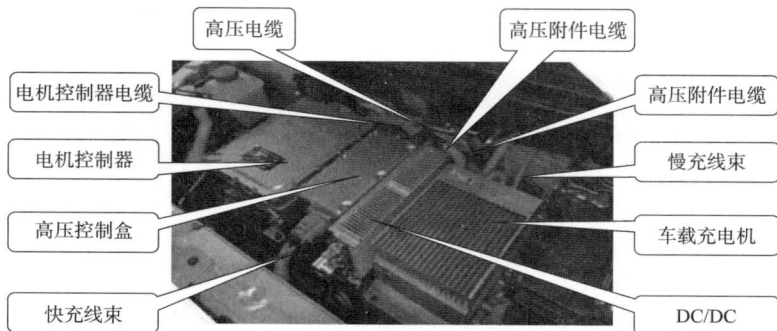

图 2-12　新能源汽车前仓高压部件位置图

(1)动力蓄电池。

动力蓄电池一般安装在电动汽车的底部或尾部,如图 2-13 所示。动力蓄电池含蓄电池管理系统(BMS),也称动力电池控制器,是动力蓄电池管理和保护的核心部件,它的作用是保证动力蓄电池使用安全可靠,控制动力蓄电池组的充放电,并向整车控制单元(VCU)上报动力蓄电池系统的基本参数及故障信息。

a) 动力蓄电池　　　　　　　　b) 安装位置

图 2-13　动力蓄电池及安装位置

(2)高压配电系统。

如图 2-14 为高压配电系统。高压配电系统是整车高压电源分配及控制与保护装置,将动力蓄电池的高压电分配给电机控制器、驱动电机、电动压缩机、PTC 加热器、DC/DC 变换器等高压用电设备。同时将交流或直流充电口导入的高压充电电流分配给动力蓄电池,以便为动力蓄电池充电。

(3)电机控制器。

电机控制器是控制动力蓄电池和驱动电机之间能量传输的装置,其主要功能包括车辆的怠速控制、车辆前进(控制电机正转)、车辆倒车(控制电机反转)、DC/AC 变换等。其安装位置如图 2-15 所示。

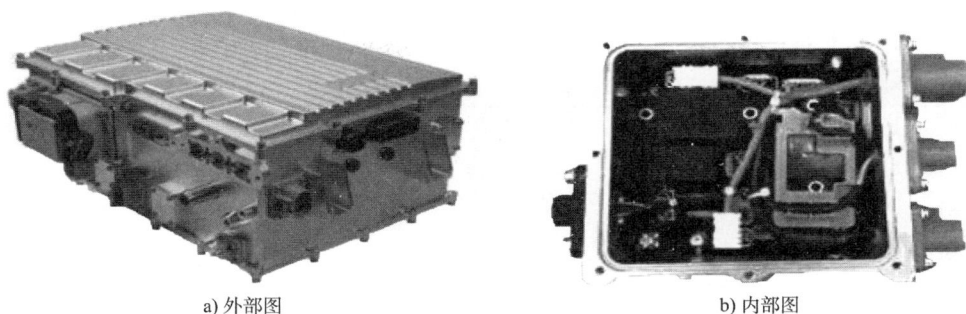

a) 外部图　　　　　　　　　　　　　　　b) 内部图

图 2-14　高压配电系统

（4）DC/DC 变换器。

DC/DC 变换器是将动力电池的直流高压转换成直流低压，一方面向 12V 常规低压蓄电池充电，另一方面提供能源给其他常规用电设备。

（5）三相驱动电机。

驱动电机是纯电动汽车的唯一动力源。目前国内均采用永磁同步电机，电动汽车电机的安装位置如图 2-15 所示。

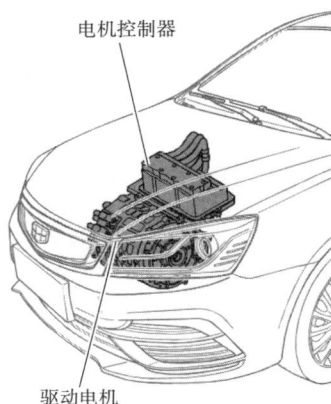

图 2-15　驱动电机安装位置图

二、任务实施

（一）实施要求

（1）按照新能源汽车维修规范，准备维修场地。

（2）选择合适的绝缘拆装工具。

（3）检查绝缘防护用品。

（4）落实维修安全保障措施。

（5）查阅维修资料，识读电路原理。

（二）实施准备

隔离防护带、绝缘工具。

（三）实施步骤

（1）遵守车间作业、环保法规等一般规定，做好场地隔离，放置高压警示牌。

（2）绝缘拆装工具检查。

（3）绝缘防护用品检查、穿戴及储藏。

（4）进行 6S 管理。

三、任务工单

任务名称		识别新能源汽车电路组成			
班级		姓名		分组	
教师		地点		日期	
具体内容					
设备工具					
组员分工					

实训过程内容与流程记录

一、熟悉电路符号

1. 请画出常用元器件的电路符号,填入下表。

电路符号

元器件	电阻器	可变电阻器	电容器	可变电容器	空心电感器	带铁芯的电感器
电路符号						
元器件	电池	接地	常开触点	常闭触点	不相交导线	相交导线
电路符号						
元器件	熔断器	电压表	旋转多挡开关	按钮开关	带磁芯的电感器	单丝灯泡
电路符号						

2. 识别下表电路符号

电路符号	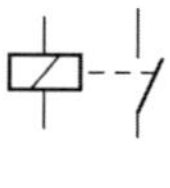	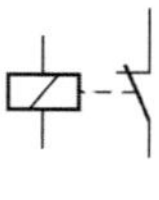	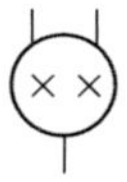	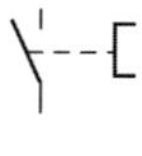	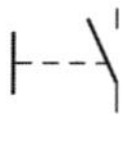	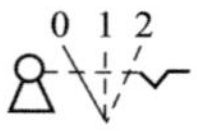
元件器名称						
电路符号	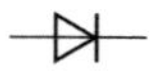	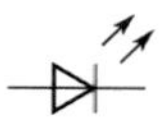	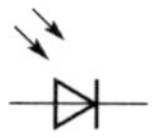			
元器件名称						

二、电路组成与位置查找

1. 下图是电动汽车高压配电系统组成电路图。

(1) 图中的电源是:_____。

(2) 图中的中间环节有:_____。

(3) 图中的负载有:_____。

2. 描述高压部件在车上的具体位置。

实训过程内容与流程记录	
二、电路组成与 位置查找	
实训任务回顾与总结	
任务收获与结果	
建议和改进措施	

任务2　新能源汽车特性参数分析与测量

任务描述

一辆帝豪 EV450 纯电动汽车,按一键起动,车辆没有反应,仪表不点亮。经分析,判定为低压不能上电。请检测关键点电压,以帮助分析故障原因。

一、知识准备

1．电流

（1）电流的定义。

自然界中存在两种电荷,即正电荷与负电荷。电荷的多少叫电荷量,用字母 Q 表示,单位为库仑（C）。电荷在电场力的作用下定向移动形成了电流。例如,金属导体中的自由电子在电场力的作用下的定向运动,电解液中的正负离子在电场力作用下向着相反方向的运动都能形成电流。

电流是一种物理现象,又表示带电粒子定向运动的强弱。其数值上等于在单位时间内通过横截面的电荷量,用公式表示为:

$$i = \frac{\mathrm{d}q}{\mathrm{d}t} \tag{2-1}$$

若是直流,单位时间内电荷量没有变化,则电流用 I 表示。

$$I = \frac{q}{t} \tag{2-2}$$

式中:q——通过导体横截面的电荷量,单位是库仑(C);

t——通过电荷量所用时间,单位是秒(s)。

若在 1s 内通过导体横截面的电荷量为 1 库仑,则导体中的电流为 1 安培。在国际单位制中,电流的单位是安培,简称"安",用符号"A"表示。电流常用的单位还有毫安 mA 和微安 μA,其相互之间的数量转化关系:$1A = 10^3 mA = 10^6 \mu A$。

(2)电流的方向。

规定正电荷定向移动的方向为电流的方向(实际方向)。在金属导体中,电流的方向与自由电子运动方向相反。

事实上我们已经发现电流是电子由负极移向正极所产生的,但因富兰克林早期在实验中注明电流由"+"流到"-",为顾及既成的习惯,就以"+"到"-"表示电流的方向,如图 2-16 所示。

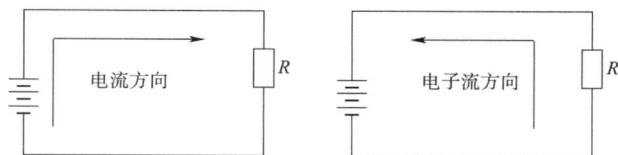

图 2-16　电流与电子流方向

在分析较为复杂的直流电路时,往往事先很难判断电流的实际方向;对交流而言,其方向是随时间不断变化的,无法标出电流的实际方向,所以在分析电路与计算电流时,常任意假定一个方向作为电流的参考方向,称为假定正方向。电流的参考方向可以与实际方向一致,也可以相反。当电流的实际方向与参考方向一致时,其测量或计算结果为正值;当实际方向与参考方向相反时,则测量或计算出的结果为负值。因此,在参考方向选定之后,电流才有正、负之分。如图 2-17 所示。

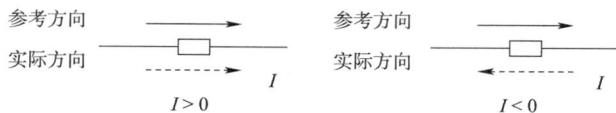

图 2-17　电流的方向与正负

电流方向的表示方法有两种,一种是用"箭头"表示;另一种是用双下标表示。如图 2-18 所示。电流方向的关系为 $I_{ab} = -I_{ba}$。

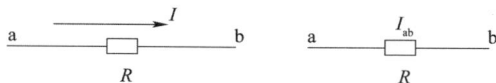

图 2-18　电流方向的表示方法

在分析、计算电流时,应首先假定其参考正方向,并以此为基准去进行分析、计算,最后根据计算结果的正负来判定电流的实际方向。

（3）电流的测量。

测量某线路流过的电流大小，需将该线路断开，串入电流表。

①关闭电路供电电源后，断开被测线路。

②万用表功能转换开关置于电流挡（交流或直流），根据电流大小选择万用表表笔插孔，并选择量程（尽可能靠近被测电流大小，无法估算时从最大量程逐渐递减到合适量程为止）。

③将红、黑表笔分别接入线路断开点。

④接通电路电源，即可在万用表显示屏上读取被测电流值。

2. 电压

（1）电压的定义。

电场中的电荷在电场力的作用下做功，为了衡量电场力作功能力的大小，引入电压这个物理量。电压的定义为：a、b 两点的电压在数值上等于电场力将电荷由 a 点移到 b 点所做的功。用公式表示为：

$$u_{ab} = \frac{\mathrm{d}w_{ab}}{\mathrm{d}q} \tag{2-3}$$

若为直流，则式中各物理量均为常量，则公式改写为：

$$U_{ab} = \frac{W_{ab}}{q} \tag{2-4}$$

式中：u_{ab}——a、b 两点间的电压，单位为伏特（V）；

　　　W_{ab}——正电荷从 a 点移到 b 点所做的功，单位为焦耳（J）；

　　　q——电荷量，单位为库仑（C）。

在国际单位制中电压常用的单位还有千伏（KV）、毫伏（mV）、微伏（μV）。其单位换算为：$1\,\mathrm{kV} = 10^3\,\mathrm{V} = 10^6\,\mathrm{mV} = 10^9\,\mathrm{μV}$。

（2）电压的方向。

规定电压的方向由高电位（" + "极性）端指向低电位（" – "极性）端。即电压降的方向。在实际电路中，通常我们事先并不知道某两点间产生电压的方向，可以假定参考方向。参考方向是任意假定的，可以与实际方向相同，也可以相反。最后根据计算或测量的结果判定实际方向。若实际方向与参考方向相同，则计算或测量结果为正值；若实际方向与参考方向相反，则计算或测量结果为负值，如图 2-19 所示。

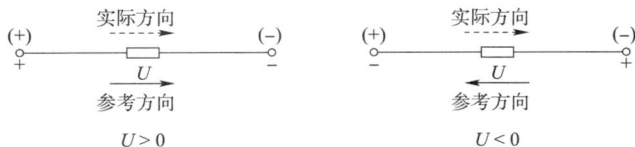

图 2-19　电压的方向与正负

电压方向的表示方向有三种。一种是"箭头"表示法，箭头的方向代表电压的方向；另一种是双下标法，前一个字母代表高电位端，后一个字母代表低电位端；还有一种是用" + "" – "符号法表示。如图 2-20 所示。

在分析电路时，必须首先选定电流及电压的参考方向，缺少参考方向的物理量是没有意义的。为了分析与计算方便,避免混淆,通常选择电流与电压的参考方向一致,称为"关联参考方向",即满足"水"往低处流的自然规律。如图 2-21 所示。

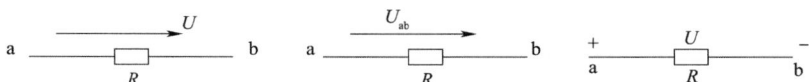

图 2-20　电压方向表示法

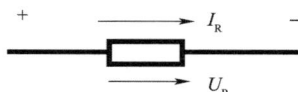

图 2-21　电流电压的关联参考方向

(3)电压的测量。

测量两点之间的电压,只需正确选择用万用表孔,功能转换开关置于电压挡(直流或交流),并确定合适量程,将红、黑两根表笔并联于两点之间,即可在显示屏读取电压值。电压有正也有负,其正负代表方向,用数字万用表测量会自动显示"－"号。

注意:U_{ab}脚标 a、b 即代表 a、b 两点之间,同时也代表其电压的参考方向即 a 点为高,b 点为低。测量时将红表笔指 a,黑表笔指 b。若将红表笔指 b,黑表笔指 a,则测量的是 U_{ba},而非 U_{ab},两者是有区别的。

3. 电位

(1)电位的定义。

正电荷 q 从 a 点移到参考点 o 所做的功,用公式表示为:

$$V_a = \frac{W_{ao}}{q} \tag{2-5}$$

电位用"V"表示。V_a 则表示正电荷在电路中某点 a 所具有的能量与电荷所带电荷量的比值。与电压一样,电位的单位为伏特(V),方向由高指向低。

在讨论电位问题时,必须选定其参考点,即零电位点。在实际电路中,通常我们选择电源的负极作为参考点。

(2)电位与电压的联系。

电压和电位(图 2-22)都是反映电场或电路能量特性的物理量,两都既有联系又有区别。电位是相对的,它与参考点的选择有关;而电压是不变的,与参考点的选择无关。电位的参考点可任意选择,但在一个实际电路中,参考点是唯一的。

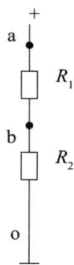

图 2-22　电压与电位

从电压与电位的定义来看,当参考点为 o 的选择与 b 点重合时,则有:

$$V_a = U_{ao} \tag{2-6}$$

即 a 点的电位就等于 a 点到参考点 o 之间的电压。

$$U_{ab} = U_{ao} - U_{bo} = V_a - V_b \tag{2-7}$$

即 a、b 两点间的电压就等于 a、b 两点之电位差。

在电路分析中,电位的分析、计算与测量有很重要的意义,尤其在电子电路里,通常都是对电位进行计算来分析电路。在电路检修过程中经常也采取电位的测量来进行故障的分析与判断。

(3)电位的测量。

用万用表测量某一点的电位,选择万用表的电压挡,将黑表笔固定到参考点,红表笔指到该点就为该点的电位。

4.电动势

（1）电动势的定义。

在电源内部,电源力不断地将正电荷从低电位移到高电位。在这个过程中电源力要反抗电场力做功。为了衡量电源力对电荷做功的能力,即将其他形式的能量转换为电能的能力,引入了电动势这个物理量。在电源内部,电源力将正电荷从低电位移到高电位反抗电场力所做的功与被移动电荷的电荷量之比,称为电动势。用公式表示为:

$$E = \frac{W}{q} \tag{2-8}$$

电动势的单位为伏特（V）,与电压单位相同。

（2）电动势的方向。

电动势的方向规定为:由电源的负极（低电位）指向电源正极（高电位）。

在电源内部电路中,电流的方向从负极流向正极;在电源外部电路中,电流的方向由正极流向负极。如图2-23所示。

电动势的方向有两种表示方法。用箭头表示与用"＋""－"号表示,如图2-24所示。

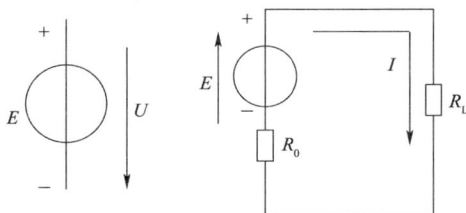

图2-23 电动势的方向　　　图2-24 电动势方向表示法

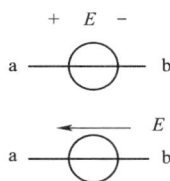

5.电能与电功率

（1）电能。

设电路中,A、B两点的电压为U,在时间t内电荷Q受电场力作用从A点经负载移动到B点,则电场力所做的功为:

$$W = UQ = UIt \tag{2-9}$$

式中:U——电路两端的电压,单位为伏（V）;

I——流过电路的电流,单位为安（A）;

t——电压与电流作用于电路的时间,单位为秒（s）;

W——电路消耗的电能,单位为焦耳（J）。

（2）电功率。

单位时间内所消耗的电能,称为电功率。用公式表示为:

$$P = \frac{W}{t} = UI \tag{2-10}$$

根据当电压与电流的参考方向不同,电功率有正负之分。

当$P>0$时,电路吸收功率,消耗能量,为负载。

当 $P<0$ 时,电路发出功率,释放能量,为电源。

二、任务实施

(一)实施要求

(1)按照新能源汽车维修规范,准备作业场地。
(2)选择合适的绝缘拆装工具及防护用品。
(3)按要求完成相关测量。
(4)根据测量结果得出结论。

(二)实施准备

隔离防护带、绝缘工具、数字万用表、动力蓄电池台架、绝缘测试仪。

(三)实施步骤

(1)遵守车间作业、环保法规等规定,做好场地隔离,放置高压警示牌。
(2)绝缘拆装工具检查。
(3)绝缘防护用品检查、穿戴。
(4)测量及结果判断。
(5)进行 6S 管理。

三、任务工单

按要求完成绝缘场地的布置、绝缘拆装工具的选择及检查,绝缘防护用品的检查及穿戴,动力蓄电池单体电压的测量及判断,并进行 6S 管理,将实施过程记录到工作记录单中。

任务名称			动力蓄电池单体电压检测		
班级		姓名		分组	
教师		地点		日期	
具体内容					
设备工具					
组员分工					
实训过程内容与流程记录					
一、场地隔离	1.隔离作业场地		是否完成:是□ 否□		
	2.放置高压警示标志		是否完成:是□ 否□		
二、工具选择	1.绝缘拆装工具选择		工具型号:		
	2.绝缘拆装工具检查		工具是否有破损:是□ 否□		

实训过程内容与流程记录		
三、防护用品检查	1.绝缘手套的检查	是否完好:是□　否□ 否的原因:
	2.绝缘地垫的检查	是否完好:是□　否□ 否的原因:

四、电压检测	测量所选的工具是:_____,型号是_____。 1.测量12V常规蓄电池电压。 理论值:_____　实际测量值:_____ 2.测量动力蓄电池电压。 (1)单体电池最高温度:_____。 (2)单体电池电压。

测量数据					
单体电池编号	1 号	2 号	3 号	4 号	5 号	6 号
电池电压(V)						
单体电池编号	7 号	8 号	9 号	10 号	11 号	12 号
电池电压(V)						
单体电池编号	13 号	14 号	15 号	16 号	17 号	18 号
电池电压(V)						
单体电池编号	19 号	20 号	21 号	22 号	23 号	24 号
电池电压(V)						

(3)电池组对地的电阻值:_____ Ω。
(4)诊断故障(故障种类:过温、过压、过放、欠压、漏电)。
故障类型:_____。
故障单体电池为_____号电池。

五、6S管理	场地清理	是否有工具遗漏: 是□　否□ 地面是否整洁干净:是□　否□

实训任务回顾与总结	
任务收获与结果	
建议和改进措施	

任务3 新能源汽车电路基本元器件识别与检测

任务描述

一辆电动汽车,按下一键起动后,仪表"OK"灯不亮,动力系统故障灯点亮,车辆不能行走,初步诊断为高压电路出故障,请按维修要求,检测高压分配电路中的电路元件是否存在故障。

一、知识准备

(一)电路中的基本元件

电路的基本元件有电阻器、电容器与电感器。它们既可以是实际电路元件,又可以是电工设备与电子元器件单一特性的抽象化元件,即理想电路元件。

1.电阻元件

导体对电流的阻碍作用称为电阻。用字母"R"表示。"R"既表示一个电阻元件亦表示这个元件的参数。其主要功能就是阻碍电流流过,起到限流、分流、降压、分压等作用,在数字电路中做上拉电阻和下拉电阻。

(1)电阻定律。

导体电阻的大小不仅与导体的材料有关,还与导体的尺寸有关。经实验证明,在温度不变时,一定材料制成的导体的电阻跟它的长度成正比,与它的截面积成反比,这个规律叫作电阻定律,公式关系如下:

$$R = \rho \frac{L}{S} \tag{2-11}$$

式中:ρ——电阻率,单位是欧/米,Ω/m;

L——导体的长度,单位是米,m;

S——导体的截面积,单位是平方米,m^2;

R——导体的电阻,单位欧姆,Ω。

在国际单位制中,电阻的常用单位还有千欧($k\Omega$)与兆欧($M\Omega$)。其单位换算关系为:$1M\Omega = 10^3 k\Omega = 10^6 \Omega$。

(2)电阻的伏安特性。

①线性电阻。

线性电阻是二端理想元件,在任何时刻,其两端的电压与其电流的关系服从欧姆定律。线性电阻的图形符号如图2-25a)所示。若将电阻元件的电压取为纵坐标,电流取为横向坐标,画出电压与电流的关系曲线,称之为伏安特性曲线,如图2-25b)所示。

在电压和电流的关联方向下,欧姆定律可表示成:

$$u = Ri \tag{2-12}$$

可见,线性电阻元件的电阻 R 是一个与电压、电流无关的常数。由上可知,任何时刻线性电阻元件的电压完全由同一时刻的电流所决定,而与该时间之前的电流和各种值无关。

在关联方向下,任何时刻线性电阻元件吸收电功率为:

$$P = ui = Ri^2 = \frac{u^2}{R} \tag{2-13}$$

这说明,任何时刻电阻元件都不可能发出电能,它吸收的电能全部转换为其他形式的能被消耗掉,所以线性电阻元件是耗能元件。

在之后的叙述中,为了方便,将线性电阻元件简称为电阻,即后文描述中的所有电阻均指线性电阻。

②非线性电阻。

当电阻元件的伏安特性曲线不是一条过原点的直线时,称为非线性电阻。如图 2-26 中 b、c 曲线。非线性电阻元件上的电压和电流之间不服从欧姆定律,且元件的电阻将随电压或电流改变而改变。

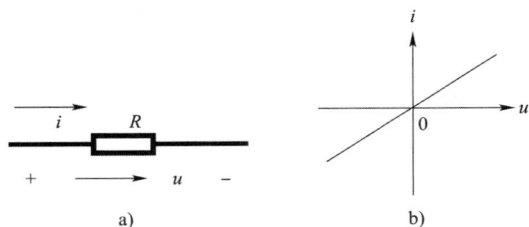

图 2-25 电阻图形符号与伏安特性曲线

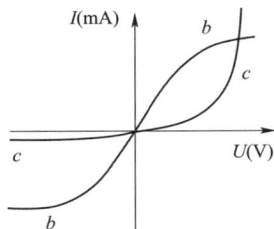

图 2-26 非线性电阻伏安特性曲线

(3)汽车电路中使用的特殊电阻。

汽车电路中使用的特殊电阻属于敏感元件,一般由半导体材料做成。

①热敏电阻。

热敏电阻的阻值会随着温度的变化而变化。根据温度对电阻值影响的不同,又分为负温度系数热敏电阻、正温度系数热敏电阻及临界温度系数热敏电阻三种,其温度特性如图 2-27 所示,电路图形符号如图 2-28 所示。

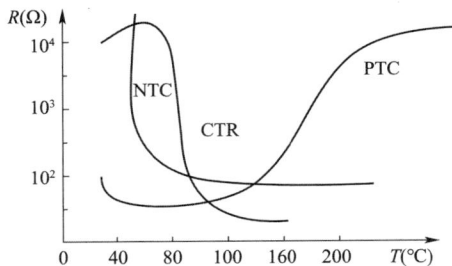

图 2-27 热敏电阻温度特性曲线

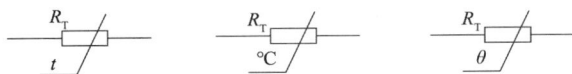

图 2-28 热敏电阻的电路符号

负温度系数(NTC)热敏电阻:在工作范围里,NTC 热敏电阻的电阻值随温度升高而减小。该电阻广泛用于汽车冷却液温度传感器、进气温度传感器和空调温度传感器中。

正温度系数(PTC)热敏电阻:在工作范围里,PTC 热敏电阻的电阻值随温度升高而按指数函数增加。这种电阻在汽车仪器、仪表等测温部件中被广泛应用,如电动汽车中的暖风加热系统就是采用该电阻。

临界温度系数(CTR)热敏电阻:CTR 热敏电阻的电阻值随温度升高而按指数函数减小,具有负电阻突变性,在某一温度下,电阻值随温度升高急剧减小。

②光敏电阻。

光敏电阻是利用半导体光电效应制成的一种特殊电阻,对光线十分敏感,它的电阻值能随着外界光照强弱(明暗)变化而变化。在无光照射时,呈高阻状态;有光照射时,其电阻值迅速减小。

图 2-29 为光敏电阻的光照/电阻特性、光照/电流特性及光敏电阻图形符号,光敏电阻主要做传感器,现广泛用于照明灯自动控制、光声控开关等。

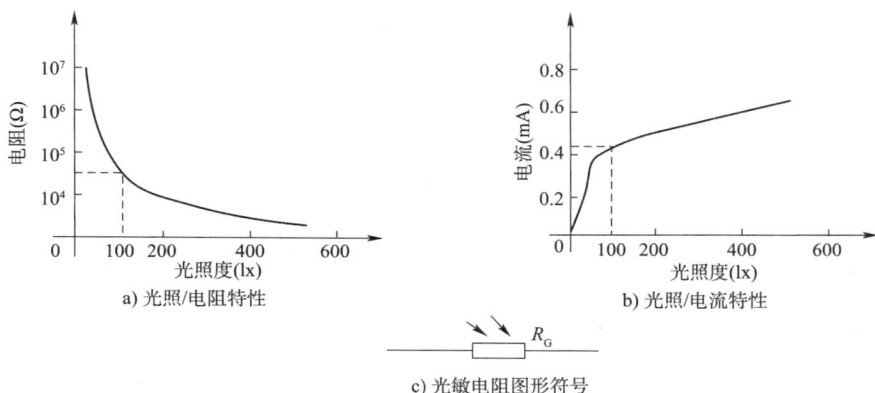

a) 光照/电阻特性 b) 光照/电流特性

c) 光敏电阻图形符号

图 2-29 光敏电阻的光照特性与图形符号

③压敏电阻。

压敏电阻具有压阻效应。所谓压阻效应就是固体受力后电阻率发生变化的现象。在汽车电路中,压敏电阻主要用来作为力学传感器使用,它是一种用金属或半导体材料做成的对压力敏感的元件,如图 2-30 所示。

电阻应变片是一种将被测件上的应变变化转换成一种电信号的敏感器件。它是压阻式应变传感器的主要组成部分之一。

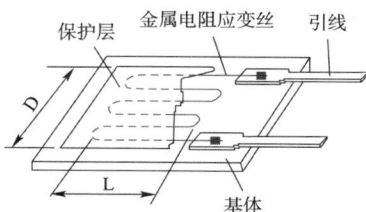

图 2-30 金属电阻应变片的内部

通常是将应变片通过特殊的黏合剂紧密的黏合在产生力学应变的基体上,当基体受力发生应力变化时,电阻应变片也一起产生形变,使应变片的阻值发生改变,从而使加在电阻上的电压发生变化。一般这种应变片会组成应变电桥,并通过后续的放大器进行放大,再传输给处理电路(通常是A/D 转换和 CPU)显示或执行机构,压电转换元件与输出特性如图 2-31 所示。

以金属丝应变电阻为例,当金属丝受外力作用时,其长度和截面积都会发生变化,从电阻计算公式很容易看出,其电阻值会相应发生改变。假如金属丝受外力作用而伸长时,其长度增加而截面积减少,电阻值便会增大;当金属丝受外力作用而压缩时,长度减小而截面增加,电阻值则会减小。通常只要测出加在电阻两端电压的变化,即可获得应变金属丝的应变情况。

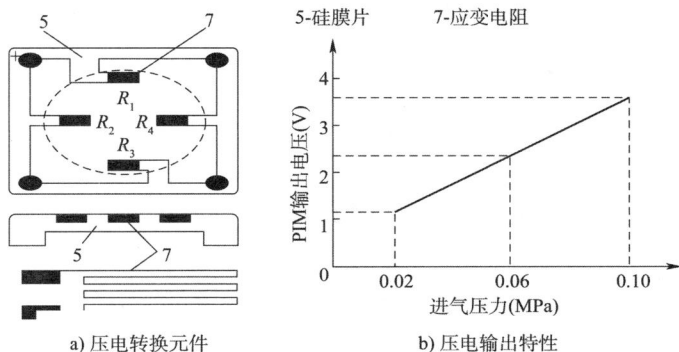

图 2-31 压力传感器压电转换元件与输出特性

(4)电阻参数的标注。

一般情况下,可通过参数标注法直接读出电阻值,主要的方法有直标法、文字符号法、色标法。

①直标法。

直标法指用阿拉伯数字和单位符号在电阻体表面直接标出标称值,用百分数表示允许偏差的方法。

②文字符号法。

文字符号法指用阿拉伯数字和字母符号按一定规律组合来表示标称阻值,允许偏差也用文字符号表示,优点是识读方便、直观,一般仅用三位数字标注电阻器的数值。对于十个基本标注单位以上的电阻器,前两位数字表示数值的有效数字,第三位数字表示数值的倍率。如 100 表示其阻值为 $10 \times 10^0 = 10\Omega$;223 表示其阻值为 $22 \times 10^3 = 22k\Omega$。对于十个基本标注单位以下的元件,第一位、第三位数字表示数值的有效数字,第二位用字母"R"表示小数点。如 3R9 表示其阻值为 3.9Ω。

③色标法。

色标法就是用色环、色点或色带在电阻器表面标出标称值和允许偏差的方法。色标符号规定表 2-2 所示。目前,普通电阻器大多采用色环来标注电阻值,即通过在电阻器表面印制不同颜色的色标来表示电阻器标称阻值的大小,故称色环电阻。色环电阻器有 4 色和 5 色两种。

4 色环:前 2 条色环表示阻值的有效数字,第 3 条色环表示阻值的倍率,第 4 条色环表示阻值允许的偏差范围,如图 2-32a)所示。

5 色环:前 3 条色环表示阻值的有效数字,第 4 条色环表示阻值的倍率,第 5 条色环表示阻值允许的偏差范围,如图 2-32b)所示。

例如:红紫橙金表示 $27 \times 10^3 = 27k\Omega$($\pm 5\%$)。

棕紫绿金银表示 $175 \times 10^{-1} = 17.5\Omega$($\pm 10\%$)。

色标符号规定 表2-2

颜色	有效数字	倍乘数	允许偏差(%)	颜色	有效数字	倍乘数	允许偏差(%)
黑色	0	10^0	—	紫色	7	10^7	± 0.1
棕色	1	10^1	± 1	灰色	8	10^8	—
红色	2	10^2	± 2	白色	9	10^9	$+50 \sim -20$
橙色	3	10^3	—	金色	—	10^{-1}	± 5
黄色	4	10^4	—	银色	—	10^{-2}	± 10
绿色	5	10^5	± 0.5	无色	—	—	± 20
蓝色	6	10^6	± 0.25				

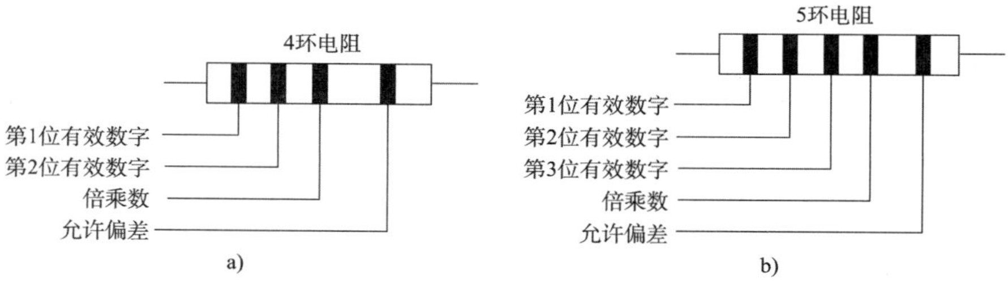

图 2-32 色环电阻器读法

（5）电阻元件外形认识。

电阻元件是电子电路中使用最多的元件,约占所用元件总数的35%左右。其种类繁多,形态各一。常用电阻元件如图2-33所示。

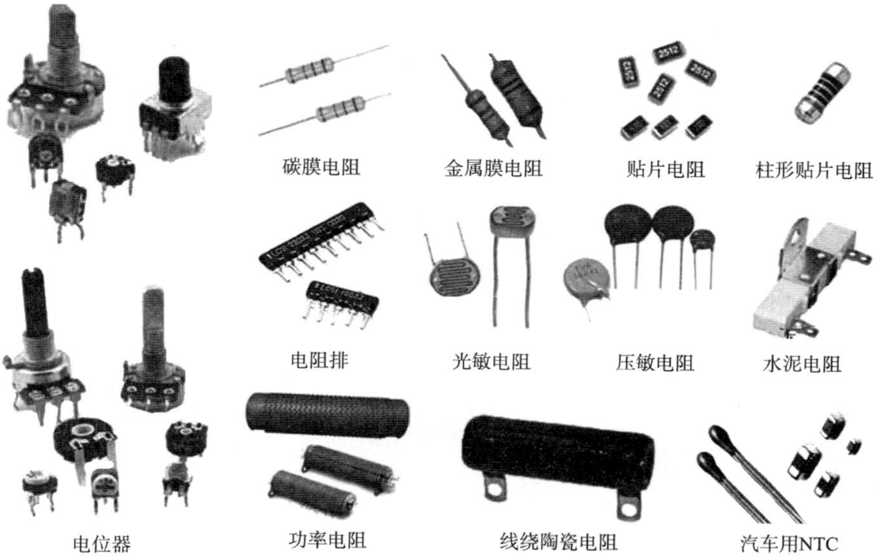

图 2-33 常用电阻元件

（6）电阻器、电位器的测量与质量判断。

①电阻器、电位器的阻值测量。

选择万用表电阻挡并确定量程，量程一定要大于被测电阻器或电位器。

将万用表红、黑表笔并联在电阻两根引线上。

带量程单位读数（选用数字万用表时）。

注意：拿固定电阻器时，两只手的手指不要触碰在被测固定电阻器的两根引出端上，否则人体电阻与被测电阻器并联，影响测量精度。

②电阻器的质量判断。

电阻器的电阻体或引线损坏可以从外观上看出。如果电阻器内部损坏或阻值变化较大，则可通过万用表欧姆挡来测量核对。若电阻内部或引线有毛病，以致接触不良时，用手轻轻地摇动引线，可以发现松动现象，用万用表测量时，就会发现指示不稳定。

③电位器的质量判断。

用万用表两支表笔分别接触电位器的两个引脚，顺时针旋转电位器，阻值应从零变化到电位器的标称值，如果数字（或表针）平稳变化（或移动而无跌落、跳跃、抖动等现象）则说明电位器正常。

2. 电感元件

在电子技术与电力工程中，常有由绝缘导线绕制而成的线圈作为电路元件，这种元件称为电感，用"L"表示。如汽车电路中的"轭流圈"，日光灯用的"镇流器"。"L"既表示一个电感元件，又表示该元件的参数，该元件是一种能够储存磁场能量的元件。

（1）线性电感元件。

由绝缘导线绕制在非铁磁材料做成的骨架上的线圈，称为空心电感线圈。假想导线无电阻，则空心电感线圈是一个理想二端元件，是一个线性电感。其电路符号如图 2-34a）所示。一个实际电感器除了具有电感外还有电阻，若导线电阻的损耗不可忽略，则用线性电阻与线性电感元件的串联组合作为空心线圈的模型。

线圈中通以电流 i 后，在元件内部将产生磁通 φ_L，若磁通与线圈 N 匝都交链，则磁通链公式为：

$$\psi_L = N\varphi_L \tag{2-14}$$

我们规定磁通 φ_L 和磁通链 ψ_L 的参考方向与电流参考方向之间满足右手螺旋法则，则在任何时刻线性电感元件的自感磁通链与元件中的电流都有以下关系：

$$\psi_L = Li \tag{2-15}$$

$$L = \frac{\psi_L}{i} = \frac{N\varphi_L}{i} \tag{2-16}$$

式中，电感元件的自感或电感为 L；磁通与磁通链的单位为韦伯（Wb）；自感的单位是亨利（H）。国际单位制中还常用毫亨（mH）与微亨（μH）作单位，之间的换算关系为：$1H = 10^3 mH = 10^6 \mu H$。

若将电感元件的自感磁通链 ψ_L 取为纵坐标（横坐标），电流 i 为横坐标（纵坐标），画出自感磁通链与电流的关系曲线，该曲线称为韦安特性曲线。如图 2-34b）所示。可见线性电感的韦安特性曲线是过原点的一条直线。所以线性电感元件的自感 L 是一个与自感磁通链 ψ_L 和电流 i 无关的正实常数。为了方便,以后,将线性电感元件统称为电感。

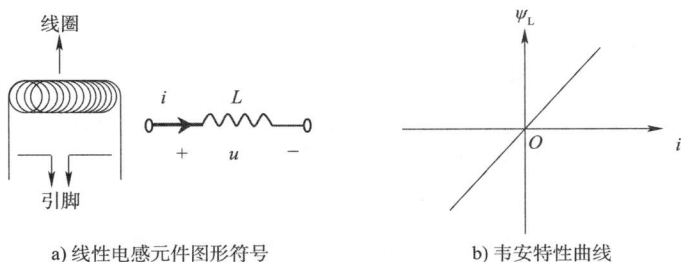

a) 线性电感元件图形符号   b) 韦安特性曲线

图 2-34　线性线圈图形符号与韦安特性

（2）非线性电感元件。

将绝缘导线绕制在铁芯或磁芯材料做成的骨架上的线圈,称为铁芯电感线圈。线圈的韦安特性曲线不再是通过坐标原点的直线,而是一条其他形状的曲线,如图 2-35c）所示。从图中可得出：$L_1 = \dfrac{\psi_1}{I_1} = \tan\alpha_1$，$L_2 = \dfrac{\psi_2}{I_2} = \tan\alpha_2$，显然 $L_1 \neq L_2$，因此可以说明,电感 L 的大小随电流的变化而变化,这种电感线圈为非线性电感线圈。在空心线圈中放入铁芯后,电感 L 就不再是常数。

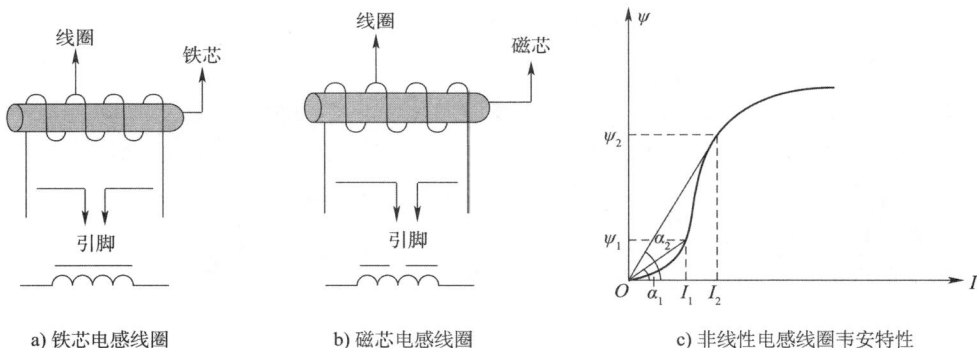

a) 铁芯电感线圈   b) 磁芯电感线圈   c) 非线性电感线圈韦安特性

图 2-35　非线性电感线圈图形符号与韦安特性曲线

（3）电感的特性。

在图 2-36 所示实验电路中,两个灯泡 HL_1 与 HL_2 完全相同,L 是一个较大电感,调整可变电阻器的阻值与线圈电阻相同。在图 a）中闭合开关 S,可以观察到 HL_1 比 HL_2 先亮,过一会,两个灯泡达到相同的亮度。产生这种现象的原因是在开关闭合前,电路中电流为零;在开关闭合后的一瞬间,电路中电流由零增大。在灯泡 HL_2 中,流过电感的电流增大,则穿过线圈的磁通也增加。由电磁感应定律可知,线圈中必定要产生感应电动势。根据楞次定律,感应电动势要阻碍线圈中电流的增加,所以 HL_2 支路中的电流不能由零立刻变到稳定值,如图 2-36c）所示,电流按指数规律增加,其数学表达式如式（2-17）。当电流达到稳定后,电感中的感应电动势为零,电感相当于短路。

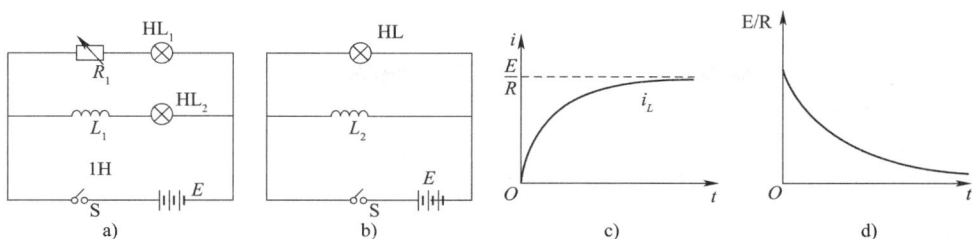

图 2-36　电感储能与释能

$$i = \frac{E}{R}\left(1 - e^{-\frac{Rt}{L}}\right) \tag{2-17}$$

电源不仅要供给电路中因产生热量所消耗的能量,还要反抗自感电动势做功,并将它转化为磁场能,存储在线圈的磁场中。线圈中磁场能为:

$$W_{\mathrm{L}} = \frac{1}{2}Li_{\mathrm{L}}^{2} \tag{2-18}$$

在图 2-36b)中,开关 S 闭合,灯泡 HL 正常点灯。在开关 S 断开的一瞬间,灯泡并不是立刻熄灭而是瞬间发出更强的光,然后才熄灭。其原因是断开开关 S 的瞬间,线圈产生一个很大的反向感应电动势。反向感应电动势的计算公式为:

$$e = -N\frac{\Delta\Phi}{\Delta t} = -N\frac{\mathrm{d}\Phi}{\mathrm{d}t} = -L\frac{\mathrm{d}i}{\mathrm{d}t} \tag{2-19}$$

此时的电感将存储的磁场能进行释放,电流由最大按指数规律下降至零,如图 2-36c)所示。其数学表达式为:

$$i = \frac{E}{R}e^{-\frac{Rt}{L}} \tag{2-20}$$

由上实验现象分析可知:

①电感元件是一个储能元件,流过电感元件的电流不能发生跃变;

②当流过电感元件的电流发生变化时,或穿过电感的磁通发生变化时,在电感两端会产生反向感应电动势,对交流电流有阻碍作用;

③当流过电感元件的电流恒定时,反向感应电动势为零,电感元件对直流相当于短路。

(4)常用电感元件的外形认识。

常用电感元件,如图 2-37 所示。

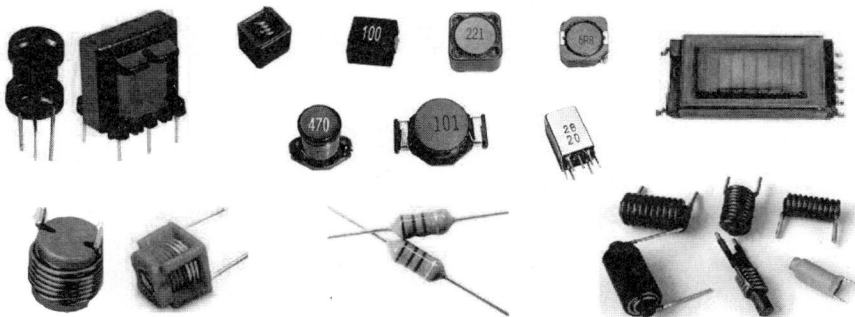

图 2-37　常用电感元件

(5)电感元件的测量与质量判断。

电感器的电感量可用高频 Q 表或电感表进行测量。一般情况下只需用万用表测量线圈的直流电阻来判断其好坏。用万用表电阻挡测量电感器阻值的大小,若被测电感器的阻值为零,则说明电感器内部短路(但是有许多电感器的电阻值很小,只有零点几欧姆,就需用电感量测试仪器来测量其阻值)若被测电感器阻值为无穷大,则说明电感器的绕组或引端与绕组接点处发生了断路故障。

(6)汽车专用扼流圈。

汽车用共模扼流圈如图 2-38 所示,适用于消除汽车局域网的共模噪声,有 $100\mu H$ 与 $51\mu H$ 两种感值。图 2-38b)为汽车直流电源用共模扼流圈,最适合用于去除电源线路的共模噪声,拥有大电压、大电流及高温保证,适合 HEV 车的逆变器电源线路。

a) DLW43SH 系列   b) PLT10系列

图 2-38　汽车用共模扼流圈

3. 电容元件

电容元件在电子产品与电力设备中有着广泛的应用,电子技术中电容常用于实现滤波、移相、选频、耦合等,在电力系统中可用来提高功率因数。

(1)电容器。

被绝缘介质隔开的两个导体的总体构成一个电容器。组成电容器的两个导体称极板,中间绝缘物质称为介质。电容器用字母"C"表示,C 既表示电容元件,也表示其参数电容量。其结构及电路图如图 2-39 所示。

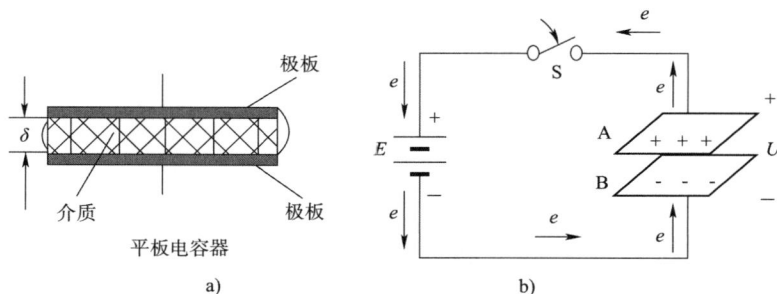

a)   b)

图 2-39　电容器结构与电容器加电源

在电容两端加上电源后,极板上分别聚集等量异性的电荷,在介质中建立起电场,并储存电场能量,如图 2-39 所示。若两极板间的电源为 U,任一极板上存储的电荷量为 Q,则电容量为:

$$C = \frac{Q}{U} \tag{2-21}$$

式中:Q——任一极板上的电荷量,C;

U——两极板间的电压,V;

C——电容,F。

在实际应用中,法拉的单位太大,通常用较小的微法(μF)、纳法(nF)与皮法(pF),之间相应的换算关系为:$1F = 10^6 \mu F = 10^9 nF = 10^{12} pF$。

对于平行板电容器,若平行板面积为 S,两平行板间距为 d,两板间电介质的介电系数为 ε,则电容器的电容量与平行板的面积和介电常数成正比,与两板间间距成反比。

$$C = \frac{\varepsilon S}{d} \qquad (2\text{-}22)$$

式中:ε——介电系数,F/m;

S——平行板面积,m^2;

d——平行板间距,m;

C——电容,F。

上式说明,对于一个平行板电容器,其电容量是一个确定值,其大小仅与电容器的极板面积、相对位置以及电介质有关,而与两极板间电压、极板上所带电荷量无关。

(2)电容器的伏库特性。

①线性电容元件。

线性电容元件是一个二端理想元件。实际的电容元件总存在一定的介质损耗,并且介质不可能完全绝缘,还会有一些漏电流,质量优良的电容器介质损耗与漏电流都很小,可以忽略不计,其电路符号如图2-40a)所示。若将电容元件的电荷 Q 取为纵坐标(横坐标),将电压 U 取作横坐标(纵坐标),画出 U—Q 的关系曲线,这条曲线称为伏库特性曲线。显然,线性电容元件的伏库特性是过原点的一条直线。所以电容 C 是一个与电荷 Q、电压 U 无关的正实数。为了方便,后文中都将线性电容元件简称为电容。

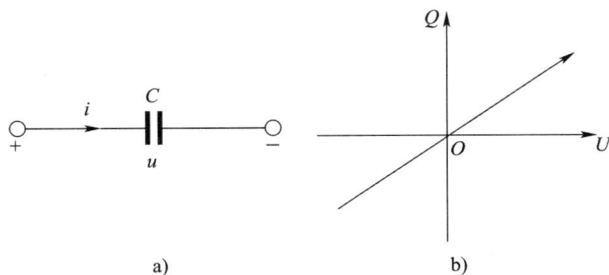

图2-40 线性电容元件电路符号与伏库特性曲线

②非线性电容元件。

若电容的伏库特性是一条曲线,则称为非线性电容元件。其电路符号与伏库特性曲线如图2-41所示。

以偏钛酸钡、磷酸钾等材料做电介质的电容一般都是非线性电容。在集成电路中,通常用金属-氧化物-半导体电容,这是一种常见的非线性电容。

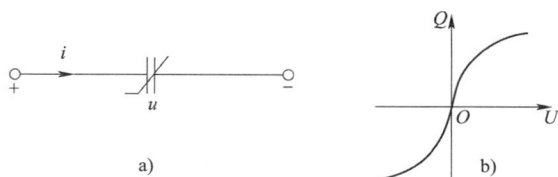

图 2-41 非线性电容电路符号与伏库特性曲线

（3）电容器的特性。

如图 2-42 实验电路，HL_1 与 HL_2 完全相同，C 是一个容量较大的电容器。在图 2-42a)中，闭合开关 S，HL_1 点亮，而 HL_2 瞬间亮一下，然后逐渐熄灭。原因是，在电容两端加电源的瞬间，由于两极板上电荷量为零，则电压为零，电容此时相当于短路，HL_2 最亮。随着时间推移两极板上电荷的聚集逐渐增多，电容两端电压逐渐升高，当电容两端的电压等于电源电压时，电容器存储电荷完毕，此时电容支路上不再有电流，HL_2 熄灭，这个过程称为电容充电。电容两端电压按指数规律上升，如图 2-42c)所示，其数学表达式为：

$$u_C = E\left(1 - e^{-\frac{t}{RC}}\right) \tag{2-23}$$

电容元件充电的过程即为电容储存能量的过程，其储存的能量为：

$$W_C = \frac{1}{2}Cu_c{}^2 \tag{2-24}$$

在图 2-42b)中，当开关 S 断开时，HL 不是立即熄灭，而是逐渐熄灭。原因是开关 S 断开的瞬时，电容上已储存的电能其电压等于电源电压 E。开关断开后，该电压经 HL 形成一个回路，HL 上有电流流过，灯被点亮。随着时间的推移，电容正极板上的电荷不断经 HL 移到负极板上被中和，则回路中电流逐渐减小，最后为零，HL 熄灭，该过程称为电容的放电，电容两端的电压按指数规律下降，如图 2-42d)所示。其数学表达式为：

$$U_C = Ee^{-\frac{t}{RC}} \tag{2-25}$$

$$i = \frac{E}{R}e^{-\frac{t}{RC}} \tag{2-26}$$

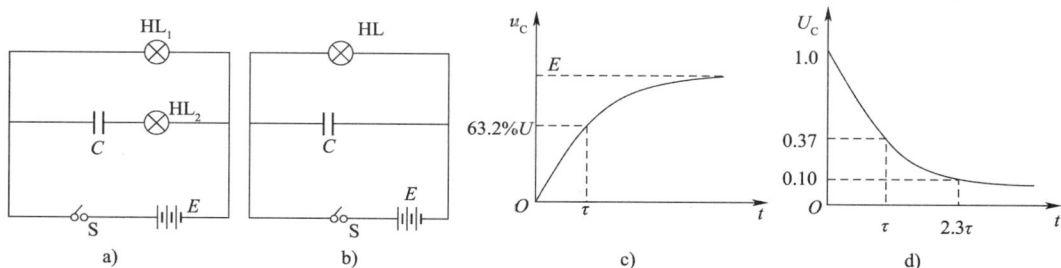

图 2-42 电容充电与放电

当极板间电压 u 发生变化时，极板上电荷也随着改变，于是电容器支路中就出现了电流。若按指定电流参考方向为流进正极板，则电流表达式为：

$$i = \frac{dq}{dt} = \frac{dCu_C}{dt} = C\frac{du_C}{dt} \tag{2-27}$$

当 $u>0$ 且 $\dfrac{du_c}{dt}>0$ 时, $i>0$,则电流实际方向指向正极板,电荷增多,电容被充电;当 $u>0$ 但 $\dfrac{du_c}{dt}<0$, $i<0$ 时,电流实际方向指向负极板,电荷减少,电容放电。当 $u<0$ 且 $\dfrac{du_c}{dt}<0$, $i<0$ 时,正极板上电荷绝对值增加,电容器被反向充电;当 $u<0$ 但 $\dfrac{du_c}{dt}>0$, $i>0$ 时,正极板上电荷绝对值减少,电容反方向放电。电容元件的电压若不断充电或放电,电容器电路中就形成了电流。

在任何时刻,线性电容元件中的电流与此刻电压的变化率成正比。当元件上的电压变化率很大时,电流也很大;当电压不随时间变化时,则电流为零。

综上所述,电容具有以下特性:

①电容是储能元件,其两端电压不能发生突变。

②当电容两端电压发生变化时,电路中有电流出现,且电压变化越快,电流越大,所以电容可通交流。

③当电容两端的电压是不随时间而改变的直流时,则电路中电流为零。所以电容对直流相当于断路。

(4)常见电容器及主要参数。

常见电容器及电路符号如图 2-43、图 2-44 所示。电容器的主要参数有:标称容量(C)和偏差。

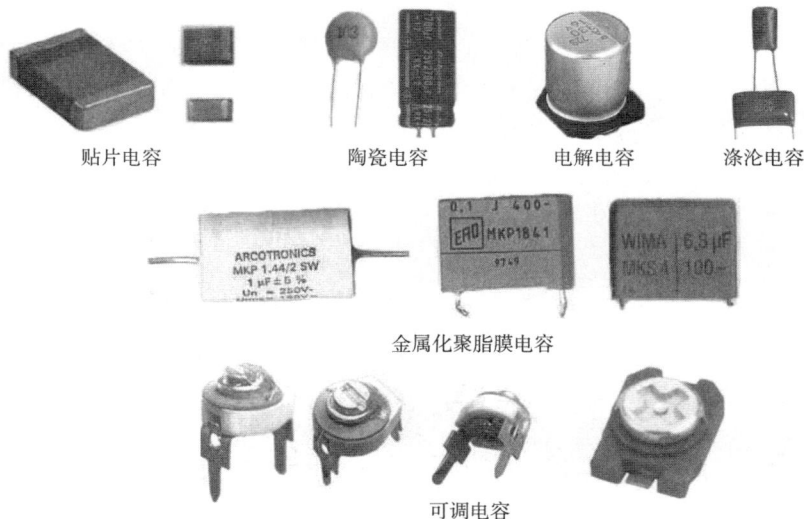

贴片电容　　　　陶瓷电容　　　　电解电容　　　　涤沦电容

金属化聚脂膜电容

可调电容

图 2-43　常见电容器

a)固定电容　　b)可调电容　　c)半可调电容　　d)电解电容

图 2-44　常见电容器电路符号

额定直流工作电压(耐压值),即在规定的工作温度范围内,电容长期可靠地工作,能承受的最大直流电压。将电容接到电路中,必须保证电容器的额定工作电压不低于交流电压的最大值,否则电容器会被击穿。

(5)电容器的测量及质量检测。

一般电容器的容量可以用数字万用表的电容挡位直接测量,测量时可将已放电的电容两引脚直接插入表板上的 Cx 插孔,选取适当的量程后就可读取显示数据。对于小于 50pF 的电容,宜采用和一个 220pF 的电容并联后进行测试,然后将测得的容量值减去 220pF,即可得到实际容量值;对于大于 $20\mu F$(最大量程)的电容,宜采用和一个小于 $20\mu F$ 的电容串联测量,再计算大电容的容量,计算式可由串联电容容量计算式推导。

固定电容器常见的故障是开路失效、短路击穿、漏电、介质损耗增大和电容量减小。一般可通过容量检测、短路检测挡及高阻挡绝缘电阻检测来综合判断其故障。

可变电容器的检测:

①用手轻轻旋动转轴,应感觉十分平滑,不应感觉时松时紧甚至有卡滞现象。将转轴向前、后、上、下、左、右等各个方向推动时,转轴不应有松动的现象。

②用一只手旋动转轴,另一只手轻摸动片组的外缘,不应感觉有任何松脱现象。如果转轴与动片之间接触不良,则不能再继续使用。

③用万用表检测电容容量变化,容量变化应均匀,否则不可使用。

(6)新能源汽车电路中的电容器。

新能源汽车常用电容器如图 2-45 所示。图 2-45a)是电力用贴片陶瓷电容器,能够在大电流电路中工作,适合于逆变器的滤波和噪声吸收,也可用于 DC/DC 电源线上。图 2-45b)是汽车中高压低损耗金属端子电容器,可作为需要大容值的各种 ECU 周边的去耦电容器,特别适合脉冲电路。图 2-45c)是汽车用中高压低损耗贴片电容器,满足 EV/HEV 的电力控制电路上的中高压要求,是额定电压范围为 250～1000V 的小型化电容器。图 2-45d)是尺寸上最小的陶瓷电容器,能够满足车载级电子元件高可靠性的安全需求,可被用作抑制交流线路噪声电容器、融合电容、滤波电容,适合安装在 PHEV 和 EV 充电器以及 DC/DC 变换器中。

图 2-45　汽车用电容器

(二)电路中的基本定律

电路分析中有两个基本定理:欧姆定律和基尔霍夫定律。它们是分析电路的基本工具,进行电路分析需要熟练运用这两个基本电路定理。

1. 欧姆定律

欧姆定律是电路分析中应用的基本定律之一,用来确定电路各部分的电压与电流的关系。

(1)部分电路欧姆定律。

在图 2-46 电路 a)中,假设电压与电流的参考方向一致,即关联参考。线性电阻的电阻值为 R,两端的电压为 U,则流过电阻的电流为 I:

$$I = \frac{U}{R} \tag{2-28}$$

若 U 与 I 非关联参考方向,如图 2-46b)所示,则:

$$I = -\frac{U}{R} \tag{2-29}$$

由上式可以看出,在线性电阻上,若流过的电流增大(减小),则电阻两端电压成比例增大(减小)。在含非线性元件的电路中,不适用欧姆定律。

(2)全电路欧姆定律。

由电源、负载、中间环节组成的电路称为全电路,如图 2-47 所示。电路中 R_L 为负载,E 为电源电动势,R_0 为电源内阻。根据能量守恒定律,电动势提供的功率等于负载与内阻消耗的功率之和,即 $P_E = P_{R_L} + P_{R_0}$,则:$E = U_{R_L} + U_{R_0}$,根据部分电路欧姆定律,有:

$$U_{R_L} = IR_L, \quad U_{R_0} = IR_0$$

欧姆定律

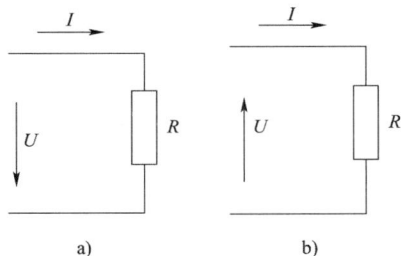

图 2-46 部分电路

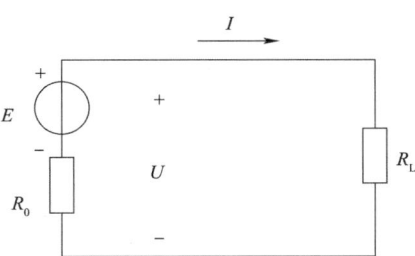

图 2-47 全电路

可得到:$E = IR_L + IR_0$,则电流公式为:

$$I = \frac{E}{R_0 + R_L} \tag{2-30}$$

由式(2-30)可知,闭合电路中的电流与电源电动势成正比,与电路的总电阻成反比,这就是全电路欧姆定律。

电源两端的电压称为端电压或路端电压,用 U 表示:

$$U = E - IR_0 \tag{2-31}$$

当回路电流增大时,内阻上的压降也增大,则端电压下降。

2. 基尔霍夫定律

基尔霍夫(Gustav Robert Kirchhoff,1824—1887),德国物理学家。他提出了稳恒电路中关于电流、电压两条电路定律,即著名的基尔霍夫电流定律(KCL)和基尔霍夫电压定律(KVL),解决了电路方面的设计难题。

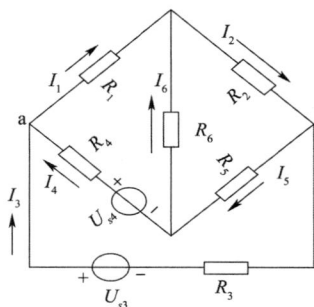

图 2-48　电路支路举例

在学习基尔霍夫定律之前,首先要了解电路中的几个概念。

①支路:电路中的每一个分支叫作支路。支路是由一个或多个元件串联而成,且流过同一电流。如图 2-48 所示,该电路有 6 条支路。

②节点:三条或三条以上的支路的交点称为节点。图 2-48 中,电路有 4 个节点。

③回路:电路中的任何一条闭合路径称为回路。图 2-48 中有 7 个回路。

④网孔:回路中再无任何分支的闭合路径称为网孔。图 2-48 中有 3 个网孔。

(1)基尔霍夫电流定律(KCL)。

基尔霍夫电流定律又称基尔霍夫第一定律、节点电流定律。它反映了电流的连续性,在电路中任何一个节点均不能堆积电荷。具体表述为:在任一瞬间,流入某一节点的电流之和等于流出该节点的电流之和。

在图 2-49 中,节点电流参考方向如图所示。

列出节点电流方程为:$I_2 + I_3 + I_5 = I_1 + I_4$,将上式进行移项,改写成:$I_2 + I_3 + I_5 - I_1 - I_4 = 0$。

即:
$$\sum I = 0 \tag{2-32}$$

基尔霍夫电流定律又可表述为:在任一瞬间,节点电流的代数和恒等于零。电流参考方向规定为流进节点取"+",流出节点取"−"。

例:在图 2-48 中,对于节点 a 有:
$$I_3 + I_4 = I_1 \text{ 或 } I_3 + I_4 - I_1 = 0 \tag{2-33}$$

基尔霍夫电流定律应用于电路节点,也可以将它推广到一个闭合的回路,将这个闭合面看成是一个电路节点。如图 2-50a),则根据节点电流定律有:
$$i_A + i_B + i_C = 0 \tag{2-34}$$

在图 2-50b)中,三极管可以看成是一个节点,则有:
$$I_B + I_C = I_E \tag{2-35}$$

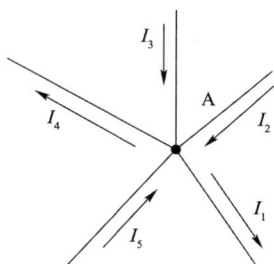

图 2-49　节点电流

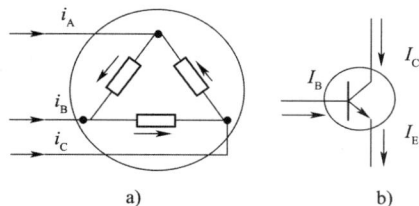

图 2-50　节点的推广

注意:在列节点电流方程时,首先必须设定未知电流的参考方向。若计算结果为正,则说明该支路电流的参考方向与实际电流相同;若计算结果为负,则参考方向与实际方向相反。

（2）基尔霍夫电压定律（KVL）。

基尔霍夫电压定律又称基尔霍夫第二定律或回路电压定律,用来确定回路中各段电压间的关系。具体表述为:对任一闭合回路,沿回路绕行一周,各段电压的代数和恒等于零。用数学表达式表达为:

$$\sum U = 0 \qquad (2\text{-}36)$$

在图 2-51 的回路 abcd 中,列出电压方程的步骤如下:

①首先任意选定各支路电流的参考方向,如图 2-51 所示;

②根据电流参考方向确定各电阻元件上的电压参考方向（关联参考方向）;

③任意选定回路绕行方向（如图选逆时针绕行一周）;

④从 a 点出发逆时针一周回到 a 点,所有电压（含电源电动势）遇正取" + ",遇负取" − "全部相加等于零。则有: $-I_1R_1 + E_1 - I_3R_3 - E_2 + I_2R_2 + I_4R_4 = 0$。

整理得:

$$E_1 + I_2R_2 + I_4R_4 = I_1R_1 + I_3R_3 + E_2 \qquad (2\text{-}37)$$

从式（2-37）可知,基尔霍夫电压定律也可表述为:对于任一回路,沿回路绕行一周,电压降等于电压升。

基尔霍夫电压定律还可推广应用于不闭合的假想回路。如图 2-52 所示,当 ab 端开路时,设 ab 端电压为 U_{ab},对于假想回路 abcda 其回路电压方程为:

$$U_{ab} - I_3R_3 + E_2 + E_1 + I_2R_2 + I_1R_1 = 0 \qquad (2\text{-}38)$$

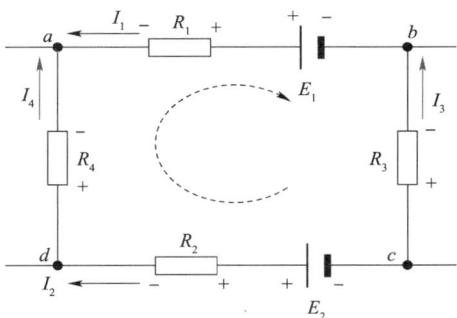

图 2-51 基尔霍夫第二定律

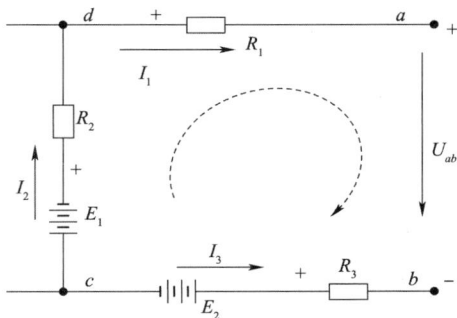

图 2-52 假想回路

注意:

①在列回路电压方程时,首先选定各支路电流的参考方向,电阻上电压方向与电流参考方向关联;

②回路绕行方向任意选择,电流参考方向与回路绕行方向相同时,电压取" + ",与回路绕行方向相反取" − ";

③电源电动势方向（负指向正）,为给定实际方向,无需假设,与回路绕行方向相反取" + ",与回路绕行方向相同取" − "。

（三）电路的三种状态及故障的检测与排除

电路在正常情况下,都能按要求工作。但在实际工作过程中,会因为各种原因,电路会产生故障。有的故障只是使电路不能正常工作,但有的故障会造成更大的经济损失或酿成事故。本节就电路的几种工作状态进行分析,简单的电路故障进行排除。

1.电路的三种状态

(1)通路状态。

电路的通路状态对于电源来说称为有载工作状态或负载工作状态。闭合开关,电源提供的电能转化为负载所消耗的其他形式的能,电路正常工作,这种状态称为通路状态,如图2-53所示。

①电压与电流。

根据全电路欧姆定律,电路中的电流为:

$$I = \frac{E}{R_0 + R_L} \tag{2-39}$$

则负载端电压 U 为:

$$U = IR_L \tag{2-40}$$

$$U = E - IR_0 \tag{2-41}$$

由图可知,当开关S闭合时,电源端电压等于负载端电压。由上式可见,负载电流越大,端电压越低,负载两端电压也越低。

②电源功率与负载功率。

电源提供功率:

$$P_E = U_S I = I^2 R_0 + I^2 R_L \tag{2-42}$$

负载消耗功率:

$$P = UI = I^2 R_L \tag{2-43}$$

③电源外特性曲线。

若图2-53中的电源电动势不变,调整负载电阻的大小,测量出回路中电流与负载端电压。将电流取作横坐标,电压作为纵坐标,即可得到如图2-54所示的伏安特性曲线,称为电源外特性曲线。

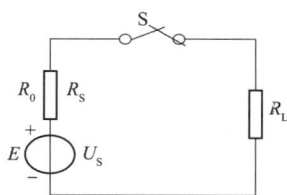

图2-53 电源有载工作

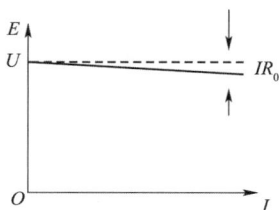

图2-54 电源外特性曲线

当负载发生变化时,端电压下降,下降的电压是电流通过电源内阻产生了压降 IR_0。通常电源的内阻都很小,当 $R_0 << R_L$ 时,则 $U \approx E$。所以电源内阻越小,端电压下降则越少,说明电源带负载能力越强。

④额定值与实际值。

电气设备在运行过程中,其电压、电流、功率都有一个额定值。额定值是生产厂家为了使产品能在给定的工作条件下正常运行而规定的正常允许数值范围。电气设备的使用寿命一般与绝缘材料的耐热性及绝缘强度有关,当电流超过额定值过多时,会发热过甚,绝缘材料将会损坏。当所加电压超过额定值过多时,绝缘材料可能会被击穿。所以电气设备及元器件在使用过程中一定要了解其额定电流与额定电压,不允许超范围使用,必须保证工作温度不超过规定的允许值。

电气设备在实际使用过程中,由于电网电压的波动或负载的变化,电压、电流与功率不一定等于它们的额定值,这是一个比较重要的概念。实际电压或实际功率都可能略低于或略高于额定值,一般不应超过额定值工作。对于电动机,其实际功率和电流也取决于它轴上所带机械负载的大小,通常也不一定处于额定工作状态。

⑤负载运行状态。

负载是对消耗电能的电气设备或元器件的统称。负载增大,是指负载的电流或功率增大,而不是电阻值增大。

当电气设备工作电压(电流)与功率等于额定值时,称为满载。满载是设备或元器件最经济、效率最高、使用寿命最长的一种运行方式。

当电气设备工作电压(电流)与功率小于额定值时,称为轻载(欠载)。轻载因其工作电压与功率达不到正常值会导致无法运行或损坏现象。一般负荷开关上都设有欠载保护机构。

当电气设备工作电压(电流)与功率大于额定值时,称为过载。由于电流的热效应,过大的电流往往会导致设备发热甚至烧毁;线路长期过载会导致线路的老化,绝缘水平降低甚至发生火灾。通常为了防止电气设备过载运行,都安装有过载保护装置。一旦电流过载超过一定时间,则过载保护装置将自行切断用电设备电源以保护设备。

(2)断路(开路)状态。

断路或开路对电源来说称为空载。如图 2-55 所示,当开关 S 断开,此时电源与负载不能形成回路。

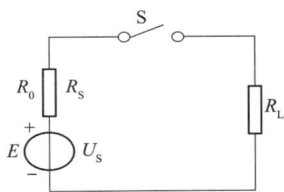

①电压与电流。

由于电路断开,电源则处于空载状态,电流没有流通的闭合路径,所以此时: $I = 0$。

图 2-55 空载

则: $$U = E - IR_0 = E \tag{2-44}$$

当电路出现开路时,电源的端电压等于电源电动势。

值得注意的是,当电路断开时,此时电源端电压不再等于负载端电压。电源端电压为 $U = E - IR_0 = E$,而负载端电压为 $U = IR_L = 0$。

例如:若电灯完好,将电源开关断开,电灯熄灭,测电灯两端电压为零,而电源端电压为电源电动势。若电灯的灯丝烧断,电灯熄灭,测量电灯两端的电压等于电源电压,由此可判断是线路故障还是设备本身故障。

②电源功率负载功率。

由于电流为零,所以电源提供的功率与负载功率为:

$$P_E = EI = 0 \tag{2-45}$$
$$P = UI = 0 \tag{2-46}$$

负载不消耗电能。

(3)短路状态。

在图 2-55 中,由于某种原因,电源的正极(负载一端)直接连接到了电源的负极(负载的另一端),这就构成了短路。由于负载 R_L 被短路,其负载电阻是零。

①电压与电流。

根据全电路欧姆定律,回路电流为:

$$I = \frac{E}{R_0 + R_L} \tag{2-47}$$

负载为零,则:

$$I_S = \frac{E}{R_0} \tag{2-48}$$

电流 I_S 称为短路电流,由于电源的内阻通常很小(理想情况下为零),短路电流会达到最大(理想情况下为无穷大)。

回路电流由短路线走捷径回到电源另一端,不再有电流通过负载,所以端电压为 $U = 0$。

②电源功率与负载功率。

短路时电源所产生的电能全被内阻所消耗,因此:

$$P_E = I_S{}^2 R_0 \tag{2-49}$$
$$P = 0 \tag{2-50}$$

短路可以发生在负载与线路的任何位置,是一种很严重的事故,能损毁电气设备甚至引起火灾,应该尽力预防与避免。产生短路的原因往往是因为电路年久失修、水浸潮湿、绝缘损坏老化或过电压击穿、接线不慎等问题,因此经常检查电气设备及线路绝缘情况,保持干燥通风是一项重要的安全措施。为了防止短路事故所带来的严重后果,通常在电路中装有过载保护器,如保险丝、熔断器、断路器等,电路一旦发生短路故障,能迅速将电源自动切断。

③电路短接。

有时为了某种需要,将复杂电路中的一段电路进行短路,称之为短接。短接不会引起设备损坏或更大事故,更多是达到保护人身及电气设备的安全、检查线路故障、获得某种实验结果等目的。

2. 简单故障的检测与排除

汽车的工作环境较为恶劣,温度高、油污重、腐蚀性强、湿度大、跋山涉水、日晒雨淋、颠簸负重,容易产生各种故障。

(1)断路。

断路是因为某种原因导致电流回路断开,电路中电流为零的一种故障。电路中出现断路故障情况的原因复杂多样,任何一部分出现问题都可能导致断路情况的发生。比导线断开、印刷电路板断裂、电路零部件烧毁、连接线松脱、开关接触不良或失效等。

①串联电路中的断路故障。

如图 2-56 所示,串联电路中出现断路故障会导致该支路电流为零,该支路的所有用电设备都不能工作。在汽车电路中发生断路故障,通常用万用表去寻找电路的断路点。具体方法是:将万用表(直流电压挡)黑表笔接在电源负极,红表笔依次触及电路的接线点,若万用表显示电压等于电源电压,则所触及接线点之前无断路发生;若触及的接线点电压显示为零,则该接线点与之前线路有断路故障。用这种方法可以减小故障范围,快速找到断路点。

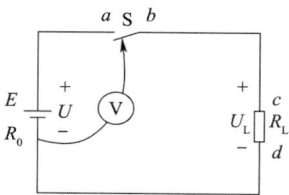

图 2-56 串联电路中的断路故障检测

②并联电路中的断路故障。

在并联电路中出现断路故障的原因比较复杂,如图 2-57 所示。如果在并联电路的主线路或接地电路中出现断路,则结果和串联电路中出现断路的情况是一样的,整个电路都会失效。检测方法同串联电路中断路情况一样。如果在并联电路的某个支路中出现断路,则只有这个出现断路的支路受到影响,其他支路还可以正常工作。这时用电压法检测判断线路断路还是设备或元器件本身的断路,若设备或元器件两端电压正常,则判断设备或元器件本身有断路故障;若设备或元器件两端电压为零,则为线路出现断路故障。

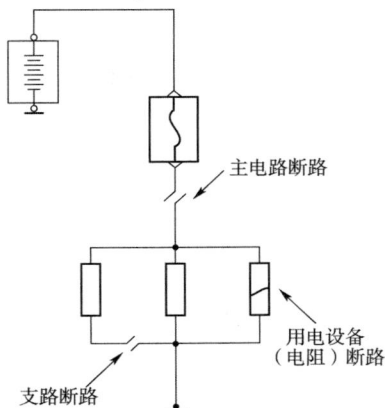

图 2-57 并联电路的断路故障检测

(2)短路。

电路中出现短路故障,电流会迅速增大,一般都会烧保险丝。在发现保险丝被烧坏时,不要盲目更换保险丝或加大保险丝规格,找到故障并排除后才能换上新保险丝。短路故障较断路故障排查难度大,不光需要理论知识做基础,更需要实践经验的积累。

①搭铁短路。

汽车线束多,一般都是用绝缘材料进行包扎沿车身走线。

大部分短路故障都是由于导线或电路元件的绝缘层破损与车身相接触造成的。在图 2-58a)中,开关和灯泡之间的导线绝缘层破损而导致接地短路。在开关闭合前不会烧保险丝,一旦开关合上,电源经保险→开关→破损导线→搭铁,构成了短路,导致保险丝烧毁,灯泡不亮。图 2-58b)是另种形式的接地短路。电路在灯泡和开关之前接地,会导致灯泡不亮并且开关无法控制电路,保险丝立刻被烧断。更换新保险仍然会再次被烧断。

②电源短路。

在汽车电路故障中,还有一种短路形式是与电源短路。通常是一个电路的两个独立分支因导线绝缘层破损而相互连接,如图 2-58c)与 d)所示。

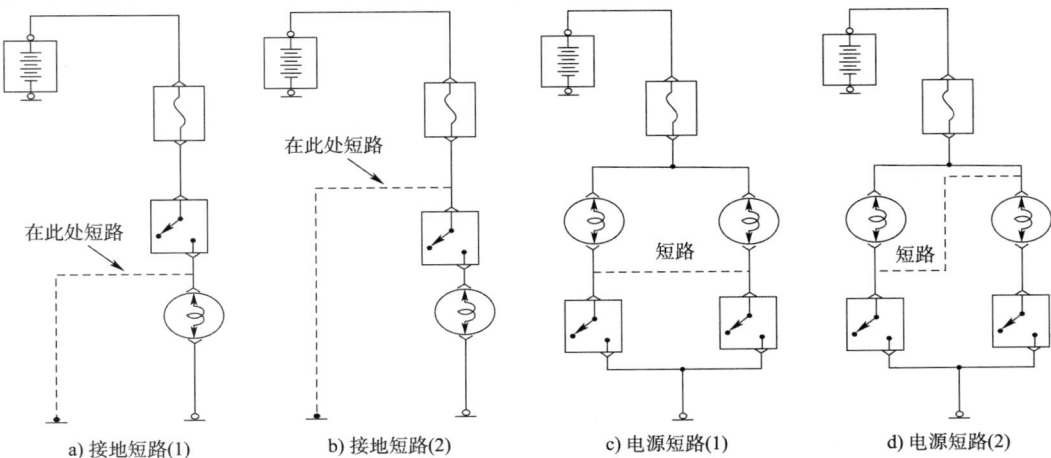

a)接地短路(1)   b)接地短路(2)   c)电源短路(1)   d)电源短路(2)

图 2-58 短路

（3）高电阻。

高电阻现象在汽车电路中经常出现，高电阻会引起整个电路或某个器件断断续续的导通，或者电路中电流过低，例如，灯泡闪烁或者亮度降低，就有可能是由于高电阻引起的。电路连接不好、松动或者接头不干净都有可能引起高电阻。

由于汽车的工作环境比较恶劣，比如高速、高温、寒冷、颠簸、腐蚀等都会引起电路故障，所以在日常行车过程中要经常检查和注意保养电气系统，如果发现电气部件有异常或导线破裂、扭结、松动等问题，一定要及时检修。

（四）电路的分析方法

1. 支路电流法

支路电流法是以支路电流为未知量，直接利用基尔霍夫电流定律与电压定律联立方程求解的一种电路分析方法。在图 2-59 中，有 6 条支路，4 个节点，共需列出 6 个方程才能求出各支路电流。

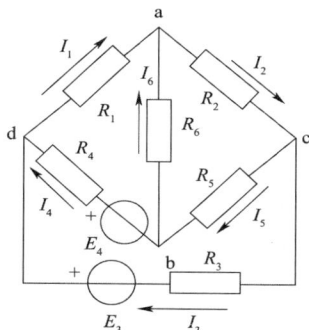

图 2-59　解题步骤电路

支路电流法的解题步骤：

（1）标出各支路电流的参考方向；

（2）列出节点电流方程，若有 n 个节点，则列出 $n-1$ 个方程，图 2-59 电路电流方程如下：

对于节点 a 列出方程：$I_1 - I_2 + I_6 = 0$；

对于节点 b 列出方程：$I_5 - I_6 - I_4 = 0$；

对于节点 c 列出方程：$I_2 - I_5 - I_3 = 0$；

（3）选择网孔绕行方向，选顺时针方向；

（4）列出网孔电压方程。若有 m 个网孔，则列出 m 个网孔的电压方程；或者有 b 条支路，n 个节点，则列出 $b-(n-1)$ 个回路电压方程，列回路电压方程时，当参考电流方向与回路绕行方向一致时元件上电压取正，相反时取负，图 2-59 电路电压方程如下：

网孔 abda 电压方程：$-I_6 R_6 - E_4 + I_4 R_4 + I_1 R_1 = 0$；

网孔 acba 电压方程：$I_2 R_2 + I_5 R_5 + I_6 R_6 = 0$；

网孔 dbcd 电压方程：$-I_4 R_4 + E_4 - I_5 R_5 + I_3 R_3 - E_3 = 0$。

（5）联立方程，求解。

【例 2-1】　已知如图 2-60 所示电路，$R_1 = 100\Omega$，$R_2 = 200\Omega$，$R_3 = 300\Omega$，$E_1 = 10V$，$E_2 = 12V$，求支路电流 I_1、I_2、I_3。

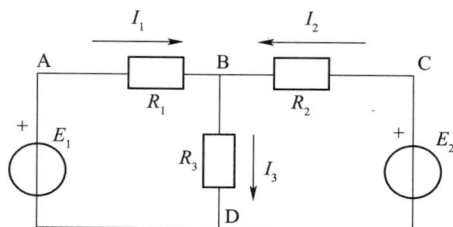

图 2-60　例 2-1 电路

解: 应用基尔霍夫节点电流定律与回路电压定律,联立方程:

$$\begin{cases} I_1 + I_2 = I_3 \\ I_1 R_1 + I_3 R_3 - E_1 = 0 \\ -I_2 R_2 + E_2 - I_3 R_3 = 0 \end{cases}$$

代入数据,即得:

$$\begin{cases} I_1 + I_2 - I_3 = 0 \\ 100I_1 + 300I_3 - 10 = 0 \\ 200I_2 + 300I_3 - 12 = 0 \end{cases}$$

解之,得:

$$\begin{cases} I_1 = 13\text{mA} \\ I_2 = 16\text{mA} \\ I_3 = 29\text{mA} \end{cases}$$

可见,支路电流法是最基本的解题方法。当支路较少时,用支路电流法可直接求出未知电流。但当支路较多时,用支路电流法进行求解方程较多,求解过程复杂。

2. 叠加原理

对于线性电路,有两个或两个以上电源共同作用时,任何一条支路上的电流都是由各个电源单独作用时,在各支路产生电流的代数和,这就是叠加原理。实质上,叠加原理就是将多电源电路分解成单电源电路,用串并联等效变换法计算各支路电流。当一个电源作用时,其他电源都"置零","置零"电压源短路,"置零"电流源开路。

以图 2-60 电路为例,用叠加原理可将电路等效为如图 2-61 所示。

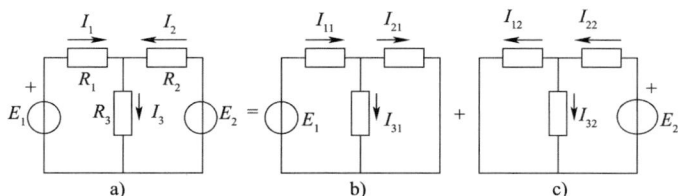

图 2-61 叠加原理等效电路

设各支路电流的参考方向,如图 2-61a)所示。

当电源 E_1 单独作用时,其电流实际方向如图 2-61b)所示,各支路电流为:

$$I_{11} = \frac{E_1}{R_1 + R_2 // R_3}$$

$$I_{21} = \frac{E_1}{R_1 + R_2 // R_3} \cdot \frac{R_3}{R_2 + R_3}$$

$$I_{31} = \frac{E_1}{R_1 + R_2 // R_3} \cdot \frac{R_2}{R_2 + R_3}$$

E_2 单独作用时电流实际方向如图 2-61c)所示,各支路电流为:

$$I_{22} = \frac{E_2}{R_2 + R_1 // R_3}$$

$$I_{12} = \frac{E_2}{R_2 + R_1 // R_3} \cdot \frac{R_3}{R_1 + R_3}$$

$$I_{32} = \frac{E_2}{R_2 + R_1 // R_3} \cdot \frac{R_1}{R_1 + R_3}$$

根据叠加原理可推出：

$$I_1 = I_{11} + (-I_{12}) = I_{11} - I_{12}$$

$$I_2 = (-I_{21}) + I_{22} = I_{22} - I_{21}$$

$$I_3 = I_{31} + I_{32}$$

当电流方向与参考方向相同时取正，相反取负。

用叠加原理解题应注意的问题：

（1）叠加原理只适用于线性电路（电路参数不随电压、电流的变化而变化），不能够用于非线性电路分析。

（2）电源单独作用时，不能改变原电路的结构与参数。暂时"置零"的电源，即理想电压源短路，令 $E = 0$；理想电流源断路，令 $I_S = 0$。

（3）解题时必须标明电流的参考方向。分解后电路电流参考方向与原电路参考方向相同取正，相反取负。最后原电路电流的结果是各分电流的代数和。

（4）叠加原理用于电流的叠加，也可用于电压的叠加，但功率不能叠加。如：$I_1 = I_{11} + I_{12}$，则 $I_1 R_1 = I_{11} R_1 + I_{12} R_1$，显然 $I_1^2 R_1 \neq (I_{11} + I_{12})^2 R_1$。

3. 等效电源法与戴维南定理及诺顿定理

（1）等效电源法。

在复杂电路中，有时候只需要求解一条支路电流，若用上述支路电流法或叠加原理，则往往需要求出其他诸多支路电流来。为了简化计算，实际计算中常用等效电源法。在学习等效电源法之前，首先要学习几个概念。

①二端网络。

二端网络：凡是只具有两个引线端与外电路相连的电路，均称为二端网络，如图2-62a）所示。

无源二端网络：在二端网络中没有电源，从 A、B 端向右看进去，只有电阻存在，称为无源二端网络，如图2-62b）所示。无源二端网络可以是一个简单的电阻，也可以是任何一个复杂的用电设备。

有源二端网络：在二端网络中含有电源，从 A、B 端往左看进去，其中包含电源，称为有源二端网络，如图2-62c）所示。有源二端网络可以是一节简单的干电池，也可以是一个复杂的稳压电源或是一个庞大的供电系统。

②等效电源。

如果在电路中只需要求出某条支路的电流，则可以将该条支路从电路中划分出来，将其余部分都看作是一个有源二端网络。不管这个有源二端网络的结构有多复杂，对于这个支路而言，都相当于一个实际电源，如图2-62c）所示。

（2）戴维南定理。

任何一个有源二端线性网络都可以用一个等效的实际电压源代替。该等效电源的电动

势 E 就是有源二端网络的开路电压 U_0，即将负载支路断开后 a、b 两端之间的电压；等效内阻 R_0 就是将该有源二端网络所有电源均置零后得到的无源二端网络的等效电阻，这就是戴维南定理。

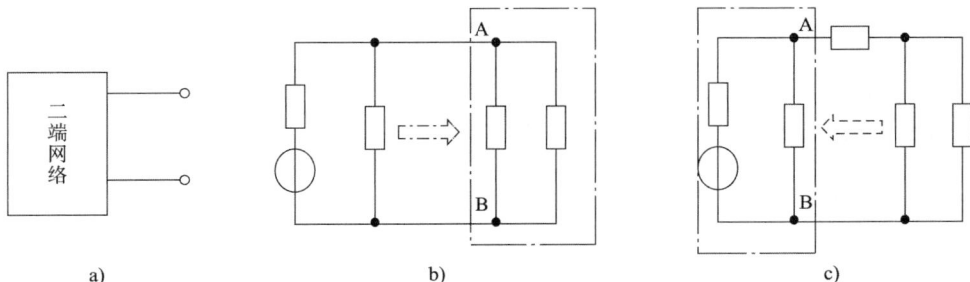

图 2-62　二端网络

在图 2-63 中，将电源等效后，变成了一个最简单的电路，电流 I 可用全电路欧姆定律求得：

$$I = \frac{U_S}{R_0 + R_L}$$

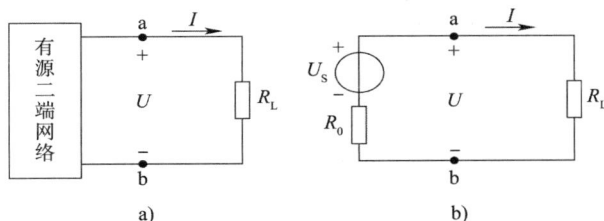

图 2-63　等效电源

二端网络的开路电压 U_0 与等效内阻 R_0 可通过计算得到，若二端网络内部较为复杂，也可以用实验的方法得到。

（3）诺顿定理。

戴维南定理将有源二端网络等效于一个实际电压源，若将有源二端网络等效为一个实际电流源，则为诺顿定理。即任何一个线性有源二端网络，对外电路而言，都可以用一个恒流源 I_s 和一个电阻 R_0 相并联的电路来等效。这里的 I_s 就是有源二端网络端口间的短路电流，R_0 的意义及计算方法与戴维南定理中相同。

用戴维南定理或诺顿定理解题时注意：

①戴维南定理和诺顿定理适用于计算有源二端网络以外的待求支路，对电源外电路等效，对内并不等效；

②在画等效电路模型时，应注意开路电压 U_0 的极性；

③应用戴维南定理和诺顿定理的另一方面重要意义不在于进行电路计算，而在于进行电路分析时的等效简化。

二、任务实施

(一)实施要求

(1)干净整洁的实训场所,至少有15组操作台。

(2)确保所有测量仪器能正常使用,并提供至少15块数字万用表。

(二)实施准备

(1)按照要求,准备新能源汽车常用的各种类型电阻、电容器及电感元件若干个。

(2)提供已损坏的一些元件供比较测量。

(3)提供导线若干。

(4)直流稳压电源两台。

(三)实施步骤

(1)在所有元器件中将电阻、电容、电感进行识别。

(2)对元器件进行测量,并判断质量好坏。

(3)对电路中的电压与电流进行测量,并进行比较分析。

(4)对电路中出现的故障进行判断与排除。

三、任务工单

任务名称	常用电路元件的认识与检测				
班级		姓名		分组	
教师		地点		日期	
具体内容					
设备工具					
组员分工					
实训过程内容与流程记录					
一、场地	1.是否干净: 　　　　　　是□ 否□ 2.是否完成打扫: 　　　是□ 否□				
二、工具选择	1.测量工具选择 　　　　工具型号: 2.测量工具检查 　　　　工具是否有破损:是□ 否□				

实训过程内容与流程记录					
三、电路元件的认识与检测	1. 认识并检测电阻元件。				

电阻	类型	标称值	测量值	备注
1				
2				
3				
4				
5				

2. 认识并检测电容元件。

电容	类型	标称值	测量值	备注
1				
2				
3				
4				
5				

3. 认识并检测电感元件。

电感	类型	检测仪器与挡位	检测数据	质量好坏判断
1				
2				
3				
4				

四、6S 管理	场地清理	是否有工具遗漏：是□　否□
		地面是否整洁干净：是□　否□

实训任务回顾与总结	
任务收获与结果	
建议和改进措施	

任务名称	直流电路分析				
班级		姓名		分组	
教师		地点		日期	
具体内容					
设备工具					
组员分工					

实训过程内容与流程记录	
一、场地	1. 是否干净　　　　　　　　　　是□　否□ 2. 是否完成打扫：　　　　　　　是□　否□
二、工具选择	1. 测量工具选择　工具型号： 2. 测量工具检查　工具是否有破损：是□　否□
三、直流电路分析	1. 如图所示电路： (1) 节点有_____个。 (2) 支路有_____条, 分别是_____。 (3) 经计算, 每条支路的电流分别是_____、_____、_____。 (4) 经计算电压 U_{AB} = _____；U_{BC} = _____；U_{BD} = _____。 2. 按图连接电路, 并接上电源。 (1) 测量各条支路电流, 填入表中。 表格1 (2) 分析以上数据可知, 基尔霍夫第一定律表述为：_____。 电路图 (3) 测量各段电压, 将数据填入表中。 表格2 (4) 从表中数据可得出 回路 ABDA 中, 各段电压的关系是：_____； 回路 BCDB 中, 各段电压的关系是：_____； 回路 ABCDA 中, 各段电压的关系是：_____。 (5) 基尔霍夫第二定律表述为：_____。 3. 故障检测与排除。 (1) 电路中的电流与电压计算值与测量值是否一致？是□　否□ (2) 误差是否在允许范围之内？是□　否□ (3) 若测量值与计算值完全不一样, 请检查电路, 并排除故障。

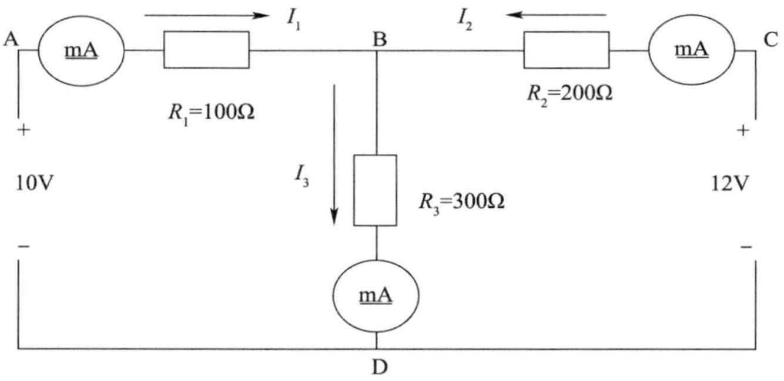

表格1：

测量次数	I_1 mA	I_2 mA	I_3 mA	电流之间大小关系
第一次测量				
第二次测量				
第三次测量				

电路图：

表格2：

U_{AB}	U_{BC}	U_{CD}	U_{AD}	U_{BD}

续上表

(2) 分析以上数据可知，基尔霍夫第一定律表述为：_____
_____。

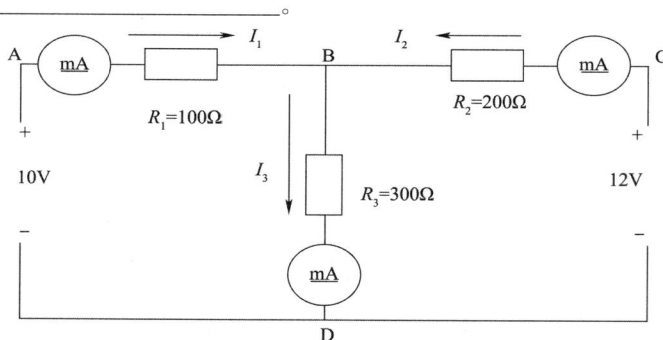

(3) 测量各段电压，将数据填入表中。

U_{AB}	U_{BC}	U_{CD}	U_{AD}	U_{BD}

(4) 从表中数据可得出
回路 ABDA 中，各段电压的关系是：_____；
回路 BCDB 中，各段电压的关系是：_____；
回路 ABCDA 中，各段电压的关系是：_____。
(5) 基尔霍夫第二定律表述为：_____
_____。
3. 故障检测与排除。
(1) 电路中的电流与电压计算值与测量值是否一致？是□　否□
(2) 误差是否在允许范围之内？是□　否□
(3) 若测量值与计算值完全不一样，请检查电路，并排除故障。

实训过程内容与流程记录		
四、6S 管理	场地清理	是否有工具遗漏： 是□　否□
		地面是否整洁干净：是□　否□
实训任务回顾与总结		
任务收获与结果		
建议和改进措施		

小结

1. 电路一般由电源、负载、中间环节等部分组成。电路能实现能量的转换、传输和分配，还能实现电信号的处理和传递。在工程中，常用理想电路元件及其组合代替实际电路元件，即用电路模型进行电路的分析计算。

2. 电压和电流是电路的基本物理量。在电路分析时，引入了参考方向的概念。电流和电压的参考方向可任意选定，当参考方向与实际方向一致时，其值为正，反之为负。在未选定参考方向的情况下，电流与电压的正、负无任何意义。当电流与电压选定一致的参考方向时，称为关联参考方向，反之为非关联参考方向。

电路中某点的电位是该点到参考点的电压。电位数值与参考点的选择有关，是相对值；电压是两点之间的电位差，数值与参考点无关，是固定值。

3. 电路的组成元件通常有电阻元件、电感元件和电容元件等。电阻元件为耗能元件，电感元件和电容元件为储能元件，分别储存磁场能量和电场能量。电容元件具有隔直通交的作用。

4. 电路通常有通路、断路和短路 3 种状态。通路状态下，电源输出电压、电流和功率由负载决定；断路状态下电路电流为零；短路状态下，电路电流很大，容易损坏电路设备，应尽量避免。

5. 基尔霍夫定律包括节点电流定律和回路电压定律，电流定律反映节点上各电流之间的关系；电压定律反映回路中各段电压之间的关系。

习题

一、单选题

1. 电路包括（　　　）三个组成部分。

 A. 电压、电流、电位　 B. 模拟部分、数字部分、电源部分

 C. 电源、中间环节、负载　 D. 电阻、电容、电感

2. 具有正温度系数的热敏电阻简称（　　　）。

 A. NTC   B. PTC   C. GTR   D. APP

3. 测量某一电阻，挡位为 $20k\Omega$，显示数据为 0.56，该电阻的大小是（　　　）。

 A. 0.56Ω B. 560Ω C. 1012Ω D. 5600Ω

4. 当电源空载时,流过负载的工作电流与负载两端的电压为(   )。

    A. 最大   B. 最小

    C. 零   D. 电流为零,电压等于电源电压

5. 具有正负极性的电容器是(   )。

    A. 纸介电容   B. 电解电容   C. 瓷片电容   D. 涤纶电容

6. 基尔霍夫第一定律可表述为(   )。

    A. 在任一瞬间,节点电流的和为零

    B. 在任一瞬间,各段电压代数和为零

    C. 在任一瞬间,流入某一节点的电流之和等于流出该节点的电流之和

    D. 电压升等于电压降

7. 日常生活中,1 度电可供"220V 40W"的灯泡正常发光(   )。

    A. 20h   B. 40h   C. 45h   D. 25h

8. 电路中两点间电压高,则(   )。

    A. 这两点间电位都高   B. 这两点的电位差大

    C. 这两点的电位一定大于零   D. 不一定

二、判断题

1. 电容两端的电压不能突变。   (   )

2. 数字万用表测电阻时,可在带电情况下操作,只要挡位选择正确。   (   )

3. 电路的中间环节从理论上来讲不消耗能量。   (   )

4. 电路的作用一方面是传递、分配、转换电能,另一方面是传输与处理信号。 (   )

5. 有一个 10mH 的电感,用数字万用表 200Ω 挡测量,电阻值显示为零,说明电感坏了。

                                                              (   )

6. 基尔霍夫定律具有普通适应性。   (   )

7. 任何一个有源二端线性网络都可以用一个电动势为 E 的理想电压源和内阻为 R_0 串联的电源来等效代替。

三、填空题

1. 电压的方向由_____端指向_____端,即电位降低的方向。电压是_____值,与参考点的选择_____;电位是_____值,与参考点的选择_____。

2. 额定值为"220V 60W"的白炽灯,灯丝的热态电阻为_____,如果把它接在 110V 的电源上,它实际消耗的功率为_____。

3. 电路有_____、_____和_____ 3 种状态。_____状态下,电路中的电流很大,很容易损坏电路的设备,应尽量避免。

4. 基尔霍夫电流定律指出,在任一时刻,通过电路的任一节点的_____为零,其数学表达式为_____;基尔霍夫电压定律指出,对电路的任一闭合回路,从任意一点沿固定的方向绕行一周,所有支路电压代数和恒等于_____,其数学表达式为_____。

四、计算题

1. 已知电源电压 $U_S=220V$,电源内阻 $R_0=10\Omega$,负载电阻 $R=100\Omega$,求:

(1) 电路的电流;

(2) 电源端电压;

(3) 电源内阻上的电压。

2. 一只"10W 12V"的灯泡,若接在 36V 的电源上,要串联多大的电阻才能使灯泡正常发光?

3. 有一盏"220V 60W"的电灯接到 220V 电压下工作,求:

(1) 灯泡的电阻;

(2) 当接到 220V 电压下工作时的电流;

(3) 如果每晚工作3h,1 个月(按 30 天计算)用多少度电?

项目三

新能源汽车交流电路分析与测量

知识目标

(1) 知道正弦交流电的产生原理、数学表达方式。

(2) 知道正弦交流电三要素的含义。

(3) 知道正弦交流电的相量表示法及相量运算规则。

(4) 掌握纯电阻、电容、电感在交流电路中的特性。

(5) 掌握谐振电路的特点及应用。

(6) 掌握功率因数提高的方法。

(7) 掌握三相对称电动势的连接方式。

(8) 掌握三相负载的连接与电路分析。

(9) 掌握滤波电路的作用及电路工作原理。

技能目标

(1) 能用示波器观测正弦交流电压的波形并读取电压值与频率。

(2) 能分析并排除三相交流电路的故障。

(3) 能对车载充电机进行检测。

素养目标

(1) 养成节约用电的习惯,培养节约用电的意识。

(2) 培养学生实践应用的能力。

(3) 培养学生科学探索的精神。

(4) 培养学生务实的工作作风。

任务 1　正弦交流电路分析

任务描述

在电动汽车中,由正弦交流电经变换处理后转换为直流给动力蓄电池充电。作为唯一动力源的驱动电机,电动模式时消耗三相交流电;发电模式时,产生三相正弦交流电。请用示波器观测电压波形,并分析三相交流电路。

一、知识准备

(一)正弦交流电的基础知识

1. 正弦交流电的产生

根据法拉第的电磁感应定律,人们研制出了交流发电机,如图 3-1a)所示,匀强磁场中放一可以绕固定转动轴转动的单匝线圈,为避免线圈在转动时导线绞在一起,将线圈的两根引线分别接到与线圈一起转动的两个铜环上,铜环通过电刷与外电路连接。当线圈在外力作用下,在磁场中以角速度 ω 匀速转动时,线圈 ab 边与 cd 边切割磁力线,线圈中产生感应电动势。如果线圈是闭合的则在回路中产生感应电流。ad 边与 bc 边由于不切割磁力线而不产生感应电动势。

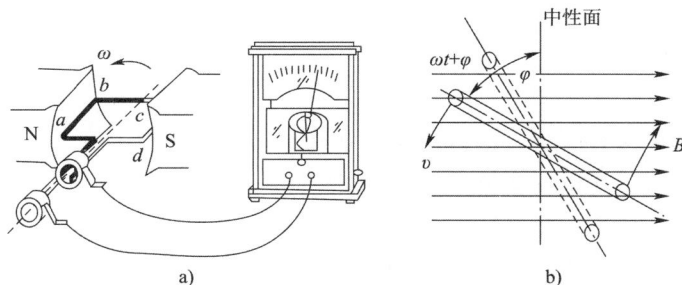

图 3-1　发电机原理

线圈 $abcd$ 以角速度 ω 匀速转动。设在起始时刻,线圈平面与中性面的夹角为 φ,t 时刻时,线圈平面与中性面夹角为 $\omega t + \varphi$,如图 3-1b)所示,则 cd 边切割磁力线运动所产生的感应电动势为:

$$e_{cd} = BLv\sin(\omega t + \varphi) \tag{3-1}$$

同理,线圈 ab 边切割磁力线运动产生的感应电动势为:

$$e_{ab} = BLv\sin(\omega t + \varphi) \tag{3-2}$$

式中:B——磁场的磁感应强度;

$\quad\quad L$——线圈的长度;

$\quad\quad v$——运动速度。

由于两个线圈是串联关系,所以整个线圈产生的感应电动势为:

$$e = e_{cd} + e_{ab} = 2BLv\sin(\omega t + \varphi) = E_m\sin(\omega t + \varphi) \qquad (3\text{-}3)$$

若该电动势加在一个电阻 R 的负载两端,则负载端电压为:

$$u = U_m\sin(\omega t + \varphi) \qquad (3\text{-}4)$$

流过 R 的电流为:

$$i = I_m\sin(\omega t + \varphi) \qquad (3\text{-}5)$$

从上分析可知,发电机产生的感应电动势是按正弦规律变化的,电压与电流为正弦交流电,其波形如图 3-2 所示。

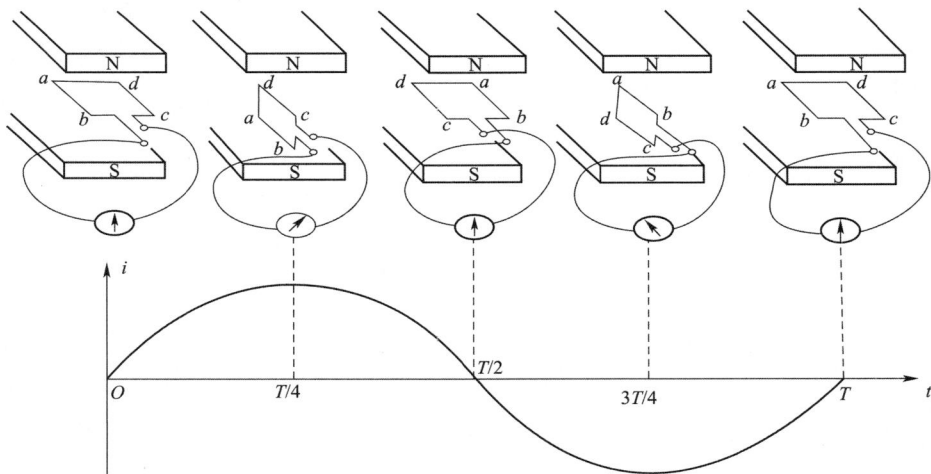

图 3-2 正弦交流电压波形

2. 正弦交流电的三要素

正弦交流电压的最大值 U_m,角频率 ω 以及初相位 φ,分别表示正弦交流电压的大小、变化快慢程度以及初始值。

1)瞬时值、最大值与有效值

正弦量在任一瞬间所对应值的大小称为瞬时值,常用小写字母表示,如:u,i。

瞬时值中出现的最大量称为最大值,也叫峰值或幅值,用大写字母加脚标"m"表示,如 U_m,I_m、E_m,如图 3-3 所示。

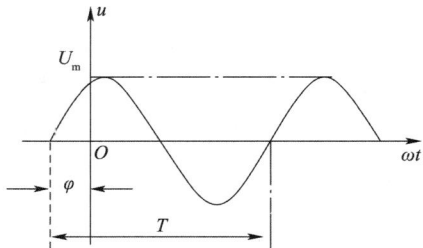

正弦交流电的瞬时值、
最大值和有效值

图 3-3 正弦交流电压

通常电压或电流的大小以有效值来衡量,用大写字母表示,如 U、I、E。

交流电的有效值是根据电阻的热效应来确定的。交流电流 i 通过电阻 R 在一个周期内所产生的热量和直流电流 I 通过同一电阻 R 在相同时间内所产生的热量相等,则这个直流电流 I

的数值叫作交流电流 i 的有效值。由 $RI^2T = \int_0^T Ri^2 \mathrm{d}t$ 推导出的有效值与最大值的关系是：

$$I = \sqrt{\frac{1}{T}\int_0^T i^2 \mathrm{d}t} = \sqrt{\frac{1}{T}\int_0^T I_m^2 \sin^2\omega t \mathrm{d}t} = \sqrt{\frac{1}{T}I_m^2 \frac{Y}{2}} = \frac{I_m}{\sqrt{2}} = 0.707 I_m$$

或 $$U = \frac{U_m}{\sqrt{2}} = 0.707 U_m \tag{3-6}$$

由 $RI^2T = \int_0^T Ri^2 \mathrm{d}t$ 得 $I = \sqrt{\frac{1}{T}\int_0^T i^2 \mathrm{d}t} = \sqrt{\frac{1}{T}\int_0^T I_m^2 \sin^2\omega t \mathrm{d}t} = \sqrt{\frac{1}{T}I_m^2 \frac{Y}{2}} = \frac{I_m}{\sqrt{2}}$

一般情况下，如无特殊说明，正弦电压与电流的大小都是指的有效值。如"60W,220V"中额定电压 220V 为有效值。用万用表所测量的电压、电流大小指的均是有效值。

> **小 知 识**
>
> 用示波器所测量波形所读的电压值叫峰-峰值，用 $V_{p\text{-}p}$ 表示。它既不是最大值也不是有效值，是正峰值与负峰值之间的差，是最大值的两倍。

2）周期、频率与角频率

正弦量按正弦的规律周而复始的变化，从起始位置开始变化又回到起始位，则变化了一次，变化一次所需要的时间叫作周期，如图 3-3 所示，用"T"表示，单位为秒(s)。

正弦交流电的周期、频率和角频率

每秒钟所变化的次数称为频率，用"f"表示单位为赫兹(Hz)。

周期与频率互为倒数关系：

$$f = 1/T \tag{3-7}$$

此外，还可以用角频率 ω 表示正弦量的变化快慢程度，因为一周期内经过了 2π 弧度，所以角频率为：

$$\omega = 2\pi/T = 2\pi f \tag{3-8}$$

ω 的单位是弧度/秒(rad/s)。

周期、频率、角频率三者之间的关系是：$\omega = 2\pi f = 2\pi/T$

> **小 知 识**
>
> 我国用 50Hz 作为电力标准频率，称为工频。在其他各种不同技术领域内使用着各种不同的频率。如：收音机中波段频率是 530～1600kHz，短波段频率为 2.3～23MHz；移动通信的频率是 900MHz 与 1800MHz；在无线通信中的频率可高达 300GHz。

3）初相位与相位差

式 3-1 中的 $(\omega t + \varphi)$ 表示正弦量变化的进程，称为相位角或相位。当 $t = 0$ 时，相位角 φ 称为初相角或初相位。在正弦交流电路中，电压与电流的频率是相同，但初相位不一定相同。

两个同频率的正弦量的相位角之差称为相位差，用

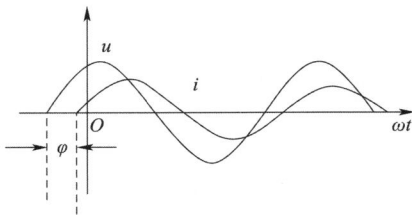

图 3-4 电压与电流的相位不相等

"φ"表示。如图 3-4 所示,电流与电压的频率相同但初相位不相同。

图中 u 与 i 可用下式表示为:

$$\left.\begin{array}{l} u = U_m \sin(\omega t + \varphi_1) \\ i = I_m \sin(\omega t + \varphi_2) \end{array}\right\} \tag{3-9}$$

则相位差为:

$$\varphi = \varphi_1 - \varphi_2 \tag{3-10}$$

若 $\varphi > 0$,则电压 u 超前电流 i;若 $\varphi < 0$,则电压 u 滞后电流 i;若 $\varphi = 0$,则电压 u 与电流 i 同相;若 $\varphi = \pi$,则电压 u 与电流 i 反相。

在近代电工技术中正弦量的应用极为广泛,在强电方面,可以说电能几乎都是以正弦交流的形式产生的,有些场合下所需要的直流电,也是将正弦交流电通过整流设备变换所得的。在弱电方面,常用各种正弦信号发生器作为信号源。

3. 正弦交流电的表示法

最大值、角频率、初相位为正弦交流电的三个特征量。只要知道这些特征量就可以将正弦交流电用一些方法表示出来,正弦交流电的表示方法有:

1)瞬时表达式

式(3-1)~式(3-3)是正弦交流电的瞬时表达式,也称解析式,是基本表示法。从式中可以直接得出正弦交流电的最大值、角频率以及初相位。

2)波形图

用波形图表示正弦交流电的特征量,其直观性强,如图 3-3、图 3-4 所示。

3)相量表示法

为了分析与计算方便,正弦量还可以用相量来表示。用复数来表示正弦量的方法称为相量表示法。用相量表示电动势、电压、电流用"$\dot{E}_m$、$\dot{U}_m$、$\dot{I}_m$ 或 $\dot{E}$ $\dot{U}$ $\dot{I}$"表示。

怎样用相量表示正弦量呢?如图 3-5 所示,以坐标原点 O 为端点做一条有向线段,线段的长度为正弦量的最大值,相量的起始位置与 x 轴正方向的夹角为正弦量的初相位,它以正弦量的角频率为角速度,绕原点 O 逆时针匀速转动,在任何一瞬间,相量在纵轴上的投影即该时刻正弦量的瞬时值,因此旋转相量可以完整地表示正弦量。

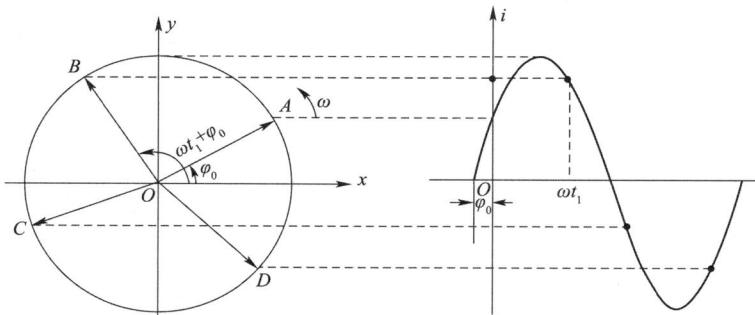

图 3-5 正弦量的相量表示法

相量的基础是复数,图 3-5 中有向线段 OA。

用代数式表示为：

$$A = a + bj \tag{3-11}$$

用三角式表示为：

$$A = r\cos\varphi_0 + jr\sin\varphi_0 = r(\cos\varphi_0 + j\sin\varphi_0) \tag{3-12}$$

用指数式表示为：

$$A = re^{j\varphi_0} \tag{3-13}$$

用极坐标式表示为：

$$A = r \angle \varphi_0 \tag{3-14}$$

于是表示正弦电压 $u = U_m\sin(\omega t + \varphi_0)$ 的相量式为：

$$\dot{U}_m = U_m(\cos\varphi_0 + j\sin\varphi_0) = U_m e^{j\varphi_0} = U_m \angle \varphi_0 \tag{3-15}$$

或者：

$$\dot{U} = U(\cos\varphi_0 + j\sin\varphi_0) = U e^{j\varphi_0} = U \angle \varphi_0$$

上式中的 j 称为 90° 旋转因子，一个相量乘上 $+j$ 则旋转 $+90°$（逆时针方向），乘上 $-j$ 则旋转 $-90°$（顺时针方向）。

若正弦交流电：

$$u = U_m\sin(\omega t + \varphi_1)$$
$$i = I_m\sin(\omega t + \varphi_2) \tag{3-16}$$

则用复数的极坐标形式表示为：

$$\dot{U}_m = U_m \angle \varphi_1$$
$$\dot{I}_m = I_m \angle \varphi_2 \tag{3-17}$$

按照正弦量的大小和相位关系画出相量的图形，称为相量图。则式 3-17 用相量图可表示为图 3-6。

从相量图中可直观地看出各正弦量的大小关系与相位关系，这对分析与计算正弦量非常方便。

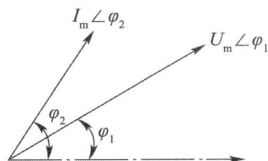

图 3-6 相量图

注意：

①只有正弦量才能用相量表示，相量不能表示非正弦量；

②相量只是表示正弦量，而不等于正弦量；

③只有同频率的正弦量才能画在同一相量图上，不同频率的正弦量不能画在同一个相量图上，否则无法进行比较与计算；

④相量的加、减运算服从平行四边形法则。

【例 3-1】 在图 3-7 电路中，设

$$i_1 = 100\sin(\omega t + 60°)A$$
$$i_2 = 100\sin(\omega t - 30°)A$$

求总电流 i，并画出电流相量图。

解： 将 $i = i_1 + i_2$ 写成相量表示式 $\dot{I} = \dot{I}_1 + \dot{I}_2$

则：
$$\dot{I} = \frac{100}{\sqrt{2}}\angle 60° + \frac{100}{\sqrt{2}}\angle -30°$$

画出相量图如图 3-8 所示。

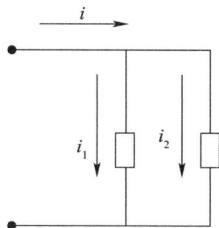

图 3-7　例 3-1 电路　　　　　图 3-8　电流相量图

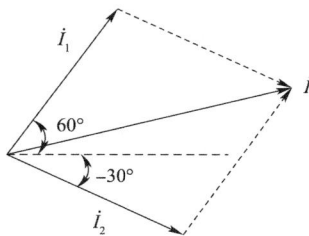

由于是特殊角,由相量图可直接算出：
$$\dot{I} = \frac{100}{\sqrt{2}} \cdot \frac{2}{\sqrt{2}}\angle 15° = 100\angle 15°\,\text{A}$$

于是有：
$$i = 100\sqrt{2}\sin(\omega t + 15°)\,\text{A}$$

(二) 单一参数的交流电路

1. 纯电阻电路

1)实验现象观察

如图 3-9,信号发生器产生的正弦交流电压,通过电阻 R 加小灯泡两端,保持正弦波电压不变,调整电压频率,观察灯泡的亮暗变化,发现灯泡的亮度不变。

2)电阻元件在交流电路中的特点

电路及电压、电流的参考方向如图 3-10b)所示。

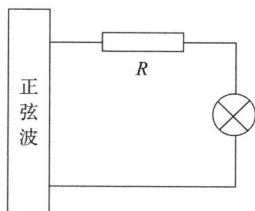

a) 电路图　　　　　b) 电压与电流的正弦波形

c) 电流与电压的相量图　　　　　d) 功率波形

图 3-9　电阻元件在交流电路中　　　图 3-10　电阻元件在正弦交流电路中波形

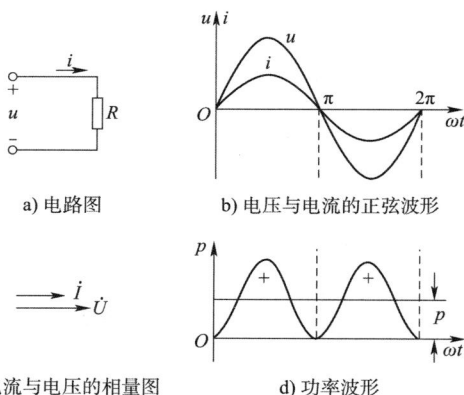

设流过电阻元件的电流：
$$i = I_{\mathrm{m}}\sin\omega t \qquad\qquad (3\text{-}18)$$

则电阻的端电压为：

$$u = Ri = RI_{\mathrm{m}}\sin\omega t = U_{\mathrm{m}}\sin\omega t \tag{3-19}$$

上式中有:

$$U_{\mathrm{m}} = RI_{\mathrm{m}}$$

$$\frac{U_{\mathrm{m}}}{I_{\mathrm{m}}} = \frac{U}{I} = R \tag{3-20}$$

则用相量表示电压与电流有:

$$\dot{U}_{\mathrm{m}} = U_{\mathrm{m}}\angle 0°$$

$$\dot{I}_{\mathrm{m}} = I_{\mathrm{m}}\angle 0° \tag{3-21}$$

瞬时功率为电压瞬时值与电流瞬时值之积,用小写字母 p 代表,则:

$$p = ui = U_{\mathrm{m}}I_{\mathrm{m}}\sin^2\omega t = UI(1 - \cos 2\omega t) \tag{3-22}$$

平均功率即瞬时功率的平均值,用大写字母 P 表示,则:

$$P = UI = RI^2 = \frac{U^2}{R} \tag{3-23}$$

从上面分析可知,电阻在交流电路中的特点是:

(1)电压与电流频率相同;

(2)电压与电流的瞬时值、最大值、有效值均遵循欧姆定律;

(3)电压与电流同相;

(4)瞬时功率与平均功率都为正,电阻消耗电能。

(5)电阻元件在交流电路中对电流有阻碍作用。

分析与讨论:实验中灯泡的亮暗为什么不变? 请解释之。

【例3-2】 将一个 100Ω 的电阻接入电压为 $u = 220\sqrt{2}\sin(314t + 30°)$ 电源上,试求:

①电流有效值。

②如果电压保持不变,将频率改变为 $100\mathrm{Hz}$,这时电流有效值又为多少?

解:电压的有效值为: $U = \dfrac{U_{\mathrm{m}}}{\sqrt{2}} = \dfrac{220\sqrt{2}}{\sqrt{2}} = 220\mathrm{V}$

电流的有效值为: $I = \dfrac{U}{R} = \dfrac{220}{100} = 2.2\mathrm{A}$

因电阻与频率无关,所以电压保持不变时,电流有效值相等。

2. 纯电容电路

1)实验现象观察

如图 3-11 所示,信号发生器产生的正弦交流电压,通过电容 C 加到灯泡两端,保持灯泡两端电压不变,调整电压频率,观察灯泡的亮暗变化,发现随频率升高,灯泡亮度增大。

2)电容元件在正弦交流电路中的特点

电压、电流的参考方向如图 3-12b)所示。

设电容器两端的电压为:

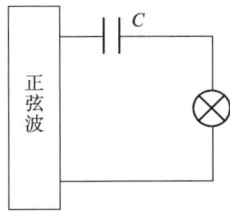

图 3-11　电容元件在交流电路中

$$u = U_\mathrm{m}\sin\omega t \qquad (3\text{-}24)$$

则电流：

$$i = C\frac{\mathrm{d}u}{\mathrm{d}t} = C\frac{\mathrm{d}(U_\mathrm{m}\sin\omega t)}{\mathrm{d}t}$$

$$= \omega C U_\mathrm{m}\sin(\omega t + 90°) = I_\mathrm{m}\sin(\omega t + 90°) \qquad (3\text{-}25)$$

在上式中有：

$$I_\mathrm{m} = \omega C U_\mathrm{m}$$

$$\frac{U_\mathrm{m}}{I_\mathrm{m}} = \frac{U}{I} = \frac{1}{\omega C} \qquad (3\text{-}26)$$

显然，在电容元件电路中，电压的最大值（有效值）与电流的最大值（有效值）的比值为 $\frac{1}{\omega C}$，单位为欧姆（Ω）。当电压 U 一定时，$\frac{1}{\omega C}$ 越大，则电流越小，说明电容对交流电流有阻碍作用，所以称之为容抗，用"X_C"表示。

$$X_\mathrm{C} = \frac{1}{\omega C} = \frac{1}{2\pi f C} \qquad (3\text{-}27)$$

容抗 X_C 与电容 C，频率 f 成反比。所以电容元件对高频电流所呈现的容抗很小，视为捷径，而对直流（$f = 0$）所呈现的容抗趋向于无穷大，可视作开路。因此电容具有隔直通交的作用。

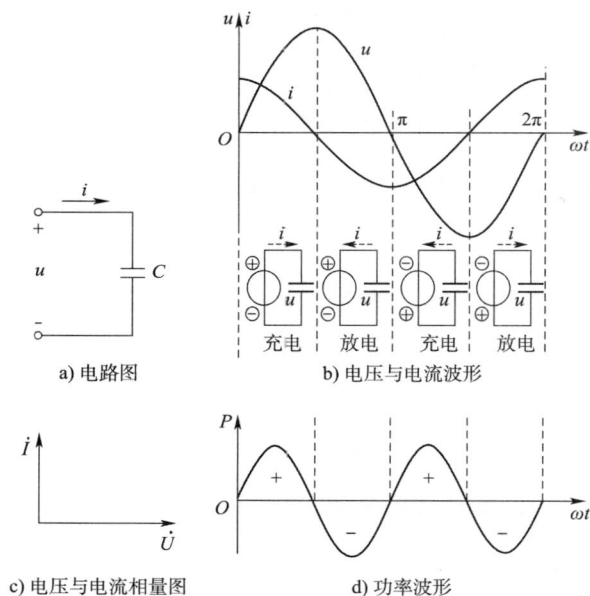

a) 电路图   b) 电压与电流波形

c) 电压与电流相量图   d) 功率波形

图 3-12　电容元件在正弦交流电路中波形

电压与电流的相量表示为：

$$\dot{U}_\mathrm{m} = U_\mathrm{m}\angle 0°$$

$$\dot{I}_\mathrm{m} = I_\mathrm{m}\angle 90° \qquad (3\text{-}28)$$

瞬时功率为：

$$p = p_C = ui = U_m I_m \sin\omega t \sin(\omega t + 90°) = UI\sin 2\omega t \qquad (3-29)$$

由上式可见,瞬时功率 p 是一个以 2ω 的角频率随时间而变化的交变量,波形如图 3-12d)所示。

在纯电容电路中,平均功率是瞬时功率在一个周期内的平均值。显然,平均功率 $P = 0$,纯电容电路不消耗能量,但是电容器与电源之间进行着能量的交换。在 $0 \sim \dfrac{\pi}{2}$ 与 $\pi \sim \dfrac{3\pi}{2}$ 这两个时段内,电容器能量增加,电容器充电,相当于负载。在 $\dfrac{\pi}{2} \sim \pi$ 与 $\dfrac{3\pi}{2} \sim 2\pi$ 这两个时段内,电容器能量减小,电容器放电,相当于电源。为了表示电容器与电源能量转换的多少,将瞬时功率的最大值称作纯电容电路的无功功率:

$$Q_C = U_C I \qquad (3-30)$$

式中:U_C——电容两端电压的有效值,V;

    I——电路中电流有效值,A;

  Q_C——无功功率,var。

综上分析可知,电容元件在交流电路中的特点为:

(1)电压与电流频率相同;

(2)电压与电流的最大值、有效值遵循欧姆定律,但瞬时值不遵循欧姆定律;

(3)电压与电流不同相,电流超前电压 90°,或者说电压滞后电流 90°,如图 3-12c)所示;

(4)电容元件在交流电路中的平均功率为零,所以它不消耗能量。电容有存储电能的作用;

(5)电容元件在交流电路中对电流有阻碍作用,其容抗与电容 C、频率 f 成反比。

分析与讨论:实验中灯泡的亮暗变化如何?请解释。

【例 3-3】 把一个 $10\mu F$ 的电容元件接到频率为 50Hz,电压有效值为 10V 的正弦电源上,试求电流为多少?如果保持电压值不变,将电源频率改为 1000Hz,这时电流将为多少?

解:当频率为 50Hz 时:

$$X_C = \frac{1}{2\pi f C} = \frac{1}{2 \times 3.14 \times 50 \times 10 \times 10^{-6}} = 318.5\Omega$$

$$I = \frac{U}{X_C} = \frac{10}{318.5} = 31.4\text{mA}$$

当频率为 1000Hz 时:

$$X_C = \frac{1}{2\pi f C} = \frac{1}{2 \times 3.14 \times 1000 \times 10 \times 10^{-6}} = 16\Omega$$

$$I = \frac{U}{X_C} = \frac{10}{16} = 625\text{mA}$$

3. 纯电感电路

1)实验现象观察

如图 3-13 所示,信号发生器产生的正弦交流电压,通过电感 L 加到灯泡两端,保持灯泡两端电压不变,调整电压频率,观察灯泡的亮度变化。

2）电感元件在正弦交流电路中的特点

如图电路 3-14a）所示，电压、电流、电动势的参考方向如图。

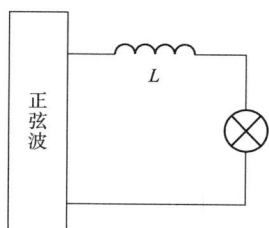

图 3-13　电感元件在交流电路中

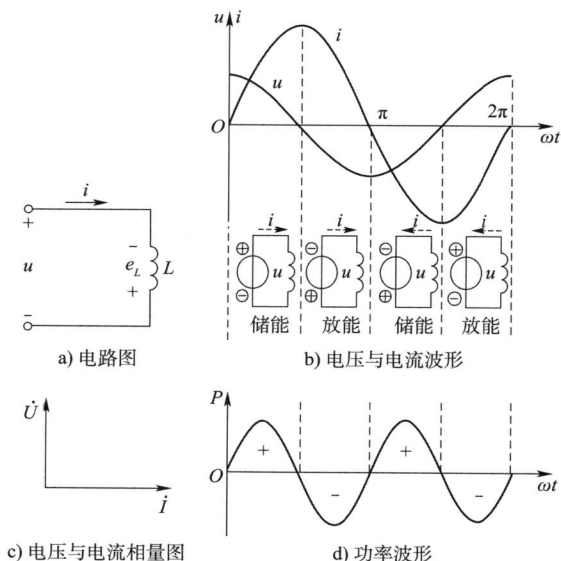

图 3-14　电感元件在正弦交流电路中波形

设电流为 $i = I_m \sin\omega t$。

则电压有：

$$u = -e_L = L\frac{\mathrm{d}i}{\mathrm{d}t} = L\frac{\mathrm{d}I_m\sin\omega t}{\mathrm{d}t} = \omega L I_m \sin(\omega t + 90°) = U_m \sin(\omega t + 90°) \tag{3-31}$$

式中，有：

$$U_m = \omega L I_m$$

$$\frac{U_m}{I_m} = \frac{U}{I} = \omega L \tag{3-32}$$

由此可知，在电感元件电路中，电压的最大值（有效值）与电流的最大值（值）之比值为 ωL，单位为欧姆（Ω）。当电压一定时，ωL 越大则电流越小，显然它对交流电流具有阻碍作用，因此称之为感抗，用"X_L"来表示。

$$X_L = \omega L = 2\pi f L \tag{3-33}$$

感抗 X_L 与电感 L、频率 f 成正比。电感线圈对高频电流的阻碍作用很大，而对直流则可视作短路，因此电感具有隔交通直的作用。

电压与电流的相量表示为：

$$\dot{I}_m = I_m \angle 0°$$

$$\dot{U}_m = U_m \angle 90° \tag{3-34}$$

其瞬时功率为：

$$P = P_L = ui = U_m I_m \sin\omega t \sin(\omega t + 90°) = UI\sin 2\omega t$$

由上式可见,瞬时功率 p 是一个幅值为 UI,并以 2ω 的角频率随时间而变化的交变量,其波形如图 3-14b) 所示。

在电感元件电路中,平均功率是瞬时功率在一个周期内的平均值。显然,平均功率 $P = 0$,电感不消耗能量。但与电容一样,电感与电源之间存在能量的转换。无功功率用来衡量电感元件与电源之间能量转换的多少:

$$Q_L = U_L I \tag{3-35}$$

或者:

$$Q_L = \frac{U_L^2}{X_L} = I^2 X_L \tag{3-36}$$

式中: U_L——电感两端电压的有效值,V;

$\quad\quad I$——流过电感线圈电流有效值,A;

$\quad\quad Q_L$——无功功率,var。

注意: 无功功率中"无功"的含义是"交换"而不是"消耗",它是相对于"有功"而言的。不能将"无功"理解为"无用"。实质上无功功率表明电路中能量交换的最大速率。无功功率在工程中占有很重要的地位,具有电感性质的变压器、电动机等设备都是靠电磁转换工作的,如果没有无功功率,这些设备将无法工作。

综上分析,电感元件在交流电路中的特点有:

(1)电压与电流频率相同。

(2)电压与电流的最大值、有效值遵循欧姆定律,但瞬时值不遵循欧姆定律。

(3)电压与电流不同相,电压超前电流 90 度,或者说电流滞后电压 90 度。

(4)电感元件在交流电路中的平均功率为零,不消耗能量。电感能将电能转化为磁能进行存储。

(5)电感元件在交流电路中对电流有阻碍作用,其感抗与电感 L、频率 f 成正比。

分析与讨论: 实验中灯泡的亮暗变化如何？试解释。

【例 3-4】 把一个 0.1H 的电感元件接到电压为 $u = 10\sqrt{2}\sin 314t$ 的正弦电源上,试求:

①电流是多少,请写出电流的瞬时表达式。

②若将频率调到 5000Hz,而电源电压保持不变,这时电流将为多少？

解: ①当 $\omega = 314\text{rad/s}$ 时:

$$X_L = \omega L = 314 \times 0.1 = 31.4\Omega$$

$$I = \frac{U}{X_L} = \frac{10}{31.4} = 318\text{mA}$$

$$i = 0.318\sqrt{2}\sin\left(314t - \frac{\pi}{2}\right)\text{A}$$

②当频率调到 5000Hz 时:

$$X_L = \omega L = 2\pi f L = 2 \times 3.14 \times 5000 \times 0.1 = 3140\Omega$$

$$I = \frac{U}{X_L} = \frac{10}{3140} = 3.18\text{mA}$$

若以电压 $u = U_m \sin\omega t$ 为参考,将纯电容电路与纯电感电路的相量图画在同一坐标,如

图 3-15 所示。

电容元件电压滞后电流 $\frac{\pi}{2}$，则电流相量乘 $-j$ 即顺时针旋转 $\frac{\pi}{2}$，电压电流用相量表示为：

$$\dot{U} = -jX_C\dot{I} = -j\frac{\dot{I}}{\omega C} = \frac{\dot{I}}{j\omega C} \qquad (3-37)$$

电感元件电流滞后于电压 $\frac{\pi}{2}$，则电流相量乘 j 即逆时针旋转 $\frac{\pi}{2}$，电压电流用相量表示为：

$$\dot{U} = jX_L\dot{I} = j\omega L\dot{I} \qquad (3-38)$$

为了区别电容与电感的无功功率，电容无功功率取负值，而电感无功功率取正值。

$$Q_C = -U_C I = -X_C I^2 \qquad (3-39)$$

图 3-15　电压电流相量图

在分析与计算交流电路时，以电压或电流为参考量都可以，它们之间的相位关系与大小关系都不变。

4. 三相交流电路

三相交流电路在生产生活中应用最为广泛，发电与输配电都采用三相交流制。在汽车电源系统中，汽车发电机是三相交流发电机，所产生的电动势是三相交流电动势。而在汽车用电设备中，三相负载主要是电动汽车上的驱动电机。

1）三相交流电的产生

在图 3-16 中，匀强磁场中只有一匝线圈，产生的正弦交流电动势是单相电动势。如果在匀强磁场的空间放置三组线圈，且三组线圈彼此相差 120 度。在外力的作用下切割磁力线时，则产生三相交流电动势。通常将三相线圈固定不动，而使磁场在外力作用下旋转。

三相交流发电机的原理示意图如图 3-16 所示。

三相交流发电机主要由定子与转子两大部分构成。定子是固定不动的部分，是在冲有槽的铁芯上放置三个几何尺寸与匝数相同的线圈（称作三相绕组或定子绕组）。三相绕组排列在圆周上的位置彼此相差 120 度，分别用 $U_1 - U_2$、$V_1 - V_2$、$W_1 - W_2$ 表示。U_1、V_1、W_1 分别代表三绕组的始端，U_2、V_2、W_2 分别代表三相绕组的末端。各绕组的电动势的参考方向规定为由绕组的末端指向始端。转子是旋转的部分，为磁极。磁极在铁芯上绕有励磁绕组，励磁绕组通电产生磁场。

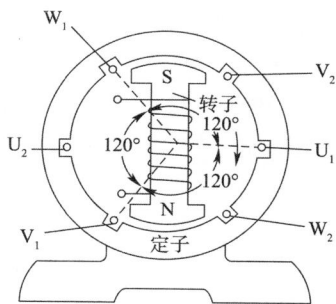

图 3-16　交流发电机原理示意图

当发电机的转子在外力（如汽车发动机）的带动下按顺时针方向以角速度为 ω 匀速转动时，就相当于每相绕组以角速度 ω 逆时针方向匀速旋转，作切割磁力线运动，因而产生三相感应电动势 e_U、e_V 和 e_W。由于三个绕组结构相同，切割磁力线速度相同，在空间相差 120 度的角度，因此产生的电动势幅值相同，频率相同，相位彼此相差 120 度，这种三相电动势称为三相对称电动势。

以 e_U 为参考正弦量，则相电动势的瞬时表达式为：

$$\left.\begin{array}{l} e_{\mathrm{U}} = E_{\mathrm{m}}\sin\omega t \\ e_{\mathrm{V}} = E_{\mathrm{m}}\sin(\omega t - 120°) \\ e_{\mathrm{W}} = E_{\mathrm{m}}\sin(\omega t + 120°) \end{array}\right\} \tag{3-40}$$

用相量表示为:

$$\left.\begin{array}{l} U_{\mathrm{U}} = U\angle 0° = U \\ U_{\mathrm{V}} = U\angle -120° = U\left(-\dfrac{1}{2} - j\dfrac{\sqrt{3}}{2}\right) \\ U_{\mathrm{W}} = U\angle 120° = U\left(-\dfrac{1}{2} + j\dfrac{\sqrt{3}}{2}\right) \end{array}\right\} \tag{3-41}$$

它们的波形图与相量图如图 3-17 所示。

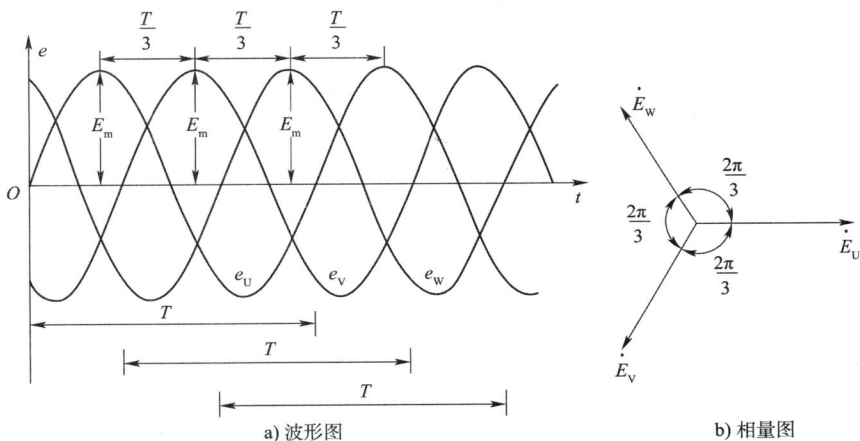

a) 波形图   b) 相量图

图 3-17　三相交流电动势波形图与相量图

显然,三相对称电动势在任一瞬间其相量和为零。

$$\left.\begin{array}{l} e_{\mathrm{U}} + e_{\mathrm{V}} + e_{\mathrm{W}} = 0 \\ \dot{E}_{\mathrm{U}} + \dot{E}_{\mathrm{V}} + \dot{E}_{\mathrm{W}} = 0 \end{array}\right\} \tag{3-42}$$

三相电动势随时间按正弦规律变化,它们先后达到最大值的顺序,叫作相序。图 3-17 的相序为 *U-V-W*。

2) 三相交流电动势的连接

三相对称电动势的定子绕组,本身具有六个引线端 U_1、U_2、V_1、V_2、W_1、W_2。如何将这六个引线端按一定的方法联结起来向外电路供电呢?一般有两种方法。

(1) 星形连接法——Y连接。

把三相绕组的末端 U_2、V_2、W_2 连接成一个公共点,叫作中点(零点)用"N"表示,如图 3-18所示。从中点引出的导线叫中线(零

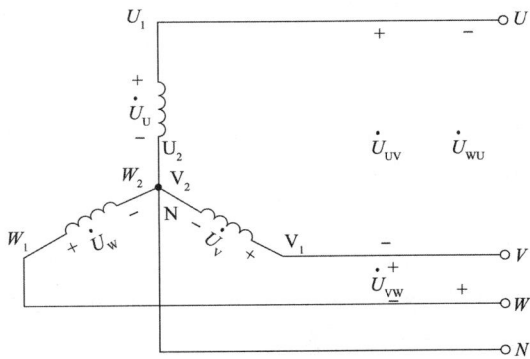

图 3-18　三相电源Y连接

线），中线一般接地，又叫作地线。从三相绕组的始端 U_1、V_1、W_1 分别引出三根导线称作相线（火线）。这种供电方式称为三相四线制，用符号"Y"表示。

火线与中线之间的电压称相电压。分别用 U_U、U_V、U_W 表示其有效值。若忽略发电机定子绕组的内阻，相电压在数值上就等于各相绕组的电动势，各相电动势相差为 120°，所以三个相电压是对称的。

火线与火线之间的电压称为线电压。显然相电压与线电压并不相等。以中性点 N 为参考点，依据两点之间的电压等于两点之电位差，则线电压与相电压之间的关系是：

$$\left.\begin{aligned}\dot{U}_{UV} &= \dot{U}_U - \dot{U}_V \\ \dot{U}_{VW} &= \dot{U}_V - \dot{U}_W \\ \dot{U}_{WU} &= \dot{U}_W - \dot{U}_U\end{aligned}\right\} \tag{3-43}$$

作出相电压的相量图，用平行四边形法则可以求出线电压，如图 3-19 所示。一般线电压用 U_L 表示，相电压用 U_P 表示，则相电压与线电压的关系是：

$$\dot{U}_L = \sqrt{3}\,\dot{U}_P \angle 30° \tag{3-44}$$

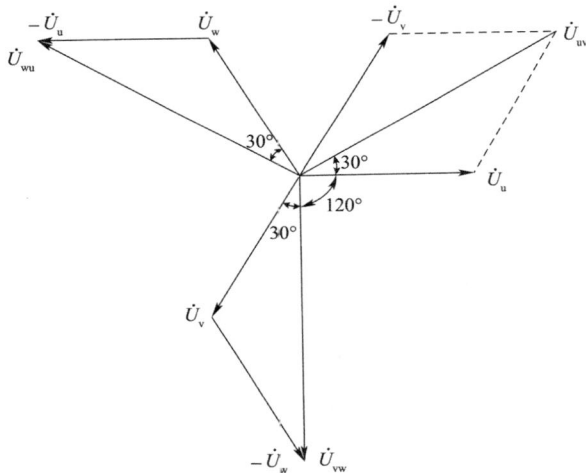

图 3-19　相电压、线电压相量图

可见，在数量关系上，线电压是相电压的 $\sqrt{3}$ 倍。在相位上，线电压超前相应相电压 30°。三个线电压也是对称的。

由以上分析可知，三相电源星联结可以同时供给两种电压，一种是相电压，另一种是线电压。

小　常　识

日常照明用电就是三相四线制。其相电压为 220V，线电压为 380V。现在都采用三相五线制，即三根火线，一根零线，一根地线（保护用）。

（2）三角形接法——△连接。

将每一相绕组的末端与另一相绕组的始端依次相连,构成一个闭合的三角形,这种连接方式称三角形连接,用"△"表示,如图3-20所示。在实际应用中,一般不采用三角形接法。

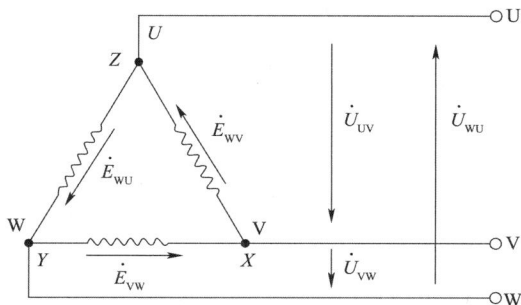

三相电源的三角形连接

图3-20 三相电源△连接

电源作三角形连接时,其相电压等于线电压。即:

$$U_L = U_P$$

注意:电源作三角形连接时,各相绕组的末端与始端绝对不能接错,否则将在电源内部引起较大的环流把电源损坏。

3）三相负载的连接

负载接入电源需遵循两个原则,一是电源电压应与负载的额定电压相同;二是全部负载应均匀地分配给三相电源,负载应按一定规则连接起来,组成三相负载。

三相交流电路中,负载的连接方式有两种——星形连接与三角形连接。

（1）星形连接。

如图3-21所示,三相负载 Z_U、Z_V、Z_W 分别接于电源各相线与中线之间,四根导线将电源与负载连接起来,构成星形连接,这种连接方式称为三相四线制。

以下是相关的几个重要概念。

①相电压。负载两端的电压称为相电压。由于中线的存在,由图可知,负载相电压就等于电源相电压。

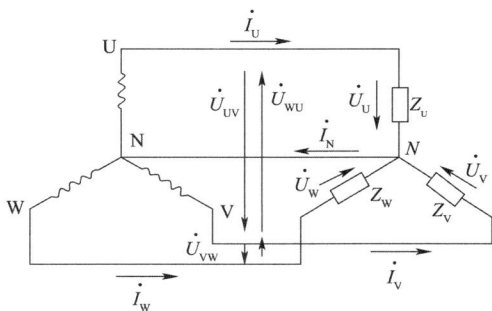

图3-21 三相负载Y连接

②相电流。在相电压的作用下,负载有电流流过,流过各负载的电流称为相电流。相电流用"I_P"表示。

③线电流。流过每根火线的电流称线电流。线电流用"I_L"表示。显然,当负载星形连接时,相电流等于线电流。

即:

$$I_L = I_P \tag{3-45}$$

④中线电流。流过中性线的电流为中线电流,用"I_N"表示。中线电流等于各相电流之和。

即:

$$\dot{I}_N = \dot{I}_U + \dot{I}_V + \dot{I}_W \tag{3-46}$$

⑤对称负载。三相负载的大小与性质都相等时,称之为对称负载。

由于相电压是对称的,所以负载对称时,根据欧姆定律,线电流(相电流)也是对称的。即线电流(相电流)大小相等,相位互差120度。当负载不对称时,线电流(相电流)的大小也不对称,其相位关系也随负载的性质不同而改变。

各电流、电压之间的基本关系如下。

综上分析可知,负载星形连接时:

①线电压是相电压的$\sqrt{3}$倍,且线电压超前相应相电压30°。用相量表示为 $\dot{U}_L = \sqrt{3}\dot{U}_P\angle 30°$;

②线电流等于相电流。即:$I_L = I_P$;

③当负载对称时,中线电流等于零,即:$\dot{I}_N = \dot{I}_U + \dot{I}_V + \dot{I}_W = 0$。

【例3-5】 在图3-22中,电源电压对称,每相电压均为$U_P = 220V$,负载均为白炽灯组,在额定电压下:

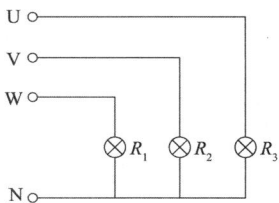

①$R_1 = R_2 = R_3 = 22\Omega$ 时,求负载相电压、负载相电流及中线电流;

②当R_1相灯泡灯丝烧断,求负载相电压、负载相电流及中线电流;

③当R_1短路时,求负载相电压、负载相电流及中线电流;

④当R_1短路且中线断开时,求负载相电压、负载相电流;

⑤当R_1断路且中线断开时,求负载相电压、负载相电流。

解:①在负载对称且有中线的情况下,负载相电压与电源相电压相等。

$$U_{P1} = U_{P2} = U_{P3} = 220V$$

$$I_{P1} = I_{P2} = I_{P3} = \frac{U_P}{R_U} = \frac{220}{22} = 10A$$

$$\dot{I}_N = \dot{I}_{P1} + \dot{I}_{P2} + \dot{I}_{P3} = 10\angle 0° + 10\angle -120° + 10\angle +120° = 0$$

②因为有中线,R_1断路,不影响其他两相,所以:

$$U_{P2} = U_{P3} = 220V$$

R_1断路,其端电压等于电源电压:

$$U_{P1} = 220V, I_{P1} = 0$$

如图3-23所示,所得关系式为:

$$\dot{I}_N = \dot{I}_{P2} + \dot{I}_{P3} = 10\angle -120° + 10\angle 120° = 10\angle 180°A$$

③因为有中线,R_1短路,烧该相保险,不影响其他两相,所以其他两相负载相电压不变,仍为220V。R_1因短路,其端电压为0V,保险丝已烧,相电流为0。中线电流仍为其他两相之和,$I_N = 10A$。

④如图3-24所示当R_1短路,中线断开。则R_2与R_3的中性点为W相火线,则:

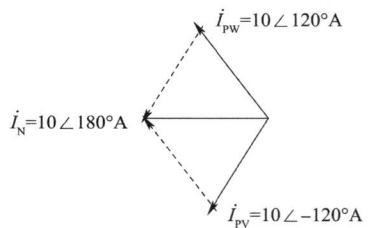

图3-23 例3-5(2)中线电流相量图

图3-22 例3-5 电路图

$$U_{P2} = U_{P3} = 380V$$

$$I_{P2} = I_{P3} = \frac{380}{22} = 17.27A$$

其相电压远超其额定电压 220V，会导致灯泡烧毁。

⑤如图 3-25 所示，R_1 断路且中断也断开。此时 R_2 与 R_3 串联接于 U 相与 V 相之间，则相电压：

$$U_{P2} = U_{P3} = \frac{380}{22+22} \cdot 22 = 190V$$

$$I_P = I_L = \frac{380}{22+22} = 8.63A$$

可见，负载相电压低于电源相电压 220V，灯泡较暗。

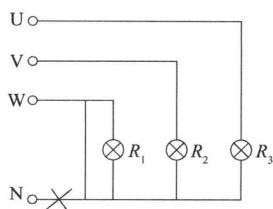

图 3-24　例 3-5(4)电路图　　　图 3-25　例 3-5(5)电路图

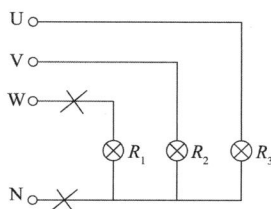

从上面的例题可以分析出：

①负载对称且有中性的情况下，各相电压对称且中线电流为零，此时中线若断路，对电路无影响，各负载相电压依旧对称；

②负载不对称有中线的情况下，负载相电压保持不变，中线电流不等于零，若一相出现故障，其他两相均不受影响；

③负载不对称无中线的情况下，负载相电压不再等于电源相电压，任何一相出现故障，均影响其他两相电压出现异常，从而导致故障发生。

中线的作用是使星形连接时不对称负载获得对称的相电压。为了保证负载的相电压对称，中线就不能断开。因此，中线上(主干线)不允许接入保险、开关。

(2)负载三角形连接。

如图 3-26 所示，各相负载直接接于电源线电压上，不论负载对称与否，其相电压都要对称。则各电压、电流之间的关系如下。

①负载相电压等于电源线电压：

$$U_P = U_L \tag{3-47}$$

②各线电流与相电流的关系由基尔霍夫第一定律得到：

$$\left.\begin{array}{l} \dot{I}_U = \dot{I}_{UV} - \dot{I}_{WU} \\ \dot{I}_V = \dot{I}_{VW} - \dot{I}_{UV} \\ \dot{I}_W = \dot{I}_{WU} - \dot{I}_{VW} \end{array}\right\} \tag{3-48}$$

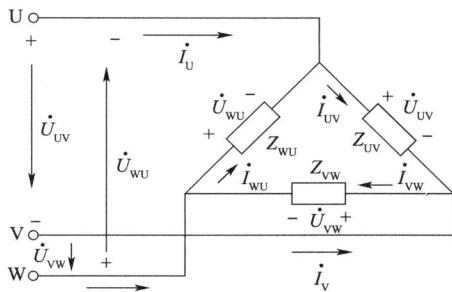

图 3-26　三相负载△连接

当负载对称时,线电流对称,相电流也对称。线电流是相电流的√3倍,且滞后相应相电流30°。

即:
$$\dot{I}_{\mathrm{L}} = \sqrt{3} I_{\mathrm{P}} \angle -30° \tag{3-49}$$

当负载不对称时,上述关系不再成立。

二、任务实施

(一)实施要求

(1)按照新能源汽车维修规范,准备场地。
(2)选择合适的绝缘拆装工具。
(3)检查绝缘防护用品。
(4)查看安全保障措施。
(5)查阅维修资料,找到检测部位。

(二)实施准备

隔离防护带、示波器、变压器、三相正弦交流电源、纯电动汽车、维修手册、操作工作单。

(三)实施步骤

(1)遵守车间作业、环保法规等规定,做好场地隔离,放置高压警示牌。
(2)绝缘拆装工具检查。
(3)绝缘防护用品检查、穿戴及贮藏。
(4)进行6S管理。

三、任务工单

任务名称	三相交流电路的分析				
班级		姓名		分组	
教师		地点		日期	
具体内容					
设备工具					
组员分工					

续上表

	实训过程内容与流程记录
一、检测单相正弦交流电压波形	1.示波器的使用。 (1)熟悉示波器操作面板。 电源开关:标志_____;作用:_____。 时基调整:标志_____;作用:_____。 幅度调整:标志_____;作用:_____。 上下调整:标志_____;作用:_____。 左右调整:标志_____;作用:_____。 其 他:标志_____;作用:_____。 标志_____;作用:_____。 标志_____;作用:_____。 (2)读数。 你使用的示波器自动显示读数:是□ 否□ 若不是自动显示读数,电压的读取方法是:_____ _____;周期的读取方法是_____ 2.检测单相正弦交流电压波形,并读取电压幅值及频率。 (1)找到市电220V电压供电端,用隔离变压器隔离与降压。 (2)连接示波器探头,对电压波形进行观测与读数。 描绘波形: 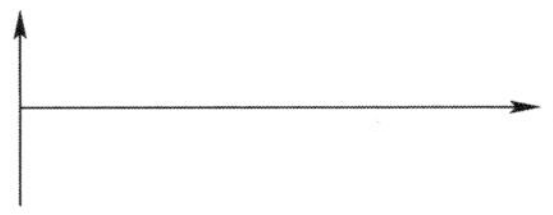 电压读取:_____V;周期读取:_____S;频率:_____Hz。
二、检测驱动电机三相电压波形	1.找到三相驱动电机三相输出端。 2.用探针连接示波器,观测波形。 描绘波形: 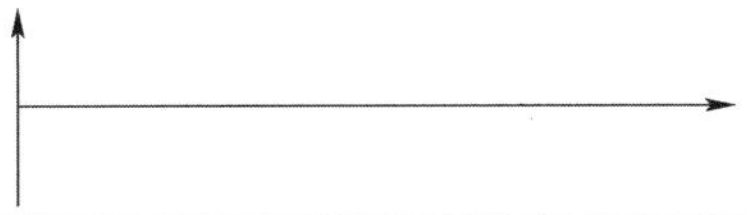
三、三相正弦交流电路的分析	1.负载的星形连接。 按右图连接电路。 (1)当负载对称且有中线时,测量各相电压、线电压、相电流、线电流填入下表中。 (2)当负载对称无中线时,再测量一次各相电压、线电压、相电流与线电流填入下表中。 (3)当负载不对称且有中线时,测量各相电压、线电压、相电流、线电流填入下表中。 (4)当负载不对称且无中线时,测量各相电压、线电压、相电流、线电流填入下表中。 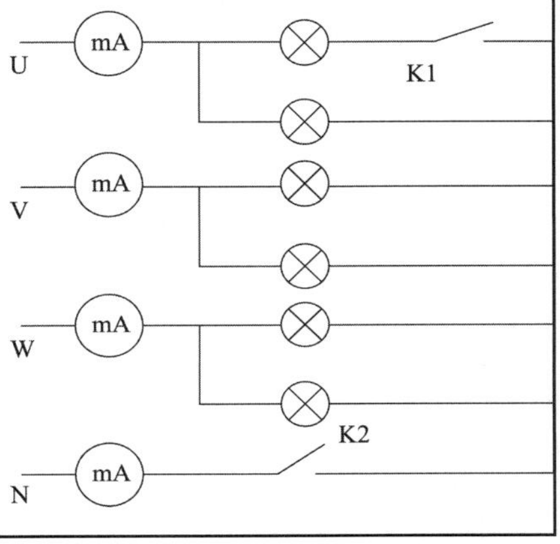

	实训过程内容与流程记录
三、三相正弦交流电路的分析	(5)数据分析: ①从第一栏数据可以得知,当负载对称且有中线时,各相负载两端的电压都是_____,各相电流_____,中线电流为_____,所以各灯泡的亮暗程度_____。 相电压与线电压的关系是:_____(用公式表示);相电流与线电流的关系是:_____(用公式表示);中线电流是:_____。 ②从第二栏数据可以看出,当负载对称在没有中线的情况下,各相负载两端的电压仍然是_____,各相电流_____,各灯泡亮暗程度_____。 从以上分析可知,在负载对称的情况下,中线的有、无对电路_____影响。因为中线电流:_____,此时的中线_____。 ③从第三栏数据看,当负载不对称但有中线时,各负载相电压_____,灯泡亮暗程度_____,但各相电流_____,中线电流_____。 当负载作星形连接且负载不对称时有:线电压与相电压的关系仍是:_____;线电流与相电流的关系仍是:_____;中线电流:_____;此时的中线_____。 ④从第四栏数据看,当负载不对称且无中线时,三相负载的相电压分别是_____、_____、_____,所以对应的灯泡明暗程度分别是____、____、____;各相电流分别是_____、_____、_____。 当负载不对称时,一旦中线断开,对电路的影响是_____。 所以在中线上不允许接_____、_____等。此时中线_____。 结论:中线的作用是_____。

负载星形连接电压与电流

负载	中线	线电压			线电流 (相电流)			中线 电流	负载相电压			灯泡亮暗		
		U_{UV}	U_{VW}	U_{WU}	I_U	I_V	I_W	I_N	U_{UN}	U_{VN}	U_{WN}	U	V	W
对称	有													
对称	无													
不对称	有													
不对称	无													

2.负载的三角形连接。

按下图连线,将各测量数据填入下表中。

负载三角形连接电压与电流

负载	线电压即相电压			线电流			负载相电流		
	U_{UV}	U_{VW}	U_{WU}	I_U	I_V	I_W	I_{UV}	I_{VW}	I_{WU}
对称									
不对称									

	实训过程内容与流程记录
三、三相正弦交流电路的分析	负载三角形连接测线电流　　　　　　负载三角形连接测相电流 （1）当负载对称时，测量各相电压、线电压、相电流、线电流。 （2）当负载不对称时，测量各相电压、线电压、相电流、线电流。 （3）数据分析： ①由上表的数据可知，当三相负载对称时，相电压与线电压＿＿＿＿＿＿，线电流为＿＿＿＿＿＿，相电流为＿＿＿＿＿。 ②三相负载作三角形连接且负载对称时，线电流与相电流的关系是＿＿＿＿＿＿＿＿＿＿。线电压与相电压的关系是＿＿＿＿＿＿＿＿＿＿（公式表示）。 ③当负载不对称时，三个相电流分别是＿＿＿＿＿、＿＿＿＿＿、＿＿＿＿＿。三个线电流分别是＿＿＿＿＿、＿＿＿＿＿、＿＿＿＿＿。线电流与相电流的大小不再满足＿＿＿＿＿＿＿＿＿＿。 ④分析上表中的数据，当三相负载作三角形连接且负载不对称时， 线电压与相电压的关系：＿＿＿＿＿＿＿＿＿＿＿＿＿＿＿＿＿＿＿＿； 线电流与相电流的关系：＿＿＿＿＿＿＿＿＿＿＿＿＿＿＿＿＿＿＿＿。
组员分工	
	实训任务回顾与总结
任务收获与结果	
建议和改进措施	

任务2　汽车整流电路分析

📝 任务描述

车主反映自己的纯电动汽车不能进行交流慢充，初步检查为车载充电机整流故障，请做进一步确认。

一、知识准备

(一) 半导体

二极管是最常用的半导体器件之一,它们的基本结构、工作原理、特性与参数是学习汽车模拟电路不可缺少的基础,而 PN 结是构成各种半导体器件的共同基础。本章从讨论 PN 结的基本原理开始,介绍二极管、三极管、场效应管、IGBT 的种类、工作特性以及应用。

1. 半导体的导电特性

1) 本征半导体

所谓半导体就是导电性能介于导体与绝缘体之间,如硅、锗以及大多数金属氧化物都属于半导体。很多半导体的导电能力在不同的条件下有很大差异,有些半导体对温度特别敏感,温度增高时,它们的导电性大幅增加,利用这种性质制成的各种电阻热敏电阻;有些半导体对光照强度很敏感,受光照时,它的导电能力变得很强,无光照时,又变的像绝缘体那样不导电,利用这样的性质制成的各种电阻称为光敏电阻。更为重要的是,如果在纯净的半导体中掺入微量杂质,它的导电性可以增加几十万乃至几百万倍,利用这些特性,可以制成各种用途不同的半导体器件,如二极管、三极管、场效应管等。

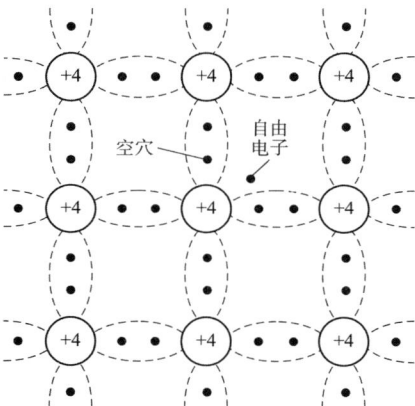

图 3-27　空穴和自由电子的形成

制造半导体最常用的材料是硅晶体和锗晶体。完全纯净的、不含杂质的半导体叫作本征半导体,在本征半导体的晶体结构中,原子最外层电子受电场力的束缚处于较为稳定的状态,当从外部获得一定能量(温度增高或受光照的条件下)后,即可挣脱原子核的束缚,成为自由电子,温度越高,晶体中的自由电子越多,当电子挣脱束缚成为自由电子后,在原来位置留下一个空位,成为空穴,空穴和自由电子的形成如图 3-27 所示。

在外电场的作用下,有空穴的原子吸引相邻原子中的电子(非自由电子),来填补空穴,同时相邻的原子在失去一个电子后形成一个新的空穴,它也可以吸引相邻的原子中的电子(非自由电子)来递补,如此继续下去,就像剧场中前座的观众离开后出现空位,后座的观众前移递补空位,仿佛空位在运动一样,原子结构中就好像空穴在运动。

因此,当半导体两端加上外电压时,半导体内部出现两部分电流:自由电子做定向运动形成电子电流;受束缚电子(非自由电子)递补空穴形成的空穴电流。在半导体中,同时存在电子导电和空穴导电,这是半导体导电方式最大的特点。

自由电子和空穴都称为载流子,在半导体内部,自由电子与空穴总是成对产生,同时又在不断复合,在一定温度下它们达到动态平衡,温度越高,载流子数目就越多,导电性就越好,温度对半导体性能影响很大。

2）杂质半导体

本征半导体虽然有自由电子和空穴两种载流子，但是数量极少，因此导电能力很弱，如果在其中掺入微量的其他元素，将使掺杂后的半导体导电性能大大增加，这种半导体被称为杂质半导体。

最常见的杂质半导体为 P 型半导体和 N 型半导体。

（1）P 型半导体。

本征半导体硅或锗的晶体中掺入微量三价元素硼（或镓、铟等其他三价元素）。每个硼原子最外层只有三个电子，而形成共价键时因缺少一个电子而产生一个空位，每个硼原子都能提供一个空穴，那么半导体内部空穴的数量将得到成千上万倍的增加，导电能力也将大幅提高，这类杂质半导体被称为 P 型半导体，也被称为空穴型半导体。在 P 型半导体中，空穴成为半导体导电的多数载流子，自由电子为少数载流子，而就整块半导体来说，它既没有失去电子也没有得到电子，所以呈电中性。如图 3-28 所示。

（2）N 型半导体。

本征半导体硅或锗的晶体中掺入微量五价元素磷（或砷、锑等其他五价元素），磷原子的最外层有五个电子，而形成共价键时多出的第五个电子容易挣脱束缚形成自由电子，于是半导体内部的自由电子的数量将增加成千上万倍，导电能力大幅提高，这类杂质半导体被称为 N 型半导体，也被称为电子型半导体。在 N 型半导体中，自由电子成为半导体导电的多数载流子，空穴成为少数载流子，就整块半导体来说，它同样既没有失去电子也没有得到电子，所以也呈电中性，如图 3-29 所示。

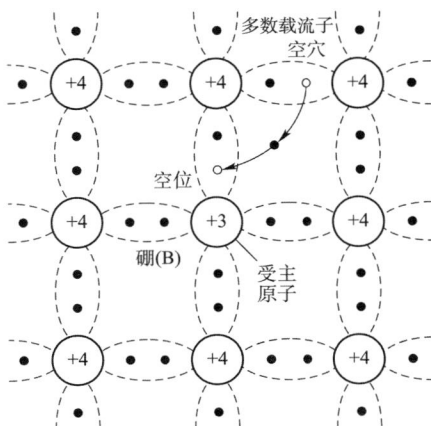

图 3-28　硅晶体中掺硼出现空穴　　　　图 3-29　硅晶体中掺磷出现自由电子

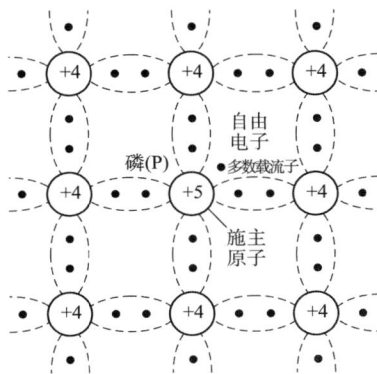

2. PN 结及其单向导电性

用特殊的工艺在一块半导体晶片上把 P 型半导体和 N 型半导体设法"结合起来"，在交界面处将形成一个特殊的带电薄层，被称为 PN 结。

物质因浓度差而产生的运动称为扩散运动，气体、液体、固体均有这种性质。P 型半导体中的多数载流子空穴和 N 型半导体中的多数载流子自由电子因浓度差将向对方扩散，在靠近中间位置复合，结果使 PN 结中靠 P 区的一侧带负电，靠 N 区的一侧带正电，形成了一个由 N 区指向 P 区的电场,即 PN 结的内电场,内电场的存在将阻碍多数载流子继续扩散,所以又称为耗尽层,如图 3-30 所示。

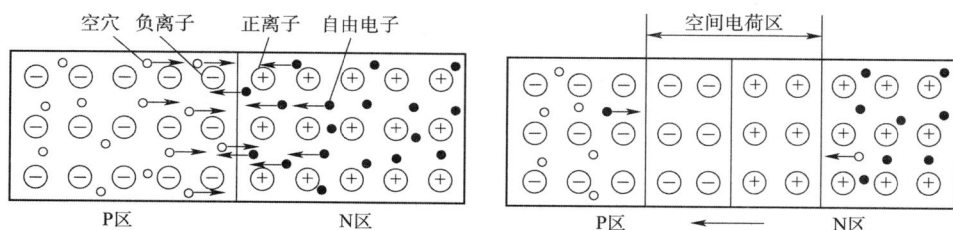

图 3-30 二极管 PN 结的形成

1)正向偏置

当在 PN 结加上正向电压(正向偏置),即 P 区接电源正极,N 区接电源负极时,如图 3-31 所示。此时,外加电压对 PN 结产生的外电场与 PN 结的内电场方向相反,削弱了内电场及内电场对多数载流子扩散的阻碍作用,使扩散继续进行,P 区的多数载流子空穴和 N 区的多数载流子自由电子在电场力的作用下通过 PN 结进入对方区域,两者形成了较大的扩散电流,由 P 区流向 N 区,即在 PN 结内、外电路中形成了正向电流,此时 PN 结呈现低电阻,处于导通状态。这种现象称为 PN 结的正向偏置。

2)反向偏置

当在 PN 结加上反向电压(反向偏置),即 P 区接负极,N 区接正极时,如图 3-32 所示。此时,内外电场的方向相同,加强了内电场,也加强了内电场对多数载流子扩散的阻碍作用,P 区和 N 区的多数载流子难以通过 PN 结,但 P 区的少数载流子自由电子和 N 区的少数载流子空穴在电场力的作用下却能通过 PN 结进入对方区域,形成反向电流,由于少数载流子的数目很少,故反向电流极小,这时 PN 结呈现高电阻,处于截止状态。这种现象称为 PN 结的反向截止。

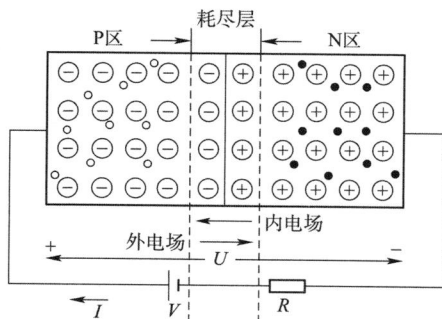

图 3-31 PN 结正向偏置

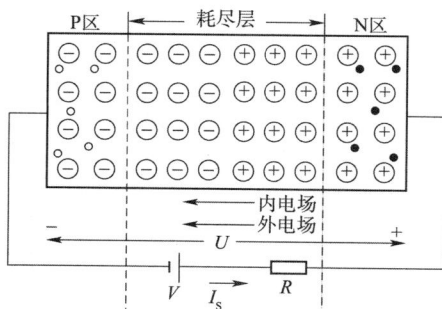

图 3-32 PN 结反向偏置

总之,PN 结加正向电压时,形成较大电流,称为导通状态;加反向电压时,有很小的反向电流,称为截止状态。可见 PN 结具有单向导电性。PN 结是各种半导体器件的共同基础。

(二) 二极管的结构、符号和特性

1. 二极管的基本结构

将 PN 结加上相应的电极引线和管壳,就成了二极管。按结构分,二极管有点接触型、面接触型和平面型三类。

(1) 点接触型二极管(一般为锗管)。

这类二极管 PN 结面积小,故允许通过的电流小,最高工作频率高,适合高频与小功率的工作,也可以作数字电路中的开关元件。

(2) 面接触型二极管(一般为硅管)。

这类二极管的 PN 结面积大,故允许通过的电流大,但其工作频率低,一般用作整流。

(3) 平面型二极管。

PN 结面积可小、可大,小的工作频率高,大的结允许的电流大,可用于大功率整流管和数字电路中的开关。二极管的结构及表示符号如图 3-33 所示。

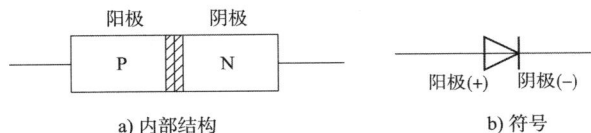

图 3-33 二极管的结构与符号

2. 二极管的伏安特性

二极管的电流与其端电压的关系称为伏安特性。图 3-34 所示为二极管伏安特性曲线。

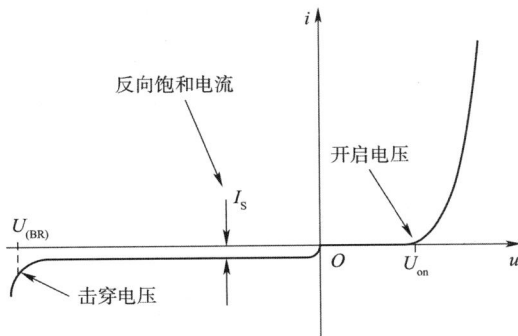

图 3-34 二极管的伏安特性曲线

1) 正向特性

从图上可看出,当加在二极管两端的正向电压小于某一数值时,正向电流很小,几乎为零,二极管呈现出较大的电阻,当正向电压超过一定数值后,电流增加很快,这段区域被称为"死区",这个一定数值的正向电压 U_{on} 被称为死区电压或开启电压,其数值大小与材料和温度有关。通常硅管的死区电压为 0.5V,锗管约为 0.1V。当正向电压超过 U_{on} 后,正向电流按指数曲线规律增长,二极管处于导通状态。硅管的导通压降为 0.7V,锗管的导通压降为 0.2~0.3V。

2)反向特性

当二极管被加上反向电压时,流过二极管的电流很小,称为反向饱和电流 I_S,反向电流有两个特点:一方面是它随温度升高而增加很快;另一方面是在反向电压不超过某一范围时,反向电流的大小基本恒定,而与反向电压的高低无关。硅管反向电流小于 $0.1\mu A$,锗管反向电流为几十微安。

3)反向击穿特性

当反向电压增加到某个数值时,流过二极管的反向电流将急剧增大,这种现象叫反向击穿,这个数值被称作反向击穿电压 U_{BR}。二极管被击穿后,一般不能恢复原来的性能,即失效状态。故使用二极管时,应避免反向电压超过击穿电压,以防止二极管损坏。

3.二极管的主要参数

1)最大电流 I_{OM}

最大电流是指二极管长期运行时,允许通过的最大正向平均电流。实际使用时的工作电流应小于 I_{OM},当电流超过允许值时,将引起 PN 结过热而使管子损坏。

2)反向工作峰值电压 U_{RWM}

最高反向电压是指二极管工作时两端所允许加的最大反向电压。通常 U_{RWM} 约为反向击穿电压的一半或者三分之一,以保证二极管安全工作,防止击穿。

3)反向峰值电流 I_{RM}

它是指二极管加上反向工作峰值电压时的反向电流值。反向电流大,说明二极管的工作性能差,并且容易受温度的影响,硅管的反向电流要小于锗管的反向电流。

【例3-6】 在图 3-35 中,输入端 A 的电位 $V_A = +3V$,B 的电位 $V_B = 0V$,求输出端 F 的电位,其中电阻 R 接负电源 $-12V$。

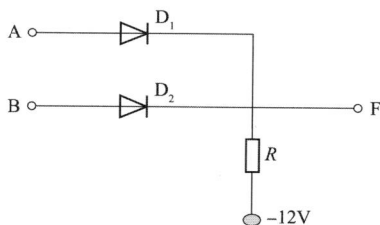

解:因为 A 端电位比 B 端高,所以 D_1 优先导通。如果二极管的正向压降是 0.7V,则输出端 F 的电位为 2.3V。当 D_1 导通后,D_2 加的是反向电压,故而截止。二极管 D_1 起钳位作用,其作用是把输出端 F 的电位钳住在 2.3V;二极管 D_2 起隔离作用,其作用是把输入端和输出端隔离开来。

图 3-35 例 3-6 图

4.二极管的检测

根据二极管的单向导通性,可以用万用表检测二极管的好坏。首先将数字万用表的挡位拨至二极管挡,若将红表笔接二极管阳(正)极,黑表笔接二极管阴(负)极,则二极管处于正偏,有一定数值显示。若将红表笔接二极管阴极,黑表笔接二极管阳极,二极管处于反偏,万用表显示为"1"或很大的数值,此时说明二极管是好的。在测量时若出现蜂鸣声,或者两次的数值均很小,则二极管内部存在短路;若两次测得的数值均很大或为"1",则二极管内部存在开路。

5.特殊二极管

1)稳压二极管

稳压管是一种特殊的面接触型半导体硅二极管,它在电路中与电阻配合后能起稳定电压的作用,故称为稳压二极管。稳压管的外形与普通二极管区别不大,它的符号、等效图和伏安特性如图 3-36 所示。稳压二极管的伏安特性曲线与普通二极管的类似,其差异是稳压二极管的反向特性曲线比较陡,稳压二极管工作于反向击穿区,从反向特性曲线上可以看出,反向电压在一定范围内变化时,反向电流很小,当反向电压增高到击穿电压时,反向电流激增,稳压二极管被反向击穿。从图中可以看出,尽管电流在很大范围内变化,但稳压二极管两端的电压变化很小,利用这一特性,稳压二极管在电路中能起到稳压作用。稳压二极管与一般二极管不一样,它的反向击穿是可逆的,当去掉反向电压之后,稳压二极管会恢复正常。

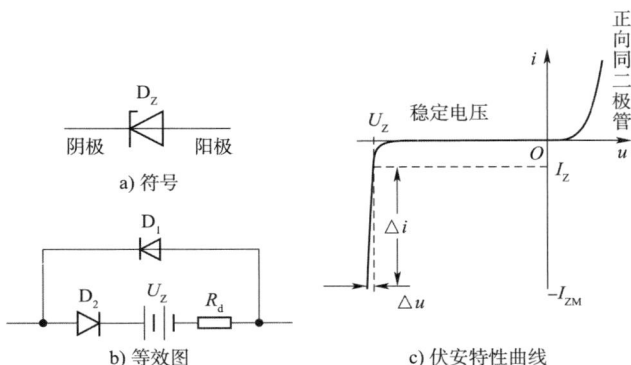

图 3-36 稳压二极管的符号、等效图和伏安特性曲线

2)发光二极管

发光二极管(Light-emitting diode,LED)是常见的半导体电子元件,通过电子与空穴复合释放能量发光。此种电子元件早在 1962 年出现,早期只能够发出低光度的红光,之后能发出其他单色光,现发出的光已遍及可见光、红外线及紫外线,随着技术的不断进步,发光二极管已被广泛地应用于显示器和照明等场景。

发光二极管与普通二极管一样,是由一个 PN 结组成,也具有单向导电性。当给发光二极管加上正向电压后,从 P 区注入到 N 区的空穴和由 N 区注入到 P 区的电子,在 PN 结附近复合,产生自发辐射的荧光。不同的半导体材料中电子和空穴所处的能量状态不同,电子和空穴复合时释放出的能量越多,则发出的光的波长越短。不同的掺杂会发出不同颜色的光:砷化镓二极管发红光;磷化镓二极管发绿光;碳化硅二极管发黄光;氮化镓二极管发蓝光。常用的是发红光、绿光或黄光的二极管。

发光二极管具有亮度高、清晰度高、电压低(1.5~3V)、反应快、体积小、可靠性高和寿命长等优点,是一种很有用的半导体器件,常用于信号指示、数字和字符显示。发光二极管的电路符号及等效图如图 3-37 所示。

在汽车电路中,发光二极管随处可见,主要应用在仪表板上作为指示信号灯或报警信号灯。比如液体液面过低,制动片过薄,制动灯、尾灯、前照灯等被烧坏的

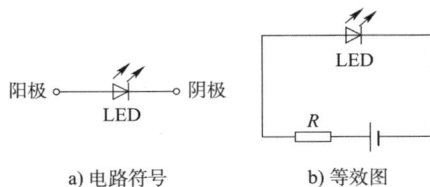

图 3-37 发光二极管的电路符号及等效图

信号灯,这时相应的发光二极管就会被接通发光,发出报警指示。

发光二极管的测量与普通二极管相同。用数字万用表二极管挡测量,二极管正向导通时,会发光(稍暗),且读数在 $1200 \sim 3000\text{mV}$ 之间。

3)光电二极管

光电二极管是利用 PN 结的光敏特性,将接收到的光的变化转换成电流的变化。光电二极管是在反向电压作用下工作的。没有光照时,和普通二极管一样,反向电流很小(一般小于 $0.2\mu\text{A}$),称为暗电流。当有光照时,产生的反向电流称为光电流,光电流的大小与光强度有关,光强度愈强,反向电流也越大,即光电流越大。光电二极管的工作原理及实际连接电路如图3-38所示。

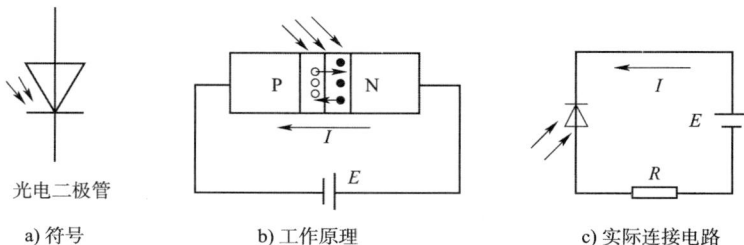

a) 符号　　　　　b) 工作原理　　　　　c) 实际连接电路

图3-38　光电二极管的符号、工作原理及实际连接电路

6. 二极管整流电流

1)单相半波整流电路

把交流电转变成直流电的过程称为整流,能完成此过程的电路称为整流电路。利用二极管的单向导电性,可以将交流电变为直流电,常用的二极管整流电路有单相半波整流电路和单相桥式整流电路。

单相半波整流电路如图3-39所示。其中,T 为降压电源变压器,将220V 交流电压变换为整流电路所要求的交流低电压,同时保证直流电源与原边电压有良好的隔离;D 为整流二极管,R_L 为负载等效电阻。整个电路工作过程中:当 u_2 处于正半周,二极管导通,电流流向为 $A \rightarrow D \rightarrow R_L \rightarrow B$,负载电压 $u_O = u_2$;当 u_2 处于负半周,二极管截止,负载电压为 $u_O = 0$。交流电压只有半个周期能够使得二极管正向导通,这种电路称为单相半波整流电路。输出波形如图3-40所示。

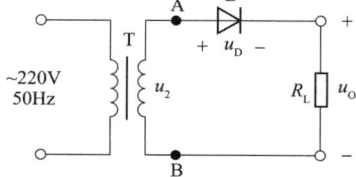

图3-39　单相半波整流电路　　　　　图3-40　半波整流电路输出波形

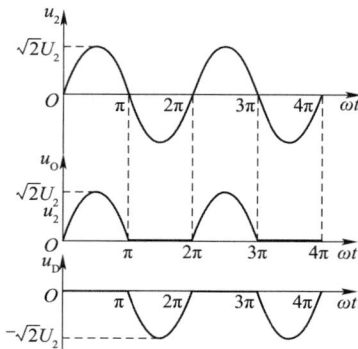

单相半波整流电路输出电压的平均值 U_O 为：

$$U_O = 0.45 U_2 \qquad (3\text{-}50)$$

流过二极管的平均电流 I_D 为：

$$I_D = 0.45 \frac{U_2}{R_L} \qquad (3\text{-}51)$$

二极管承受的反向峰值电压 U_{RM} 为：

$$U_{RM} = \sqrt{2}\, U_2 \qquad (3\text{-}52)$$

单相半波整流电路结构简单,使用元件少,但整流效率低,输出电压脉动大。因此,它只适用于对效率要求不高的场合。

2）单相桥式整流电路

为了克服单相半波整流电路的缺点,常常采用图 3-41 所示的单相桥式整流电路。图中,$D_1 \sim D_4$ 四个整流二极管接成电桥形式,因此称为单相桥式整流电路。

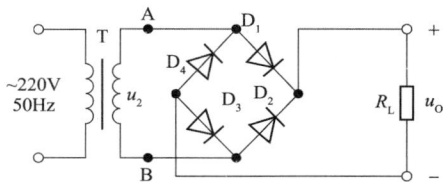

整个电路工作过程中:当 u_2 处于正半周,二极管 D_1、D_3 导通,电流的流向为 $A \rightarrow D_1 \rightarrow R_L \rightarrow D_3 \rightarrow B$,输出电压 $u_O = u_2$;当 u_2 处于负半周,二极管 D_2、D_4 导通,电流的流向为 $B \rightarrow D_2 \rightarrow R_L \rightarrow D_4 \rightarrow A$,输出电压 $u_O = -u_2$。单相桥式整流电路输出电压平均值为:

$$U_O = 2 \times 0.45 U_2 = 0.9 U_2 \qquad (3\text{-}53)$$

单相桥式整流电路中,因为每两只二极管只导通半个周期,所以流过每个二极管的平均电流仅为负载电流的一半,即:

$$I_D = \frac{1}{2} I_O = \frac{U_O}{2R_L} = 0.45 \frac{U_2}{R_L} \qquad (3\text{-}54)$$

其承受的反向峰值电压为:

$$U_{RM} = \sqrt{2}\, U_2 \qquad (3\text{-}55)$$

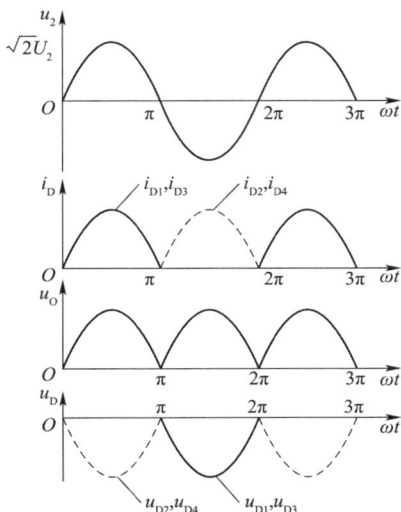

单相桥式整流电路的波形如图 3-42 所示。

单相桥式整流电路与单相半波整流电路相比较,具有输出直流电压高,脉动较小,二极管承受的最大反向电压较低等特点,在电源变压器中得到广泛利用。将单相桥式整流电路的 4 个二极管制作在一起,封装成为一个器件被称为整流桥,其外形如图 3-43 所示。其中 A、B 端接输入电压,C、D 为直流输出端,C 为正极性端、D 为负极性端。

3）电容滤波电路

整流电路虽然能将交流电变成脉动直流电,但输出电压脉动很大,需要利用电容滤波将脉动直流变成比较平滑的直流电。电路如图 3-44 所示。

图 3-42　单相桥式整流输出波形

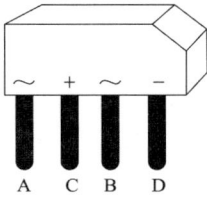

图 3-43　整流桥外形

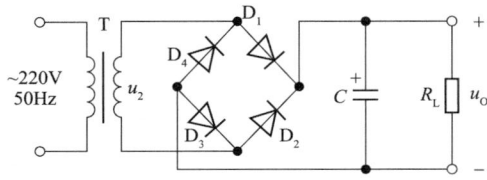

图 3-44　单相桥式整流、电容滤波电路

电容滤波电路是在桥式整流中并联一个电容，利用电容的充、放电特性输出一个相对平滑的直流电。滤波电路工作原理：当二极管导通时，一方面给负载供电，同时对电容器 C 充电，充电电压 u_C 与上升的正弦电压 u_2 一致，如图 3-45 的 ab 段波形所示。充电电压 u_C 和正弦电压 u_2 在 b 达到最大值，随后电压 u_C 与 u_2 都开始下降，但电压 u_2 比 u_C 下降要快。当 $u_2 < u_C$ 时候，所有二极管截止，电容开始对负载放电，负载仍然有电流通过，而 u_C 按放电曲线 cd 段下降。在下一个半周来临时，当 $u_2 > u_C$ 时，二极管再次导通，电容器再被充电，重复上述过程。

电容器两端电压 u_C 即为输出电压 u_O，其波形如图中黑色实线所示，可见输出电压的脉动成分大大减小，并且电压较高。输出电压的平滑程度与时间常数 $\tau = R_L C$ 有关，时间常数越大，放电越慢，曲线越平滑，脉动越小，如图 3-46 所示。为了得到比较平直的输出电压，一般要求：

$$R_L C \geq (3 \sim 5)\frac{T}{2} \tag{3-56}$$

式中，T 是交流电压的周期。选择电容时，除了考虑它的电容外，耐压也是一个重要的参数，一般取电容的耐压为 $U_C = (1.5 \sim 2)U_2$，这时，$U_O \approx 1.2U_2$。

流过二极管的平均电流：

$$I_D = \frac{1}{2}I_O = \frac{1}{2} \times \frac{U_O}{R_L} \tag{3-57}$$

二极管截止时承受的最大反向电压：

$$U_{RM} = \sqrt{2}U_2 \tag{3-58}$$

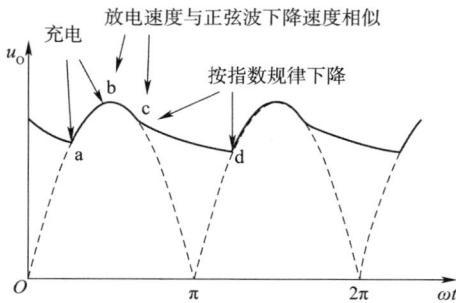

图 3-45　桥式整流电容滤波电路波形

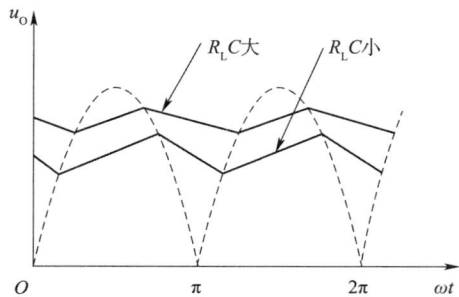

图 3-46　电容输出波形与时间常数关系

4）稳压电路

经过整流滤波后的电压往往会随着交流电源电压和负载的变化而变化。电压的不稳定

会使测量和计算产生误差,影响电子设备的正常工作。这就需要在滤波电路与负载之间连接稳压电路,使输出电网电压波动或负载变化时,保证电压基本稳定在某一个数值。

利用稳压二极管稳压是最简单的稳压电路。如图 3-47 所示。稳压管 VZ 与限流电阻 R 组成稳压电路,而 VZ 与负载 R_L 并联。稳压电路的输入电压为整流滤波电路的输出电压,输出电压 U_O 则是稳压管的稳定电压 U_Z,即 $U_O = U_Z = U_I - U_R$。

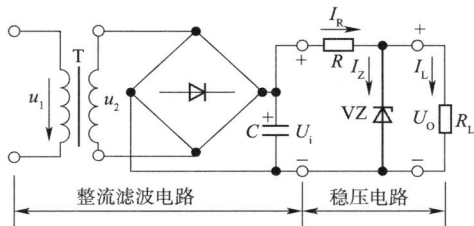

图 3-47 稳压二极管并联稳压电路

其稳压过程如下:

假设负载不变电网波动使输入电压增大,导致输出电压升高时:

$$u_I \uparrow \to U_O \uparrow \to U_Z \uparrow \to I_Z \uparrow \to I_R \uparrow = I_O + I_Z$$
$$U_O \downarrow = U_I - U_R \leftarrow U_R \uparrow$$

从上述过程可看出,输入电压的升高将使限流电阻上电压 U_R 跟着升高,从而保持负载端电压基本不变。

假设输入电压不变,负载电流增大导致输出电压下降时:

$$I_O \uparrow \to U_O \downarrow \to U_Z \downarrow = I_Z \downarrow \to I_R \downarrow = I_Z + I_O$$
$$U_O \uparrow = U_I - U_R \leftarrow U_R \downarrow$$

通过调整限流电阻 R 上的压降从而使输出电压 U_O 基本保持不变。

限流电阻 R 很重要,一方面利用它限制稳压二极管的反向电流防止烧毁二极管,另一方面还参与电压调整到稳压的目的。选择二极管时,一般取:

$$U_Z = U_O$$
$$I_{ZM} = (1.5 \sim 3) I_{OM}$$
$$U_I = (2 \sim 3) U_O$$

稳压二极管稳压电路简单,其输出电压取决于稳压二极管的稳定电压,不可调整,且稳压范围小,适合对电压要求不高的场合。

二、任务实施

(一) 实施要求

(1)熟练二极管、变压器、电容、电阻的检测。
(2)能按要求连接电子电路。
(3)在实际的电路中会利用仪器仪表检测、分析并排除电路故障。

(二)实施准备

双踪示波器、万用表、变压器、通用电学实验台、实验电路图示器件插座、连接导线。

(三)实施步骤

(1)单相半波整流电路的连接与检测。
(2)单相半波整流滤波电路的连接与检测。
(3)单相桥式整流电路的连接与检测。
(4)单相桥式整流滤波电路的连接与检测。

三、任务工单

任务名称			整流、滤波电路连接与检测			
姓名		班级		分组		
教师		地点		日期		
具体内容						
设备工具						
组员分工						
实训过程内容与流程记录						
一、单相半波整流电路连接与检测	1.画出单相半波整流电路。 2.当负载电阻为2kΩ时,测量各关键点电压填入下表。 表格如下 3.用示波器测出变压器副边及输出电压波形,并画在下图中。 					

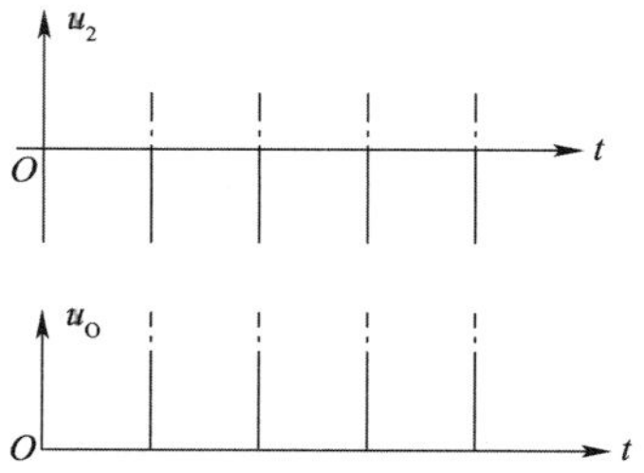

2.当负载电阻为2kΩ时,测量各关键点电压填入下表。

待测电压	理论值	测量值
变压器原边电压 u_1		
变压器副边电压 u_2		
整流后负载端电压 U_0		

续上表

实训过程内容与流程记录	

<table>
<tr><td>一、单相半波整流电路连接与检测</td><td>小结：
1. 整流后在负载上获得的是_____直流,其交流成分大。
2. 从波形图上可看出,半波整流电路是利用了二极管的_____,只有正半周到来时二极管_____,有电流流过负载;负半周二极管_____,负载上电流为零,所以负载上的平均电压仅_____(公式表示)。</td></tr>
<tr><td>二、单相半波整流滤波电路连接与检测</td><td>1. 继上面单相半波整流电路,画出电容滤波电路图。

2. 滤波电容 C 为220μF,R_L 为2kΩ 时测量滤波后电压填入下表。

待测电压	理论值	测量值
滤波后输出电压 U_C		

3. 用示波器测量滤波电容两端电压波形,并画在下图中。
</td></tr>
<tr><td>三、单相桥式整流电路连接与检测</td><td>1. 画出单相桥式整流电路图。

2. 测量各关键点电压填入表中。

待测电压	理论值	测量值
变压器原边电压 u_1		
变压器副边电压 u_2		
整流后负载端电压 U_O		

3. 用示波器测出变压器副边及输出电压波形,并画在下图中。
</td></tr>
</table>

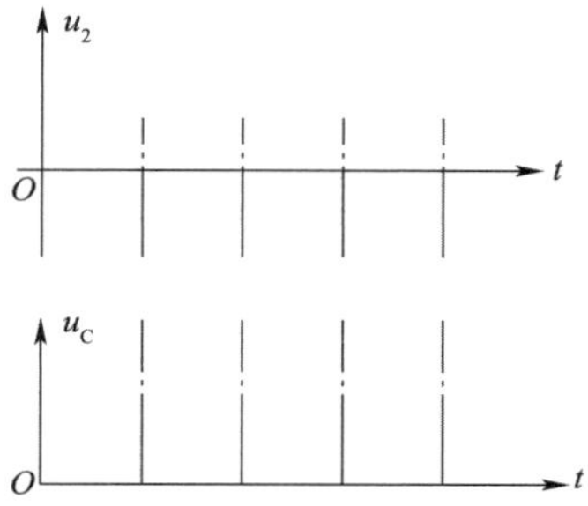

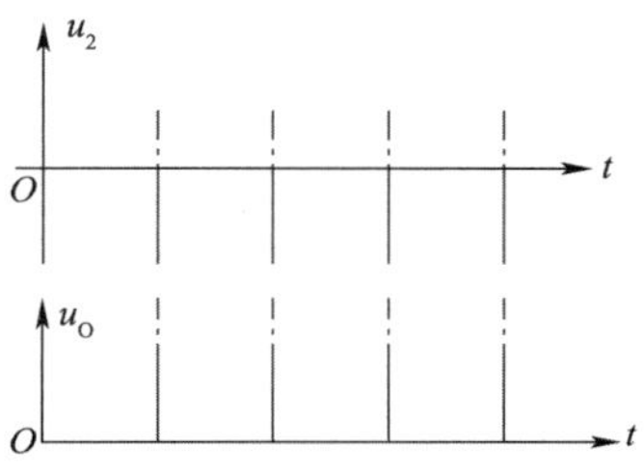

续上表

实训过程内容与流程记录	
三、单相桥式整流电路连接与检测	小结： 1. 根据电压测量数据来看，单相桥式整流较半波整流的输出电压增加了_____；理论上输出电压与变压器副边电压关系是_____（公式表示）。 2. 从波形上看，负载上获得了_____波形；当正半周到来时，二极管_____导通，负载上获得_____波形；当负半周到来时，二极管_____导通，负载上获得_____波形。 3. 当二极管其中任一只开路，输出电压将_____，原因是_____。 4. 当二极管其中一只极性接反，输出电压将_____，原因是_____。 （可以一试，但时间不能过长） 5. 当四只二极管是极性全部反过来接，其输出电压将_____。（试一试）
四、单相桥式整流滤波电路连接与检测	1. 继上面桥式整流滤波电路，滤波电容 C 为 220μF，R_L 为 2kΩ 时，测量滤波后的电压，填入表中。 表格：待测电压 / 理论值 / 测量值；滤波后电压 U_C 2. 用示波器测量滤波电容两端的电压波形，描绘如下图中。
五、6S 管理	1. 设备还原　　　　是□　否□ 2. 场地清理　　　　是否有工具遗漏：是□　否□ 　　　　　　　　　地面是否整洁干净：是□　否□
实训任务回顾与总结	
任务收获与结果	
建议和改进措施	

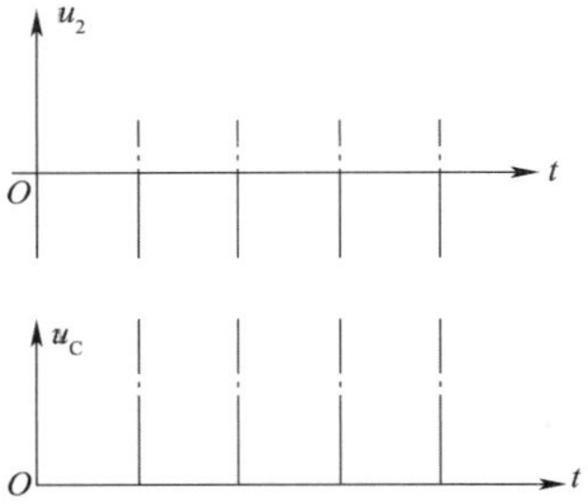

任务3　汽车交流发电机的拆装与检测

任务描述

汽车在行驶过程中充电指示灯不熄灭，12V 蓄电池不充电，初步判断为发电机故障，请做进一步检查确认。

一、知识准备

交流发电机结构

（一）汽车交流发电机的构造

以 JF1512 交流发电机为例，如图 3-48 所示。它主要由电刷、整流器、转子总成、定子总成、风扇等构成。

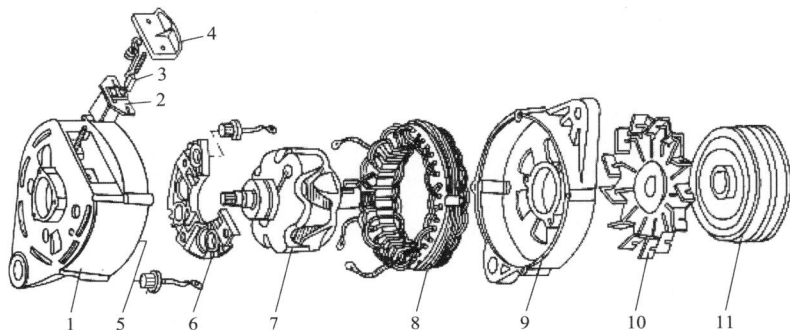

图 3-48　发电机结构图

1-后端盖；2-刷架；3-电刷；4-电刷弹簧压盖；5-硅二极管；6-散热板；7-转子；8-定子总成；9-前端盖；10-风扇；11-皮带轮

1. 定子总成

定子的作用是产生三相交流电动势，由定子铁心与定子绕组组成，定子铁心由内圆冲有槽的硅钢片叠压而成，定子绕组是由三相对称铜线圈按互成 120° 的规律安装在定子槽中组成的，三相绕组采用星形连接。三相绕组的始端各引一根导线，三个末端连接成一点引出一根线，共 4 个引线端，如图 3-49 所示。

2. 转子总成

转子的作用是产生磁场，由磁极、磁场线圈、集电环和轴等组成。

磁场线圈绕在转子铁心上，并压装在转子轴上置于两块爪极之间，当磁场线圈有电流流过时，产生轴向磁通，使两块爪极磁化，一块为 N，另一块为 S，从而形成了六对相互交错的磁极。

集电环由彼此绝缘的两个铜环构成，装在转子轴上与转子一起旋转，它与转子轴是绝缘的。磁场绕组的两个引线端分别从爪极孔中引出，一根接内侧铜环，另一根接外侧铜环，两个铜环分别与两个电刷接触。如图 3-50 所示。

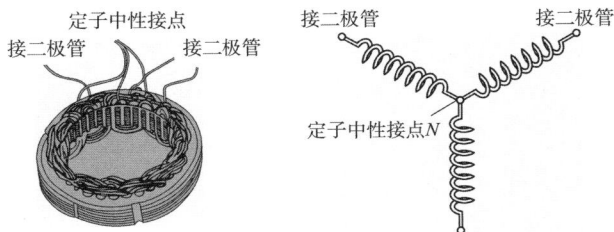

图 3-49　定子结构

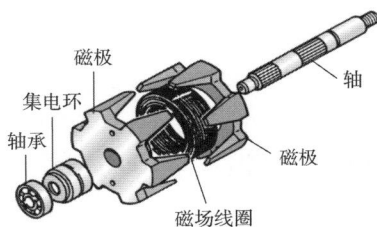

图 3-50　转子结构

3. 整流器

整流器的作用是将定子绕组产生的三相交流电转换成直流电,其构造如图 3-51 所示。
3 个正极整流二极管装在一块金属板上成为正整流板,3 个负极整流二极管装在另一块金属
板上成为负整流板,两块整流板装在铝制的端盖上。

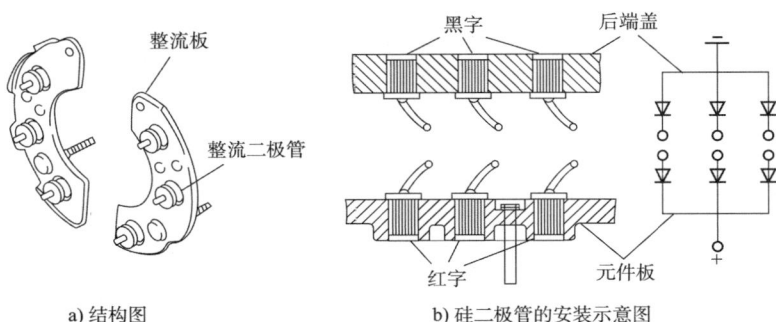

a) 结构图   b) 硅二极管的安装示意图

图 3-51   整流器的构造

4. 端盖及电刷组件

端盖一般分两部分(前端盖和后端盖),起支撑转子、定子、整流器和电刷组件的作用。
端盖一般用铝合金铸造,一是可有效地防止漏磁,二是铝合金散热性能好。后端盖上装有电
刷组件。

电刷的作用是将外电源引入转子绕组,使转子绕组中有电流流过。

电刷由电刷架、电刷、电刷弹簧等构成,如图 3-52 所示。两只电刷装在电刷架中的导孔
中,借弹簧的压力与集电环保持接触。

5. 风扇及皮带轮

交流发电机的前端装有皮带轮,由发动机通过风扇传动带驱动发电机旋转。在皮带轮
的后面装有叶片式风扇,前后端盖上分别有出风口和进风口。当发动机带动发电机高速旋
转时,可使空气流经发电机内部,对发电机进行冷却,如图 3-53 所示。

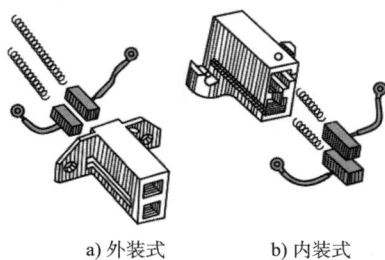

a) 外装式   b) 内装式

图 3-52   电刷装置

图 3-53   风扇及皮带轮

(二) 交流发电机的工作原理

发电机定子的三相绕组按一定规律分布在发电机的定子槽中,内部有一个转子,转子上
安装着爪极和励磁绕组。

当外电路通过电刷使励磁绕组通电时,便产生磁场,使爪极被磁化为 N 极和 S 极。当转子旋转时,磁通交替地在定子绕组中变化,根据电磁感应原理可知,定子的三相绕组中会产生交变的感应电动势。三相交流电动势分别用 e_U、e_V、e_W 表示,其感应电动势瞬时值表达式为:

$$e_U = E_m\sin\omega t = \sqrt{2}E_\phi\sin\omega t$$

$$e_V = E_m\sin\left(\omega t - \frac{2}{3}\pi\right) = \sqrt{2}E_\phi\sin\left(\omega t - \frac{2}{3}\pi\right)$$

$$e_W = E_m\sin\left(\omega t - \frac{4}{3}\pi\right) = \sqrt{2}E_\phi\sin\left(\omega t - \frac{4}{3}\pi\right)$$

当发电机的定子三相绕组与整流器连接在一起时,定子三相绕组向整流器输出三相交流电,通过 6 只二极管组成的三相桥式整流电路整流为直流电,如图 3-54 所示。

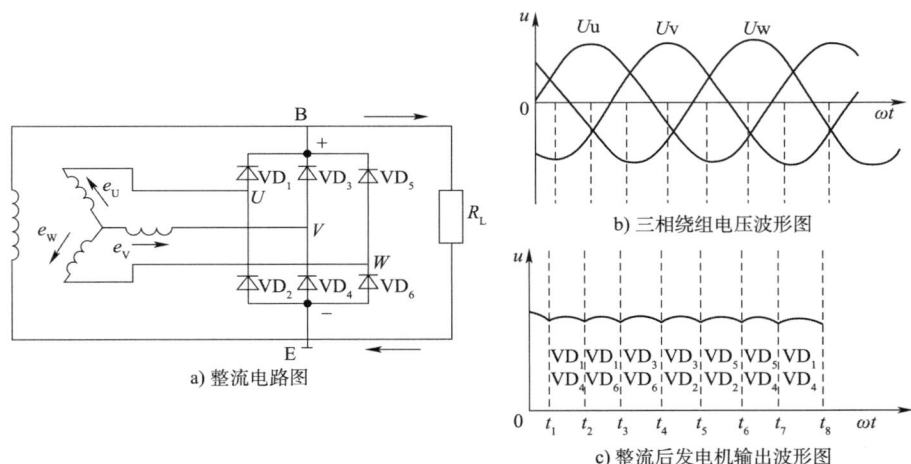

a) 整流电路图
b) 三相绕组电压波形图
c) 整流后发电机输出波形图

图 3-54　交流发电机整流原理

二、任务实施

交流发电机整流原理

(一)实施要求

(1)掌握交流发电机解体前的检测方法。
(2)掌握交流发电机解体与组装的方法。
(3)掌握交流发电机各组成部件的检测方法。

(二)实施准备

交流发电机、万用表、拉马、工具、记号笔、擦拭布、润滑脂。

(三)实施步骤

(1)交流发电机解体前的检测。

（2）交流发电机解体。

（3）交流发电机部件检测。

（4）交流发电机组装。

（5）6S 管理。

三、任务工单

任务名称			交流发电机的拆装与检测			
姓名		班级		分组		
教师		地点		日期		
具体内容						
设备工具						
组员分工						

	实训过程内容与流程记录
一、交流发电机解体前的检测	1. 交流发电机型号_____ 2. 外观的检查　　　　　　是否完整：是□　否□ 3. 皮带轮运转情况检查　　是否正常：是□　否□ 4. 交流发电机各接柱之间电阻值的检测

	二极管挡测量 B 与 E		二极管挡测量 N 与 E		F 与 E 之间的电阻
方向	正向	反向	正向	反向	
标准值					
测量值					

	实训过程内容与流程记录
二、交流发电机的解体	1. 用记号笔在发电机外壳上做好记号。 2. 用扭力扳手拧下发电机皮带轮固定螺母，用拉马拆下皮带轮。 3. 拆下后端盖紧固螺钉，拆下后端盖。 4. 拆下定子上四个接线端在散热板上的连接螺母，使定子与后端盖分离。 5. 拆下发电机前、后端盖紧固螺栓，取下前端盖。 6. 取出止推垫圈和风扇叶轮，取出发电机转子总成。 7. 清洁各总成。
三、交流发电机部件检测	1. 转子的检测 （1）外观检查：检查滑环、铁心等磨损情况。 （2）转子绕组电阻值的检测：用万用表检测两滑环之间的电阻值。 检测值：　　　　　　标准值：　　　　　　结论： （3）转子绕组搭铁检测：用万用表检测任一滑环与轴之间的电阻值。 检测值：　　　　　　标准值：　　　　　　结论： （4）转子集电环的检测：检测滑环表面脏污、磨损情况。 检测值：　　　　　　标准厚度：　　　　　结论：

续上表

实训过程内容与流程记录	
三、交流发电机部件检测	2. 定子的检测 (1)定子绕组电阻值的检测:用万用表分别检测三个接线端子与中性点之间的电阻值。 检测值:　　　标准值:　　　结论: (2)定子绕组搭铁检测:用万用表检测任一接线端与壳体之间的电阻值。 检测值:　　　标准值:　　　结论: 3. 整流器的检测 检测各整流二极管的正反向导通情况,记录在下表中。

二极管测量	二极管编号	1	2	3	4	5	6	标准值
	正向测量							
	反向测量							
	结论							

三、交流发电机部件检测	4. 电刷的检测 长度检测值:　　　标准值:　　　结论: 5. 轴承的检测 检查轴承是否有无磨损、松旷、卡滞的情况　　是□　否□
四、交流发电机的组装	按拆卸的相反顺序组装
五、6S 管理	1. 设备还原　　是□　否□ 2. 场地清理　　是否有工具遗漏:　是□　否□ 　　　　　　　地面是否整洁干净:是□　否□

实训任务回顾与总结	
任务收获与结果	
建议和改进措施	

▶ 小结

1. 大小和方向随时间按正弦规律变化的电压或电流,统称为正弦交流电。最大值、角频率、初相位是正弦交流电的三要素,它们反映了正弦量的特性。

2. 在电阻元件的交流电路中,电流和电压是同相的,电压和电流的关系可由欧姆定律确定。在电感元件的交流电路中,在相位上电压比电流超前 $\dfrac{\pi}{2}$,电压有效值、电流有效值与感抗之间的关系符合欧姆定律关系,具有"通直隔交"的作用。在电容元件的交流电路中,在相位上电流比电压超前 $\dfrac{\pi}{2}$,电压有效值、电流有效值与容抗之间的关系符合欧姆定律关系,电容具有"隔直通交"的作用。

3. 三相对称交流电有幅值相等、频率相同、相位互差 $\dfrac{2\pi}{3}$ 的 3 个正弦交流量,简称三相对称电源。三相对称电源有星形和三角形两种连接方式。星形连接中,相电压和线电压的关系为 $U_L = \sqrt{3}\,U_P$,在低压供电系统中,三相电源大多采用三相四线制星形连接,其相电压 U_P 为220V,线电压 U_L 为380V。

4.半导体具有热敏特性、光敏特性和掺杂特性。半导体中有两种载流子:电子和空穴。电子带负电,空穴带正电。本征半导体掺入微量三价元素可制成 P 型半导体,掺入微量五价元素可制成 N 型半导体。P 型半导体空穴为多数载流子,N 型半导体电子为多数载流子。

5.二极管内部含有一个 PN 结,基本特性是单向导电性,即正向偏置导通、反向偏置截止。整流是利用二极管的单向导电性把交流电变成脉动直流。

习题

一、单选题

1.正弦交流电的电压为 $u = 100\sin\left(100\pi t + \dfrac{\pi}{3}\right)$V,则它的峰值是(　　)。

  A. 50V　　　　　B. 100V　　　　　C. 220V　　　　　D. 380V

2.频率的单位是(　　)。

  A. 韦伯　　　　　B. 特斯拉　　　　　C. 伏·秒　　　　　D. 赫兹

3.当二极管正向导通时,二极管相当于(　　)。

  A. 大电阻　　　　B. 接通的开关　　　C. 断开的开关　　　D. 不确定

4.在单相桥式整流电路中,如果一只整流二极管接反,则(　　)。

  A. 引起电源短路　　　　　　　　B. 成为半波整流电路

  C. 仍为桥式整流电路,但输出电压减小　　D. 电路断路

5.稳压二极管是利用二极管的(　　)特性来实现稳压的。

  A. 单向导电　　　B. 反向击穿　　　C. 正向导通　　　D. 反向截止

二、判断题

1.耐压500V的电容器接在500V的交流电源上可以正常工作。　　　　　(　　)

2.交流电气设备铭牌上所标示的电压值、电流值是最大值。　　　　　(　　)

3.普通二极管可以替代特殊二极管使用。　　　　　　　　　　　　(　　)

4.当二极管两端正向偏置电压大于死区电压时,二极管才导通。　　　(　　)

5.PN 结具有单向导电性,其导电方向是从 N 区到 P 区。　　　　　(　　)

三、填空题

1.我国民用交流电压的频率为_____Hz,有效值为_____V。

2.正弦交流电的三要素是_____、_____和_____。

3.半导体的导电能力是介于_____与_____之间,典型的半导体材料是_____和_____。

4.在本征半导体中掺入_____价元素可以形成 N 型半导体,掺入_____价元素可以形成 P 型半导体。

5.将交流电变成单方向脉动直流电的过程称为_____,单相半波整流电路中,若变压器二次电压为100V,则负载两端的电压为_____V。

四、计算题

1.某交流电流的表达式为 $i = 100\sin\left(6280t - \dfrac{\pi}{4}\right)$,试求出其频率、周期、角频率、幅值、有效值及初相位各为多少?

2.把一个10μF的电容元件接到频率为50Hz,电压有效值为10V的正弦电源上,试求电流为多少? 如果保持电压值不变,将电源频率改为1000Hz,这时电流将为多少?

3.如右图单相桥式整流电路,

(1)若VD$_1$断开,输出电压如何变化?

(2)若VD$_1$击穿,输出电压如何变化,有什么后果?

(3)若VD$_1$反接,输出电压如何变化,有什么后果?

(4)若将所有二极管均反接,情况又如何?

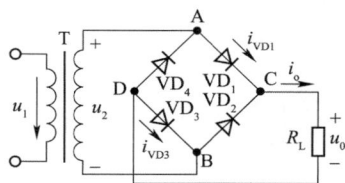

项目四

汽车常用电磁器件检测

知识目标

(1)掌握磁路的基本概念。
(2)掌握电与磁的相互作用。
(3)掌握继电器的结构及工作原理。
(4)掌握变压器的结构工作原理。
(5)掌握电机的结构及工作原理。

技能目标

(1)能说出磁路基本物理量。
(2)能检测继电器工作状态。
(3)能检测变压器的工作状态。
(4)能正确拆装与检测电机。

素养目标

(1)培养学生电磁相关职业素养。
(2)培养学生安全规范意识。
(3)培养学生团结协作精神。
(4)培养学生精益求精的工匠素养。

任务1　汽车电喇叭继电器的检测

任务描述

一台比亚迪秦 EV 车主反映,车辆喇叭工作不正常,按喇叭按钮没反应,请及时检修。

一、知识准备

(一)磁场的产生

1.磁体

物体能吸引铁、镍、钴等金属的性质被称为磁性,具有磁性的物体被称为磁体。磁体具有以下主要性质:

(1)磁体两端磁性最强,被称为磁极。磁极具有南北指向性,通常把指向南端的磁极称为南极,用S表示;指向北端的磁极被称为北极,用N表示。N极和S极总是成对出现并且强度相等,不存在单独的N极和S极。

(2)同名磁极相互排斥,异名磁极相互吸引,磁极之间存在相互作用力。

(3)原来没有磁性的铁磁物质,放在磁铁旁边会获得磁性,称为磁化。被磁化的铁磁物质远离磁铁后仍保留一定的磁性,被称为剩磁。

2.磁场

磁体周围存在磁力作用的空间叫磁场,磁场可看成一种传递磁力作用的特殊物质,磁场具有强弱和方向,通过用磁力线直观形象地表示。所谓磁力线,就是一条条从磁体北极沿磁体周围空间到南极,然后再通过磁体内部回到北极的闭合曲线,曲线上每一点的切线方向表示该点的磁场方向,曲线在某处的疏密程度表示该处的磁场强弱,条形磁铁的磁力线如图4-1a)所示。

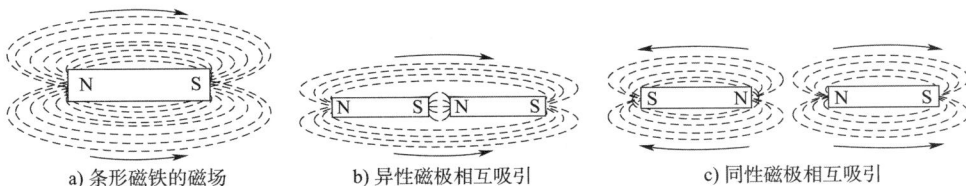

a) 条形磁铁的磁场　　　　b) 异性磁极相互吸引　　　　c) 同性磁极相互吸引

图4-1　磁铁的磁场

3.描述磁场的基本物理量

(1)磁感应强度(B)。

磁感应强度B是表示磁场空间某点的磁场强弱和方向的物理量。B的大小等于通过垂直于磁场方向单位面积的磁力线数目,其方向即该点磁场的方向,与产生磁场的电流之间的方向关系符合右手螺旋法则,单位是特斯拉(T)。

(2)磁通量(Φ)。

磁感应强度B在面积S上的通量积分被称为磁通量,单位是韦伯(Wb)。

$$\Phi = \int_S \vec{B} \cdot d\vec{S} \tag{4-1}$$

如果是均匀磁场,即磁场内各点磁感应强度的大小和方向均相同,且与面积S垂直,则该面积上的磁通为:

$$\Phi = BS \tag{4-2}$$

或者：
$$B = \frac{\Phi}{S}$$

故又可称磁感应强度的数值为磁通密度。

(3)磁导率(μ)。

磁导率μ表示物质的导磁性能,单位是亨/米(H/m)。

真空的磁导率$\mu_0 = 4\pi \times 10^{-7}$(H/m),为一常数。一般磁介质的磁导率$\mu$和真空的磁导率$\mu_0$的比值,被称为该物质的相对磁导率$\mu_r$。

$$\mu_r = \frac{\mu}{\mu_0} \tag{4-3}$$

根据相对磁导率不同,往往把材料分成两大类:第一类为铁磁性材料,如钢、铁、钴、镍及其合金,它们的磁导率很高,相对磁导率μ_r远远大于1,能使磁场大大增强;第二类为非铁磁性材料,相对磁导率μ_r约等于1,其中有些材料μ_r略小于1,如铜、银等,有些材料μ_r略大于1,如各类气体、非金属材料、铝等。

(4)磁场强度(H)。

磁场中某一点磁感应强度B与磁导率μ的比值称为该点的磁场强度(H),其单位为安/米(A/m)。

$$H = \frac{B}{\mu} \tag{4-4}$$

磁场强度H与磁感应强度B的名称很相似,H是为计算的方便引入的物理量,通过它来确定磁场与电流之间的关系。

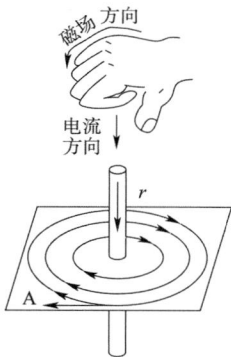

图4-2 通电直导体产生的磁场

(二)通电导线产生的磁场

1. 直流电流产生的磁场

当电流流过导体时,在导体周围会产生磁场,通常将载流导体产生磁场的现象称为电流的磁效应。磁场的方向由右手螺旋法则确定。

通电直导体产生的磁场方向判定方法是:以右手拇指所指的方向跟电流的方向一致,则弯曲四指的指向即为磁场方向。如图4-2所示。通电直导体产生的磁场强弱与流过导体的电流大小成正比。

2. 环形电流产生的磁场

当电流流过线圈时,在线圈周围也会产生磁场,磁场方向的判定方法是:以右手弯曲的四指所指方向跟电流的方向一致,则大拇指所指的方向就是磁场方向,即大拇指指向通电线圈的N极。如图4-3所示。

通电线圈产生磁场的强弱与流过线圈的电流大小和线圈的匝数成正比,另外还与线圈中有无铁芯有关。若要使线圈的磁场更强,如图4-4所示,可在线圈中央插入用软铁制成的铁芯。软铁是一种具有高磁导率的材料,它为穿过线圈中央的磁场提供优良的导磁体。

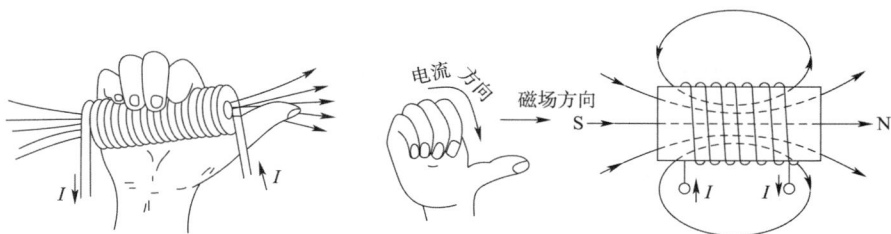

图 4-3　通电线圈产生的磁场

磁场的强弱通常是以流过线圈的电流乘以线圈的匝数（IN）来度量的。利用通电线圈所产生的电磁吸力可制成电磁铁,电磁铁在汽车上的应用很广泛。

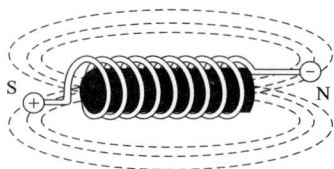

图 4-4　线圈中加入铁芯

(三)铁磁性材料

1. 铁磁性材料的磁性能

铁磁性材料具有高导磁性、磁饱和性和磁滞性。

(1)高导磁性。铁磁性材料的磁导率很高,具有很强的磁化特性,因此许多电气设备的线圈都绕制在铁磁性材料上,以便用小的励磁电流产生较大的场,如变压器、电动机与发电机的铁芯都是由高导磁性材料制成的,以减小设备的体积与重量。

(2)磁饱和性。当外磁场增加到一定的数值时,即使外磁场继续增加,附加磁场也不会增加,这时磁感应强度 B 达到最大值,铁磁材料的这一特性称为磁饱和性。

(3)磁滞性。在铁芯线圈中通入交流电,铁芯被交变的磁场反复磁化,在电流变化一次时,磁感应强度 B 随磁场强度 H 发生变化,这种磁感应强度滞后于磁场变化的性质称为磁滞性。

铁磁性材料在反复磁化的过程中产生的损耗称为磁滞损耗,它是导致铁磁材料发热的主要原因之一。

2. 铁磁性材料的分类

根据不同铁磁性材料的特点,铁磁性材料可分为三大类。

(1)软磁材料。软磁材料的特点是磁导率很大,容易磁化,也容易去磁。所以在交变磁场中工作的电机、变压器、电磁铁等设备都是用软磁铁作为它们的铁芯。

(2)硬磁材料。硬磁材料的特点是不易磁化,也不易去磁。所以常用来制造永久磁铁。

(3)矩磁材料。矩磁材料的特点是在很小的外磁场作用下,就能磁化并达到饱和,外磁场去掉后,磁性不变。主要用来制造计算机存储元件的环形磁芯。

(四)继电器

继电器是一种常见的电磁铁,具有隔离功能的自动开关元件,广泛应用于遥控、遥测、通讯、自动控制、机电一体化及电力电子设备中,是最重要的控制元件之一。汽车上许多电器部件需要用开关进行控制。由于汽车电气系统电压较低,具有一定功率的电器部件的工作电流较大,一般在几十安以上,这样大的电流如果直接用开关或按键进行通断控制,开关或按键的触点将因无法承受大电流的通过而被烧毁。继电器是一种用小电流控制大电流的器件,所以在汽车上经常利用开关控制继电器的吸合与断开,再利用继电器的触点控制电器部件的通断。

汽车控制电路继电器常用的有电磁式继电器和干簧式继电器,其中电磁式继电器又可分为接柱式继电器和插接式继电器。

1. 电磁式继电器

电磁式继电器的结构与符号如图4-5所示。当线圈两端加上直流电压时,就会有电流流过线圈,线圈的周围就会产生磁场,处于线圈中的铁芯被磁场磁化产生电磁力。当铁芯的吸引力克服复位(返回)弹簧的弹力而使衔铁(动铁芯)吸向静铁芯时,从而带动常闭触点(即图中触点3、5)断开,而常开触点(即图中触点3、4)闭合。当线圈断电后,磁力消失,衔铁(动铁芯)在复位弹簧的作用下返回原来位置,使常闭触点恢复闭合,常开触点恢复打开。

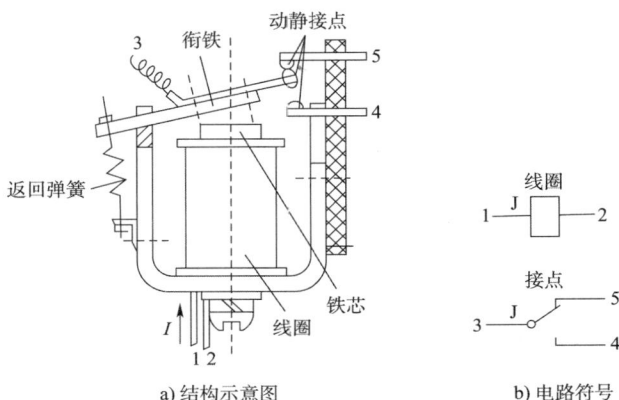

a) 结构示意图　　　b) 电路符号

图4-5　电磁式继电器

插接式继电器安装方便,体积相对较小,成本较低,便于控制电路。几种常见插接式继电器的外形示意图如图4-6所示,几种常见插接式继电器的内部结构及插座插脚布置图如图4-7所示。

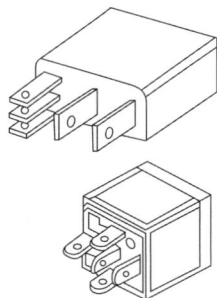

图4-6　常见插接式继电器的
外形示意图

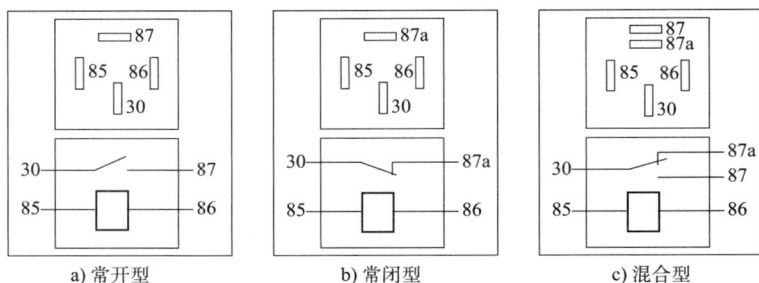

a) 常开型　　　b) 常闭型　　　c) 混合型

图4-7　常见插接继电器的内部结构及插座插脚布置图

2. 干簧式继电器

干簧式继电器的外形、图形符号及工作原理如图4-8所示。干簧管又称干式舌簧管,是由一种在玻璃管内封装两个或三个既导磁又导电材料的簧片所组成的开关元件,玻璃管内充有惰性气体(如氮、氦等),管内平行封装的簧片端部重叠并留有一定间隙,其重叠部位构成干簧管的开关触点,如图4-8a)所示。当绕在干簧管上面的线圈通电后形成磁场使簧片磁化时,或者是永磁体靠近干簧管时,簧片的触点就会感应出极性相反的 N 极和 S 极,如图4-8c)所示。由于磁极极性相反而相互吸引,当吸引的磁力超过簧片的抗力时,分开的触点便会吸合;当磁力减小到一定值时,在簧片抗力的作用下触点又会恢复到初始状态,从而起到一个开关的作用。

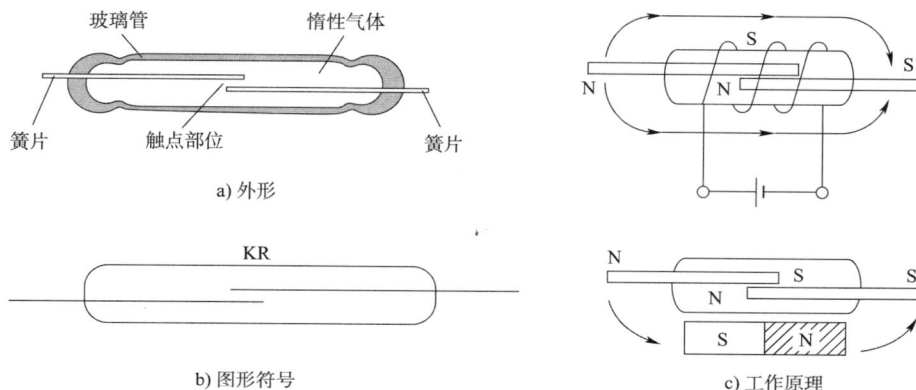

图4-8 干簧式继电器外形、图形符号及工作原理

干簧继电器是一种小型继电元件,它具有动作速度快、工作稳定、机电寿命长以及体积小等优点,多作为信号采集使用,在自动化、运动技术测量、通信技术等方面得到了广泛应用。

二、任务实施

(一)实施要求

(1)识读喇叭控制电路。
(2)识别喇叭继电器的外形及型号。
(3)能正确检测继电器好坏。
(4)能更换继电器并进行场地清理。

(二)实施准备

12V 蓄电池、喇叭、常开继电器、熔断器、喇叭按钮、导线若干、数字万用表。

(三)实施步骤

(1)依次检查电源、熔断器、继电器、按钮、喇叭及导线状况。
(2)如图4-9所示连接电路。

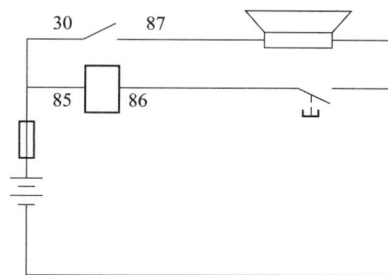

图4-9 喇叭控制电路

（3）按下喇叭按钮，检查喇叭电路的工作状况。

（4）若电路工作不正常，进行故障确认及修复。

（5）进行 6S 管理。

三、任务工单

按要求完成喇叭控制电路的连接与检测，并进行 6S 管理，将实施过程记录到工作记录单中。

任务名称		喇叭控制电路的连接与检测			
姓名		班级		分组	
教师		地点		日期	
具体内容					
设备工具					
组员分工					
实训过程内容与流程记录					
一、场地准备	作业场地准备　　　　是否完成：是□　否□				
二、元器件准备	1.蓄电池种类/型号：＿＿＿＿＿，额定电压：＿＿＿＿＿，容量：＿＿＿＿＿。 2.熔断器种类/型号：＿＿＿＿＿，额定电流：＿＿＿＿＿。 3.继电器种类/型号：＿＿＿＿＿，属于＿＿＿＿＿（常开/常闭）型。 4.喇叭种类/型号：＿＿＿＿＿，额定电压：＿＿＿＿＿。 5.喇叭按钮是否正常：是□　否□。 6.导线是否有破损：是□　否□。				
三、继电器的检测	1.测量继电器线圈阻值：＿＿＿＿＿，是否正常：是□　否□。 2.测量继电器触点连接情况，＿＿＿＿＿（断开/闭合）。 3.给继电器线圈接入电源，观察触点动作情况，由＿＿＿＿＿（断开/闭合）变成＿＿＿＿＿（断开/闭合）。 4.根据以上测量结果，判断继电器的状况：正常□　损坏□。				
四、电路连接	1.按图 4-9 所示连接喇叭控制电路。 2.按下喇叭按钮，观察喇叭工作状况。 3.若工作异常，则进行故障排除，并写出故障排除过程。				
五、6S 管理	1.设备还原　　　　　　是□　否□ 2.场地清理　　　　　是否有工具遗漏：是□　否□ 　　　　　　　　　地面是否整洁干净：是□　否□				
实训任务回顾与总结					
任务收获与结果					
建议和改进措施					

任务2 汽车用变压器的检测

任务描述

一台比亚迪秦混合动力汽车,车主反映点火线圈工作异常,请检修确认。

一、知识准备

(一)电磁感应

1. 导体中产生的感应电动势——右手定则

如图4-10所示,在磁场中的导体作切割磁力线运动时,就会在导体中产生感应电动势,若磁场中的导体构成闭合回路,就会在导体中产生感应电流。感应电动势或感应电流的方向可用右手定则来判断。

右手定则:平伸右手,使大拇指与其余四指垂直,并且都跟手掌在一个平面内,让掌心正对磁场N极,大拇指指向导体的运动方向,则四指所指的方向就是感应电动势(感应电流)的方向,即四指所指向的一端为感应电动势的正极。

导体中感应电动势的大小与磁感应强度 B、导体的有效长度 L 及导体切割磁力线运动的速度 v 成正比。

即:
$$e = BvL\sin\alpha \tag{4-5}$$

汽车上的发电机就是根据电磁感应原理工作的,因此右手定则又被称为发电机定则。

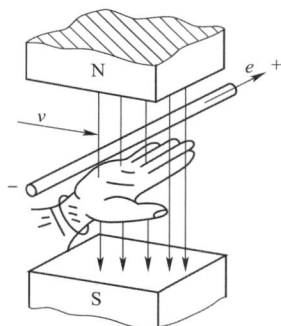

图4-10 右手定则

2. 楞次定律

通电导体周围存在磁场,即电能生磁,反之磁也能生电。当穿过闭合电路的磁通发生变化,闭合电路中就有电流产生,这种利用磁场产生电流的现象被称为电磁感应现象。

如图4-11所示,线圈中,感应电动势的方向可用楞次定律判断。即线圈中感应电流的磁场总是阻碍引起感应电流的磁通(原磁通)的变化,这就是楞次定律。此定律用于导体不做运动但有磁通变化,从而引起闭合电路产生感生电动势(感生电流)的方向判定。

用楞次定律判断感应电动势方向的步骤是:

(1)首先确定原来磁场的方向及变化趋势(增加还是减少);

(2)再根据楞次定律确定感应电流产生的磁场方向(当原磁场增加时,感应电流产生磁场的方向与原磁场方向相反,反之则相同);

(3)最后根据感应电流产生磁场的方向,用右手螺旋定则判断出感应电动势的方向。

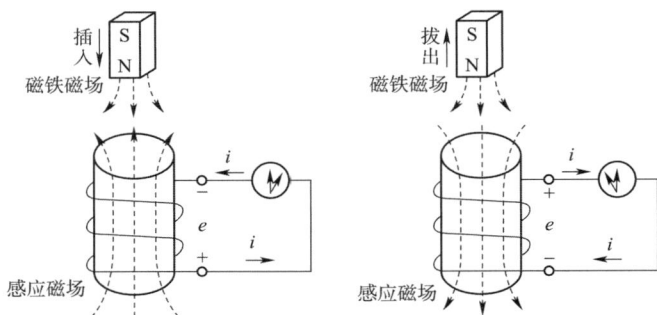

图 4-11 线圈中磁通发生变化时产生的感应电动势

3. 法拉第电磁感应定律

楞次定律说明了感应电动势的方向,而没有探讨感应电动势的大小,线圈中感应电动势的大小与穿过线圈的磁通变化率和线圈匝数成正比,这就是著名的法拉第电磁感应定律。电机、变压器、汽车点火系统、起动电动机等的工作原理都基于电磁感应原理。

导体中产生感应电动势和感应电流的条件是:导体与磁场作切割磁力线的相对运动或线圈中的磁通发生变化时,就会在导体或电感线圈中产生感应电动势;当导体或电感线圈构成闭合回路时就会产生感生电流。

电感线圈又称为电感,用字母 L 表示。当电感线圈有电流 i 通过时,将在其周围产生磁场;当通过线圈的磁通 Φ 发生变化时,在线圈中产生感应电动势。感应电动势 e 的大小与磁通 Φ 的变化率成正比。其方向取决于磁通的变化情况,习惯上规定感应电动势 e 的参考方向与磁通 Φ 的参考方向之间符合右手螺旋定则,如图 4-12 所示。则感应电动势 e 的表达式为:

$$e = -N\frac{\mathrm{d}\Phi}{\mathrm{d}t} \tag{4-6}$$

若电感线圈的匝数是 N,通过每匝线圈的磁通为 Φ,则线圈的匝数 N 与穿过线圈的磁通 Φ 的乘积 $N\Phi$ 称为线圈的磁链。通常线圈中的磁通或磁链是由通过线圈的电流 i 产生的,当线圈中没有铁磁材料时,电感元件中的磁通或磁链与电流 i 成正比(即线性电感),则:

$$N\Phi = Li$$

或者:

$$L = \frac{N\Phi}{i} \tag{4-7}$$

式中,L 被称为电感元件的电感,又被称为自感,是一个常数。电感元件是一个储能(磁场能量)元件,电感线圈的电感与线圈的尺寸、匝数及介质的导磁性能等有关。

如图 4-12 所示,当在电感元件两端加一交变电压 u 时,通过电感元件的电流 i 也会随时间变化,从而引起磁通变化,在电感线圈中产生自感电动势 e_L。

电感元件的 u、i、e_L 的参考方向如图 4-12 所示,其中电压与电流参考方向一致;电流产生的磁通方向由右手螺旋定则确定;感应电动势的方向与磁通的方向之间符合右手螺旋定则。

则:

$$e_L = -\frac{\mathrm{d}N\Phi}{\mathrm{d}t} = -L\frac{\mathrm{d}i}{\mathrm{d}t} \tag{4-8}$$

或者：

$$u = -e_L = L\frac{\mathrm{d}i}{\mathrm{d}t}$$

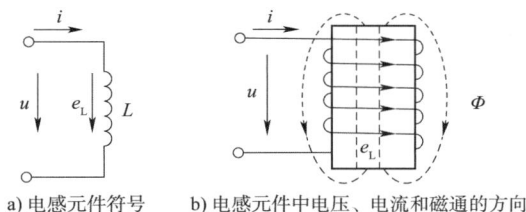

a) 电感元件符号　　　　b) 电感元件中电压、电流和磁通的方向

图 4-12　电感元件

即电感元件的端电压 u 与电流 i 对时间的变化率 $\frac{\mathrm{d}i}{\mathrm{d}t}$ 成正比。对于恒定电流（即直流）来说，电感元件的自感电动势 e 和端电压 u 等于零，故电感元件对直流电路来说相当于短路。

4. 自感和互感

将两个线圈 N_1、N_2。绕在同一铁心上，如图 4-13 所示。当线圈 N_1 的电流发生变化时，引起磁场变化，在 N_1 中产生的感应电动势，被称为自感电动势；其大小与电流的变化率及匝数成正比；这种由线圈本身电流变化引起磁场变化而在线圈本身产生感应电动势的现象称为自感现象。而线圈 N_1 变化的磁场也会穿过线圈 N_2，会使线圈 N_2 中也产生感应电动势，这种由一个线圈的电流发生变化而在另一个线圈中产生感应电动势的现象叫作互感现象。N_2 中的电动势叫作互感电动势。如图 4-13 所示，互感电动势的大小与穿过线圈 N_2 的磁通变化率成正比，与线圈 N_2 的匝数成正比。互感和自感电动势的方向由楞次定律来判定。

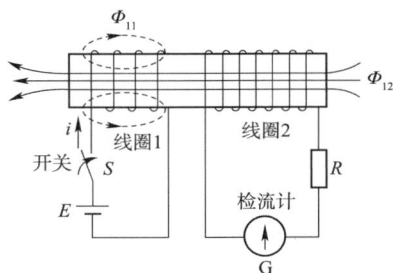

图 4-13　自感及互感电动势

变压器及汽车上的点火线圈就是利用自感和互感原理工作的。

互感现象在生产实际中应用非常广泛，如变压器、交流电动机都是利用互感原理制成的。在图 4-14 中，初级线圈匝数少，仅 300 匝左右，而次级线圈匝数多，通常在 20000 匝以上，是初级线圈的 60 多倍，这样做的目的是为了在初级线圈电流变化时能在次级线圈中产生很高的互感电压。点火的过程如下：在触点断开瞬间，由于初级线圈的电流发生变化，因此会在次级线圈中产生高达 10kV 以上的互感电压，这么高的电压加在火花塞电极两端，会引起火花塞极间跳火，从而点燃气缸中的可燃混合气，使发动机工作。

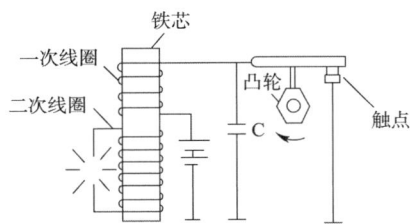

图 4-14　汽车点火电路的原理图

但是，互感现象也会带来危害，如在电子设备中，若线圈之间的位置安排不当，则线圈之间会因为互感耦合而产生不必要的干扰，影响各自的工作，因此，常把线圈的距离加大或垂直安放，以避免相互影响。又比如对电磁干扰比较敏感的电子设备，常常使用屏蔽罩来屏蔽外磁场的影响，屏蔽原理是，由铁磁材料制作的屏蔽罩其磁阻很小，外磁场的绝大部分磁通会沿罩壁通过，使进

入罩内的磁通极少,从而起到了屏蔽作用。

(二) 磁路的欧姆定律

1. 磁路的形成

在变压器、电机和电磁铁中常用铁磁材料做铁芯。这是由于铁磁材料具有很高的磁导率,铁芯线圈中只要通过很小的电流,便能得到较强的磁场或较大的磁通。由于存在高磁导率的铁芯,电流产生的磁通或磁感线基本都被约束在铁芯的闭合路径中,周围弱磁性物质中的磁场则很弱,这个磁力线通过的闭合路径被称为磁路。变压器、电机、电磁铁等设备的磁路,如图 4-15 所示。

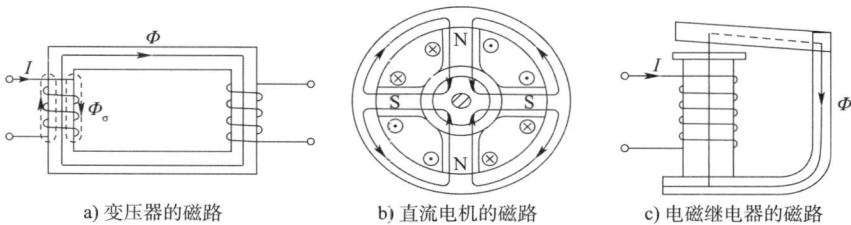

a) 变压器的磁路   b) 直流电机的磁路   c) 电磁继电器的磁路

图 4-15 常见设备的几种磁路

磁路经过铁芯(即磁路的主要部分)、空气隙(有时磁路没有空气隙)而闭合的。由于铁芯的导磁性能要比空气好得多,所以绝大部分磁通将在铁芯内通过,这部分磁通被称为主磁通;而通过铁芯外通过的磁通被称为漏磁通。一般漏磁通远小于主磁通,故常忽略不计。

2. 磁路的欧姆定律

磁路中的磁通量 Φ 与磁通势 NI(线圈的匝数和电流的乘积)成正比,与磁阻 R_m 成反比,如图 4-16 所示,这一关系与电路中的欧姆定律在形式上相近,通常被称为磁路的欧姆定律。

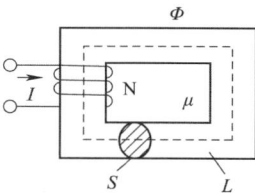

图 4-16 磁路欧姆定律

由:

$$H = \frac{B}{\mu} \tag{4-9}$$

可用公式表示:

$$\Phi = BS = \mu HS = \mu \frac{Hl}{l} S = \frac{Hl}{\frac{l}{\mu S}} = \frac{F}{R_m} \tag{4-10}$$

磁阻 R_m 的大小与磁路的材料和几何尺寸有关,其计算公式为:

$$R_m = \frac{L}{\mu S} \tag{4-11}$$

式中:L——磁路的平均长度,m;

S——磁路的横截面面积,m^2;

μ——该种磁路材料的磁导率,H/m;

F——磁动势,A·turns。

$$\oint \vec{H} \cdot \vec{dl} = \sum I = NI \qquad (4\text{-}12)$$

上式左侧为磁场强度矢量沿闭合回线的线积分;右侧是穿过由闭合回线所围面积的电流的代数和。

在单一电流励磁的闭合单磁路中,$\Phi = \dfrac{NI}{R_m}$是磁路欧姆定律的另一种表达形式,可方便地用于磁路的定性分析。

磁路和电路相比具有某些相似之处,例如,在电路中,电动势是形成电流的原因,而在磁路中磁通势是产生磁通的原因;通电线圈所产生的磁通与线圈的匝数 N 和通过电流 I 的乘积成正比;电路中有电阻,而在磁路中亦有磁阻;磁通经过磁路时受到磁阻的阻碍作用,磁阻 R_m 的大小与磁路的长度 L 成正比,与磁路的横截面面积 S 成反比,并与组成磁路材料的磁导率有关。在磁路长度和横截面面积相同的情况下,铁磁性材料的磁阻比空气的磁阻要小得多。

(三) 变压器

变压器是利用电磁感应原理工作的电气设备,具有传递能量、变换电压、变换电流和变换阻抗的功能,因此在各个领域中有着广泛的应用。

变压器的种类繁多,如,在电子线路中用到的整流变压器、振荡变压器、脉冲变压器等;另外,还有互感器、自耦变压器及各种专用变压器。不同的变压器其外形、体积及工作性能各有特点,但它们的基本结构和工作原理是相同的。目前,已有节能型变压器替代高能耗的老旧变压器。

1. 变压器的结构

变压器主要由铁芯和绕组两大部分构成。普通的双绕组变压器有铁芯式和铁壳式两种结构形式,如图 4-17 所示。铁芯式变压器的特点是绕组包围铁芯。铁壳式变压器的特点是部分绕组被铁芯包围,可以不要专门的变压器外壳,适用于容量较小的变压器。变压器的绕组有原边绕组(初级或一次绕组)和副边绕组(次级或二次绕组),原边绕组与电源相连,副边绕组与负载相连。

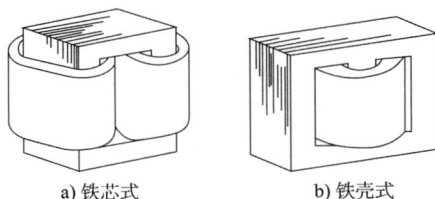

a) 铁芯式　　b) 铁壳式

变压器的基本构造

图 4-17　变压器的结构

2. 变压器的原理

变压器铁芯上的原绕组和副绕组之间有磁耦合关系,变压器是依靠"磁耦合",把能量从一次绕组传输到二次绕组的,如图 4-18 所示。当匝数为 N_1 的原边绕组接上交流电压 u_1 时,原绕组中将产生交流电流 i_1,磁通势 $i_1 N_1$ 产生的交变磁通大部分通过铁芯而闭合,因此,根据电磁感应定律,将同时在原、副绕组中产生感应电动势 e_1 和 e_2。对负载而言,二次绕组中的感应电动势就相当于电源的电动势,该电动势加在负载回路上产生二次电流 i_2,磁通势 i_2N_2 产生的磁通也大部分通过铁芯而闭合。这样,铁芯中的主磁通 Φ 则是一个由原、副绕组的磁通势共同产生的合磁通,这时 e_1 和 e_2 也自然是由合磁通 Φ 产生的。另外,磁通势 i_1N_1 和 i_2N_2 还要产生漏磁通 Φ_{01} 和 Φ_{02},它们在各自的绕组中分别产生漏磁电动势 e_{01} 和 e_{02}。

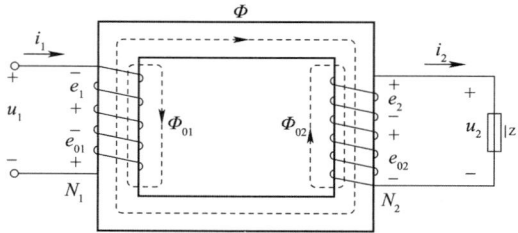

图 4-18　变压器的负载运行

3. 变压器的作用

(1)变压器的电压变换作用。

变压器原边绕组施加额定电压,副边绕组开路(不接负载)的情况,被称为空载运行。

设变压器原绕组通过的为正弦变化的交流电,则产生的磁通也为正弦变化,根据电磁感应定律 $e = -N\dfrac{\mathrm{d}\Phi}{\mathrm{d}t}$,推导得出两个绕组的电压分别为:

$$U_1 \approx E_1 = 4.44fN_1\Phi_{\mathrm{m}} \tag{4-13}$$

$$U_{20} \approx E_2 = 4.44fN_2\Phi_{\mathrm{m}} \tag{4-14}$$

式中:f——电源的频率,Hz;

Φ_{m}——铁心中的主磁通的最大值,Wb;

U_1——电源电压,V;

U_{20}——空载时副边的电压,V。

由上两式可得原、副绕组的电压之比为:

$$\frac{U_1}{U_{20}} = \frac{E_1}{E_2} = \frac{N_1}{N_2} = K \tag{4-15}$$

即变压器原、副绕组的电压与其绕组的匝数成正比。

上式中的 K 称为变压器的变比,若 $K < 1$,则为升压变压器;$K = 1$ 则为隔离变压器;$K > 1$ 为降压变压器。

变压器铭牌上常注明原、副边的额定电压,如"220/20V"($K = 11$),这表明原绕组的额定电压 $U_{1\mathrm{N}} = 220\mathrm{V}$,副绕组的额定电压 $U_{2\mathrm{N}} = 20\mathrm{V}$。

(2)变压器的电流变换作用。

变压器是一个能量传输设备,忽略自身的损耗,则二次侧获得的功率等于一次侧从电网吸取的功率,即 $P_1 = P_2$。又由 $P = UI\cos\phi$,得出 $U_1I_1 \approx U_2I_2$。

则原、副绕组电流的有效值的关系为:

$$\frac{I_1}{I_2} \approx \frac{N_2}{N_1} = \frac{1}{K} \tag{4-16}$$

即变压器原、副绕组的电流与其绕组的匝数成反比。变压器原、副绕组的电流之比为变压器变比的倒数。由上式可知,当变比不变,负载增加,I_2 和 I_2N_2 增加,I_1 和 I_1N_1 也要相应地增大,以抵偿副绕组的电流和磁通势对主磁通的影响,从而维持主磁通的最大值近似不变。

(3)变压器的阻抗变换作用。

当变压器的负载阻抗 Z 变化时,i_2 变化,i_1 也要随着变化,Z_L 对 i_1 的影响可以用一个接在原边的等效阻抗 Z' 来代替,如图4-19所示。可得出阻抗 Z' 和负载阻抗 Z 的关系。

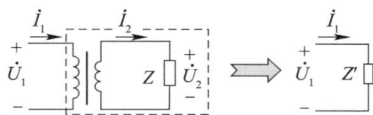

图4-19 变压器的阻抗变换作用

由:

$$|Z| = \frac{U_2}{I_2}$$

$$|Z'| = \frac{U_1}{I_1}$$

得:

$$|Z'| = \frac{U_1}{I_1} = \frac{KU_2}{I_2/K} = K^2 \frac{U_2}{I_2} = K^2 |Z| \tag{4-17}$$

即变压器的等效负载阻抗 Z' 是负载阻抗 Z 的 K^2 倍。由上式可知,原边的等效阻抗值不仅与 Z 有关,还与变压器匝数比 K 有关,所以在实际中经常采用不同的匝数比,把负载阻抗 Z 变换为所需要的合适数值,这种变换方法称为阻抗匹配,在电子电路中常用变压器来变换阻抗,以使负载获得最大功率。

变压器的原理是通过线圈中的电流变化引起磁通发生变化,从而在线圈中产生感应电动势。即变压器的电压变换、电流变换和阻抗变换作用是对交流电而言的,不能改变直流电压。而汽车上的点火线圈之所以能改变直流电压,是因为它是通过原绕组的直流电流的大小变化引起磁通变化而产生感应电动势的。

4. 汽车上使用的变压器(点火线圈)

用汽油做燃料的内燃机汽车,发动机在压缩行程终了时,需及时用电火花点燃吸入气缸的可燃混合气,并保证可燃混合气充分地燃烧,最终以实现从热能到机械能的顺利转变。电火花由高压尖端放电原理获得,这个高压通常要求高达20kV左右。点火线圈的作用就是将蓄电池提供的12V直流电压变成20kV左右的高压。

根据磁路与结构的不同点火线圈可分为开磁路和闭磁路两种。开磁路点火线圈多用于传统点火系统及普通电子点火系统;闭磁路式点火线圈体积小,可直接装在分电器盖上,不仅结构紧凑,而且省去了点火线圈与分电器之间的高压导线,并可使二次侧电容减小,所以在电子点火系统中广泛采用。

闭磁路点火线圈的结构如图4-20a)所示。在"日"字形铁芯内绕有初、次级绕组,在初级绕组外绕有次级绕组,其磁路如图4-20b)所示,为减小磁滞损耗,磁路中只有很小的气隙,故漏磁较少,磁路磁阻与开磁路点火线圈相比要小得多,其绕组的匝数较少,励磁电流较小,使得点火线圈结构紧凑、体积小,能量转换效率提高。

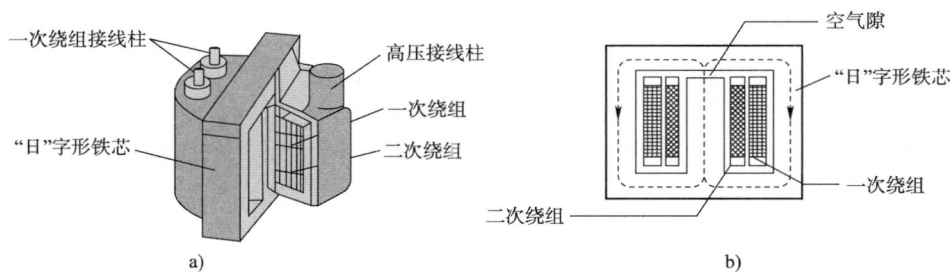

图 4-20 闭磁路点火线圈的结构和磁路

二、任务实施

(一)实施要求

(1)掌握变压器的检测。

(2)掌握变压器的空载、负载运行。

(3)认识并检测点火线圈。

(二)实施准备

铁芯式变压器 1 个、12V 灯泡 2 个、开关 2 个、闭磁路点火线圈 1 个、导线若干、数字万用表 1 个。

(三)实施步骤

(1)检测变压器原副边绕组情况。

(2)测量变压器的空载运行变比。

(3)测量变压器的负载运行。

(4)检测点火线圈。

三、任务工单

按要求完成变压器的检测,并将结果填入工作记录单中。

任务名称	变压器的检测				
姓名		班级		分组	
教师		地点		日期	
具体内容					
设备工具					
组员分工					

实训过程内容与流程记录						

一、场地准备	作业场地准备 　 是否完成:是□ 否□					

| 二、检测变压器原副边绕组情况 | 在变压器不通电的情况下,用万用表检测变压器,将结果填入下表。 | | | | | |

下表:

	原边			副边			结论
	引脚	参数	数据	引脚	参数	数据	

小结:

1. 在检测原、副边绕组情况时,你选择万用表的_____挡。

2. 根据变压器结构原理,变压器原边绕组匝数_____,副边匝数_____,所以在检测其直流电阻时,其原边电阻_____,副边电阻_____。

3. 若你检测变压器原边或副边的电阻为∞,说明原边或者副边_____。
若你检测到原边或副边的电阻为0,说明_____。

三、测量变压器的空载运行变比

1. 按图所示连接电路。

2. 给变压器原边输入220V交流电,断开开关K_1、K_2,测量空载电流I_0和副绕组空载电压U_{20},记录于下表。

空载电流I_0	原边电压U_{56}	副边电压U_{14}	负载电流I	$K = U_{56}/U_{14}$

由上表可知:空载电流_____,负载电流为_____,变压比K = _____,这是一个_____(降压或升压)变压器。

四、测量变压器的负载运行参数

1. 保持输入220V交流电压不变,依次改变负载电阻。

2. 将测量结果填入下表。

状态	原、副边电流			
	原边电流	副边电流	原边电压	副边电压
K_1、K_2断开				
K_1闭合K_2断开				
K_1、K_2闭合				

(1)由上表中数据可知,对于降压变压器,初级电流与次级电流之比为_____,所以在接线路时,毫安表应接_____回路,安培表应接_____回路。

(2)当负载增大时,副边电流_____,原边电流也_____。

(3)初级电压一定,次级电压随负载电流的增大而略有_____。

续上表

实训过程内容与流程记录	
五、测量点火线圈	用万用表测量汽车点火线圈的好坏。 (1)检测点火线圈连接端子电压:拨下点火线圈插头,闭合点火开关,用万用表电压挡检测插头端电源端子电压。 检测值:　　　标准值:　　　结论: (2)检测点火线圈初级线圈电阻值:用万用表检测点火线圈初级线圈电阻值。 检测值:　　　标准值:　　　结论: (3)检测点火线圈次级线圈电阻值:用万用表检测点火线圈次级线圈电阻值。 检测值:　　　标准值:　　　结论: (4)点火线圈点火性能的检测:用点火线圈测试仪(或采用跳火法)检测点火线圈的点火性能。 检测结果:　　　正常□　　　异常□
六、6S管理	1.设备还原　　　是□　否□ 2.场地清理　　　是否有工具遗漏:是□　否□ 　　　　　　　　地面是否整洁干净:是□　否□
实训任务回顾与总结	
任务收获与结果	
建议和改进措施	

任务3　直流电机的拆解与检测

任务描述

一轿车在起动过程中出现异常,初步判断为起动系统故障,请你做进一步检查,确认是否为起动机故障。

一、知识准备

(一)磁场对通电导线的作用

1.磁场对通电直导线的作用

在磁铁的两极中悬挂一根直导体与磁力线方向垂直,当导体中没有电流流过时,导体静止不动;而电流流过导体时,导体就会在磁铁中移动;若改变电流的流向,导体移动的方向也相应改变,由此可见通电导体在磁场中会受到磁场力的影响。通常,把通电导体在磁场中所受到的作用力称为电磁力。电动机就是根据这一原理工作的。

电磁力的方向可用左手定则进行判断,如图4-21所示。即平伸左手,使拇指与其余四指垂直并在一个平面内,手心正对磁场的N极,四指指向电流的方向,则拇指的指向就是通电导体的受力方向。

通电导体在磁场中受到的电磁力 F 的大小,与导体在磁场中的有效长度 L(即垂直磁力线的导体长度)、通电电流 I 的大小成正比,还与磁场的强弱有关,磁场越强磁力越大。

即:
$$F = BIL\sin\alpha \qquad (4-18)$$

图 4-21 左手定则

2. 磁场对通电线圈的作用

研究磁场对通电线圈的作用更有实际意义,因为在汽车电器中许多直流电动机,如刮水器、电动机、空调鼓风机和启动机的直流电动机等都是利用这一原理制成的。

通电线圈在磁场中的受力分析如图 4-22 所示,在均匀磁场中放置一个可绕轴 OO' 转动的通电矩形线圈。已知 $ad = bc = L_1$;$ab = cd = L_2$。当线圈与磁感线平行时,因 ab 边和 cd 边与磁感线平行,所受电磁力为零,而 ad 边和 bc 边与磁感线垂直,所受电磁力最大,而且 $F_1 = F_2 = BIL_1$。

总结来说,在均匀磁场中放置一个可绕中心轴旋转的线圈,给线圈通电后,当磁力线与线圈边框平行时,所受到的电磁力为零,此边称为无效边;而与磁力线垂直的边受到的电磁力最大,此边称为有效边。

根据左手定则可知,两条有效边的受力方向正好相反且不在同一条直线上,因而形成一对力偶,使线圈绕中心轴转动。

通电线圈在磁场中的转矩等于力偶中的任意一个力与力偶臂的乘积;即:
$$M = F_1 \times \frac{ab}{2} + F_2 \times \frac{ab}{2} = F_1 \times ab = BIS \qquad (4-19)$$

式中:M——线圈中受到的电磁转矩,N·m;

　　　B——均匀磁场的磁感应强度,T;

　　　I——线圈中的电流,A;

　　　S——线圈的面积,m^2。

如图 4-22 所示,若线圈转角为 α,则线圈的转矩为:
$$M = BIS\cos\alpha \qquad (4-20)$$

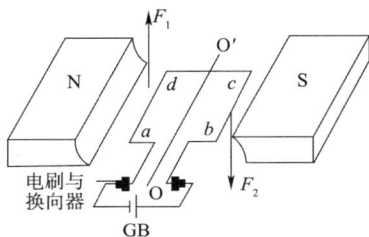

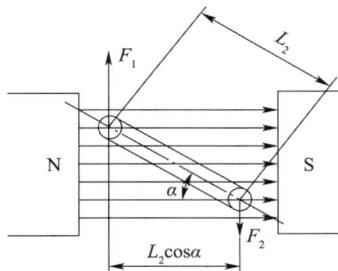

图 4-22 磁场对通电线圈的作用

3. 磁场对通电半导体元件的作用

如图 4-23 所示,当电流 I 通过放在磁场中的半导体基片(霍尔元件)且电流方向和磁场

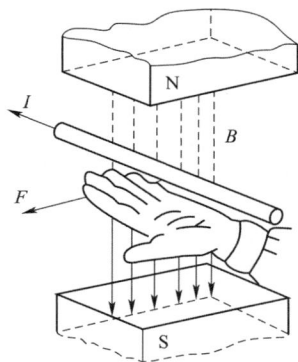

方向垂直时,在垂直于电流和磁通的半导体基片的横向侧面上即产生一个电压,这个电压称为霍尔电压 U_H。U_H 的大小与通过的电流 I 和磁感应强度 B 成正比。可用下式表示:

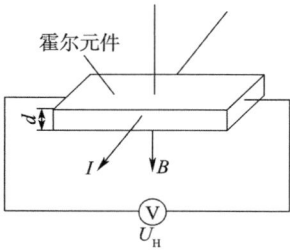
图 4-23 霍尔效应

$$U_H = \frac{R_H}{d}IB \qquad (4-21)$$

式中:R_H——霍尔系数,m^3/C;

　　　d——半导体厚度,m;

　　　I——电流,A;

　　　B——磁感应强度,T。

由上式可知,当通过的电流 I 为定值时,产生的霍尔电压与磁感应强度 B 成正比,即霍尔电压随磁感应强度的大小而变化。利用霍尔效应可制成霍尔式传感器,如汽车上的霍尔式位置和转速传感器及霍尔式电子点火器等。

(二)直流电机的结构及工作原理

电机是指依据电磁感应定律实现电能的转换或传递的一种电磁装置,或者将一种形式的电能转换成另一种形式的电能的装置。根据能量的转换形式分为两大类:发电机与电动机。具体分类如图 4-24 所示。

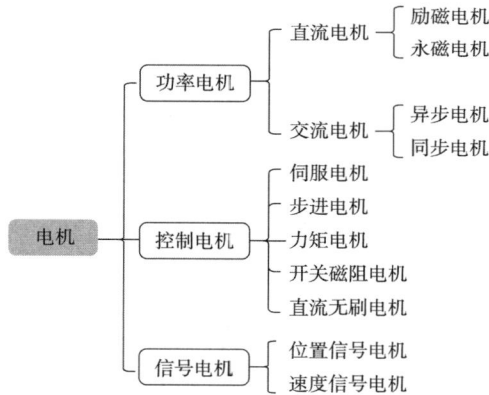
图 4-24　电机分类

1.励磁式直流电动机

汽车发动机没有自起动能力,需由外力带动曲轴旋转才能进入正常工作状态。利用起动机起动具有操作简单、体积小、质量轻、安全可靠、起动迅速并可重复起动等优点,所以在燃油汽车上被广泛采用。起动机的主要部件就是直流电动机,起动机正是依靠蓄电池向直流电动机供电,从而带动曲轴旋转起动发动机的。

(1)直流电动机的结构。

汽车起动直流电动机的结构,如图4-25所示。直流电动机由定子(磁极)、转子(电枢)、电刷等部分组成,定子与转子之间有空隙,称为气隙。电动机各主要组成部分具体介绍如下。

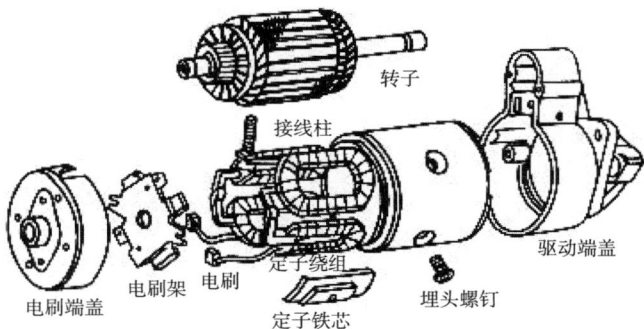

直流电动机结构

图 4-25 起动用直流电动机结构

①机壳。

起动机机壳的一端有 4 个检查窗口,中部只有一个电流输入接线柱,并在内部与励磁绕组的一端相连。端盖分前、后两个,前端盖由钢板压制而成,后端盖由灰铸铁浇制而成,呈缺口杯状,它们的中心均压装着青铜石墨轴承套或铁基含油轴承套,外围有 2 个或 4 个组装螺孔。电刷装在前端盖内,后端盖上有拨叉座,盖口有凸缘和安装螺孔,还有拧紧中间轴承板的螺钉孔。

②定子。

为了区别于发电机的定子,直流电动机的定子称为磁极。磁极由极靴(定子铁芯)与磁场绕组(定子绕组)组成。磁场绕组由绕在极靴上的线圈构成,如图 4-26 所示。磁场绕组固定到起动机外壳里面,如图 4-27 所示。用铸钢制造的极靴和起动机外壳连接在一起,可增加磁场绕组的磁场强度,磁场绕组形成的磁场如图 4-28 所示。

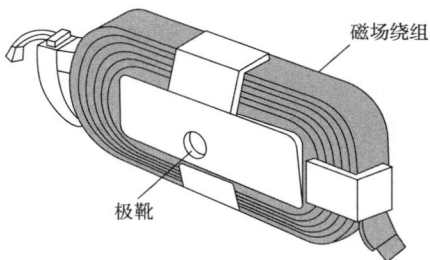

图 4-26 磁场绕组

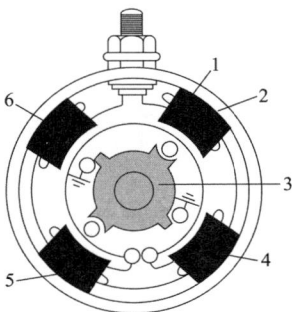

图 4-27 磁场绕组与机壳的组装

1、4、5、6-磁场绕组;2-外壳;3-电枢

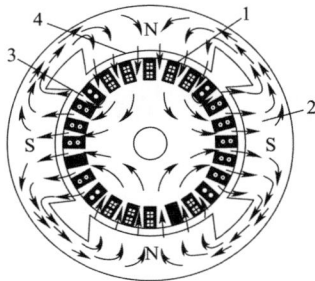

图 4-28 磁场绕组形成的磁场

1-电枢绕组;2-极靴;3-电枢;4-气隙

当电流流过磁场绕组时,会产生强大、静止的电磁场,磁场根据绕组围绕在极靴的方向,分为 S 极和 N 极。磁场绕组的极性对调,便会产生相反的磁场。

磁场绕组与电枢绕组的接法有两种:串联接法与复式接法,如图 4-29 所示,复式接法可以在绕组铜条截面尺寸相同的情况下增大起动电流,从而增大转矩。

大多数起动机采用4个磁场绕组,功率大于7.35kW的起动机有采用6个磁场绕组的。

③转子。

直流电动机的转子又称为电枢。电枢由若干薄的、外圆带槽的硅钢片叠成的铁芯和电枢绕组组成,铁芯的叠片结构可以减小涡流电流。电枢绕组安装在叠片外径边缘的槽内,绕组线匝分别接到换向器铜片上,电枢安装在电枢轴上。图4-30所示为电枢总成。

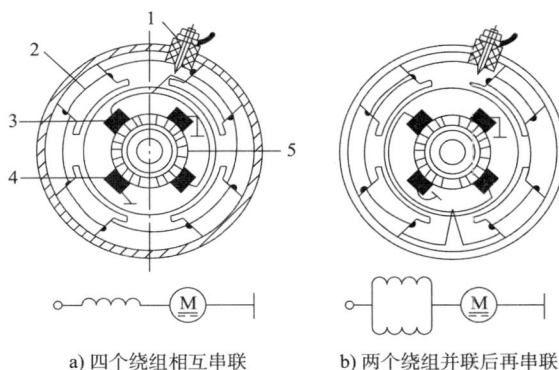

a) 四个绕组相互串联　　b) 两个绕组并联后再串联

图4-29　磁场绕组的连接方式

1-接线柱;2-磁场绕组;3-绝缘电刷;4-搭铁电刷;5-换向器

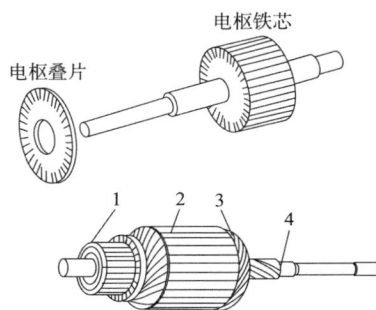

图4-30　电枢总成

1-换向器;2-铁芯;3-绕组;4-电枢轴

电枢绕组有两种绕法:叠绕法和波绕法。叠绕法,绕组的两端线头分别接相邻的两个换向器铜片,如图4-31所示,此种绕法,在一对正、负电刷之间的导线,电流方向一致。波绕法,绕组一端线头接的换向器铜片与另一端线头接的换向器铜片相隔90°或180°,如图4-32所示,此种绕法,电枢转到某一位置时,因为某些绕组两端线头接到同极性电刷上,会造成一些绕组没有电流,由于波绕法的绕组电阻较低,所以常被采用。

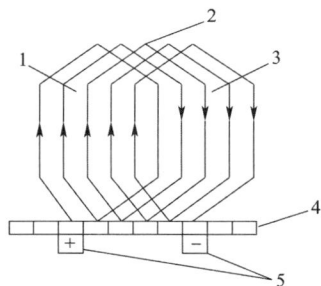

图4-31　叠绕法展开示意图

1-N极;2-绕组;3-S极;4-换向器;5-电刷

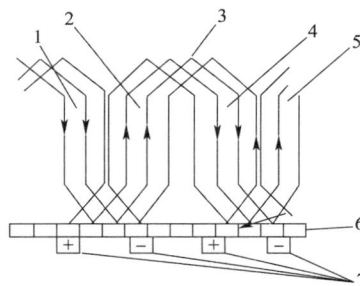

图4-32　波绕法展开示意图

1、4-N极;2、5-S极;3-绕组;6-换向器;7-电刷

④换向器及电刷。

换向器由许多换向片组成,换向片的内侧制成燕尾形,嵌装在轴套上,其外圆车成圆形,换向片与换向片之间均用云母绝缘。电刷架一般为框式结构,其中正极刷架与端盖绝缘安装,负极刷架直接搭铁,刷架上装有弹性较好的盘形弹簧。

电刷由铜粉与石墨粉压制而成,呈棕红色,装在端盖上的电刷架中,通过电刷弹簧保持与换向片之间具有适当的压力。电刷与刷架的组合如图 4-33 所示。

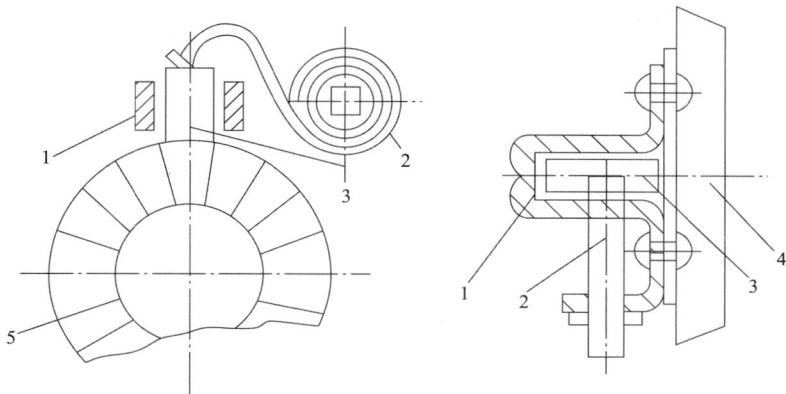

图 4-33 电刷与电刷架

1-框式电刷架;2-盘形弹簧;3-电刷;4-前端盖;5-换向器

电刷和装在电枢轴上的换向器用来连接磁场绕组和电枢绕组的电路,并使电枢轴上产生的电磁力矩保持固定方向。

（2）直流电动机的工作原理。

直流电动机利用磁场的相互作用将电能转化成机械能,在磁场内通电导线受到磁场力的作用,而产生移动的倾向。直流电动机工作原理示意图如图 4-34 所示。

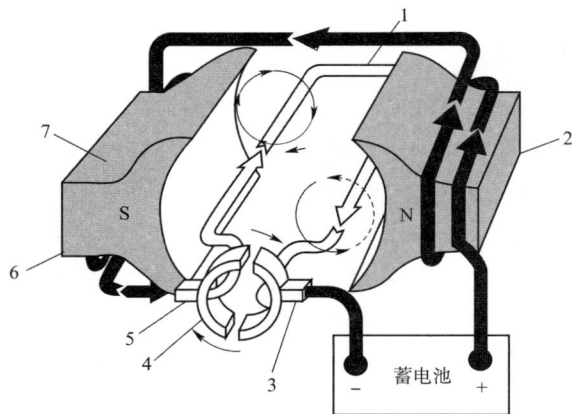

直流电动机工作原理

图 4-34 直流电动机原理图

1-电枢绕组;2、6-极靴;3、5-电刷;4-开口的环形换向器;7-磁场绕组

在磁场中放置一个线圈,线圈的两点分别与两片换向片连接,两只电刷分别与两片换向片接触,并与蓄电池的正极或负极接通。电流方向为:蓄电池正极→磁场绕组→正电刷→换向片→电枢绕组→负电刷→蓄电池负极。按照电枢绕组中的电流方向,由左手定则可以确定电枢左边受向上的作用力,右边受向下的作用力,整个电枢线圈受到顺时针方向的转矩作用而转动。当电枢转过半周后,换向片与正、负电刷接触位置正好换位,电枢绕组因受转矩作用仍按顺时针方向转动,这样在电源连续对电动机供电时,其线圈就不停地按同一方向

转动。

从以上分析可以知道,由于换向器和电刷的作用,电源的直流电流在电枢绕组中转换成交流,保持了磁场与电流的方向关系不变,从而使得电枢能一直旋转下去,通过转轴便可带动其他工作机械。实际电动机的电枢采用多匝线圈,换向片的数量也随线圈绕组匝数的增多而增多。

直流电动机运行中,有两个同时出现的非常重要的物理量,分别是反电动势与电磁转矩。

①直流电动机的反电动势。

当直流电动机转动时,电枢绕组切割磁力线,在绕组中产生感应电动势,该电动势的方向与电枢电流的方向相反,因此称为反电动势。根据电磁感应定律,电枢绕组一根导线的平均反电动势表达式为:

$$e_a = B_a L v \tag{4-22}$$

式中:B_a——一个主磁极下的平均气隙磁感应强度,T;

L——导线的有效长度,m;

v——导线切割磁力线的线速度,m/s。

电刷间的反电动势 E_a 与每根导线中的平均反电动势 e_a 成正比,线速度 v 与电枢的转速 n 成正比,所以反电动势可用下式表示:

$$E_a = C_e \Phi n \tag{4-23}$$

式中:C_e——与电动机结构有关的常数,称为电动势常数;

Φ——磁通,Wb;

n——电动机转速,r/min;

E_a——反电动势,V。

由上式可知,直流电机的感应电动势与电机结构、气隙磁通和电机转速有关。当电机制造好以后,电机结构常数 C_e 不再变化,因此电枢电动势仅与气隙磁通和电机转速有关,改变转速和磁通均可改变电枢电动势的大小。

根据基尔霍夫定律,在串励电动机稳定运行时,满足下列方程:

$$U = E_a + I_a R_a + I_a R_f \tag{4-24}$$

该方程被称为直流电动机的电动势平衡方程式。

式中:U——加于电枢绕组两端的电压,V;

R_a——电枢电阻,其中包括电枢绕组的电阻和电枢与换向器的接触电阻,Ω;

R_f——励磁绕组等效电阻,Ω。

②直流电动机的电磁转矩。

当电枢绕组中有电枢电流流过时,通电的电枢绕组在磁场中将受到电磁力,该力与电机电枢铁芯半径之积被称为电磁转矩。由电磁力定律可知,一根导体在磁场中所受电磁力的大小可用下式计算:

$$F_a = B_a L i_a \tag{4-25}$$

式中:B_a——一个主磁极下的平均气隙磁感应强度,T;

L——导线的有效长度,m;

i_a——导线中的电流,A。

对于给定的电动机,总的电磁转矩 T 与平均电磁力 F_a 成正比,每极主磁通 Φ 与平均气隙磁感应强度 B_a 成正比,导线的有效长度 L 是一个常数,电枢总电流 I_a 与一根电枢导体中流过的电流 i_a 成正比,所以总的电磁转矩用下式表示:

$$T = C_T \Phi I_a \tag{4-26}$$

上式中,C_T 是与电动机结构有关的常数,称为转矩常数。由上式可知,电动机电磁转矩 T 与每极主磁通 Φ 和电枢电流 I_a 的乘积成正比。电磁转矩的方向由 Φ 与 I_a 的方向决定,只要改变其中一个量的方向,电磁转矩的方向也随之改变,从而电动机的转向也就会改变。

③直流电动机转矩自动调节过程。

由式 $E_a = C_e \Phi n$ 和 $U = E_a + I_a R_a + I_a R_f$ 可知,在直流电动机刚接通电源的瞬间,电枢转速 n 为零,电枢反电动势 E_a 也为零。此时,电枢绕组中的电流达到最大值,即 $I_{amax} = U/(R_a + R_f)$;由式 $T = C_T \Phi I_a$ 可知,将相应产生最大电磁转矩 T_{max},若此时的电磁转矩大于电动机的阻力矩 T_L,电枢会开始加速转动。随着电枢转速的上升,E_a 增大,I_a 下降,电磁转矩 T 也就随之下降。当 T 下降至与 T_L 相平衡($T = T_L$)时,电枢就以此转速运转。

如果直流电动机在工作过程中负载发生变化,就会出现如下的变化:

工作负载增大时,$T < T_L \rightarrow n \downarrow \rightarrow E_a \downarrow \rightarrow I_a \uparrow \rightarrow T \uparrow \rightarrow T = T_L$,达到新的平衡;

工作负载减小时,$T > T_L \rightarrow n \uparrow \rightarrow E_a \uparrow \rightarrow I_a \downarrow \rightarrow T \downarrow \rightarrow T = T_L$,达到新的平衡。

可见,当负载变化时,电动机能通过转速、电流和转矩的自动变化来满足负载的需要,使之能在新的转速下稳定工作,因此直流电动机具有自动调节转矩功能。

(3)直流电动机的励磁方式。

直流电动机的主磁场由励磁绕组中的励磁电流产生,根据不同的励磁方式,直流电动机可分为他励直流电动机、并励直流电动机、串励直流电动机和复励直流电动机,如图 4-35 所示。

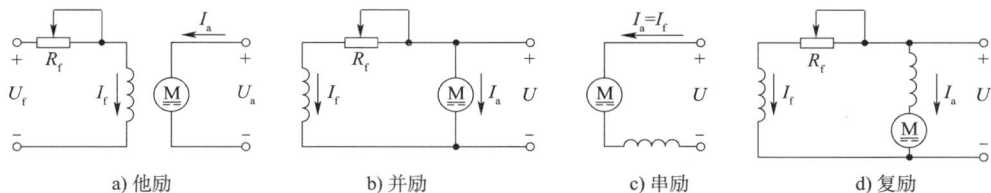

图 4-35 直流电动机的分类

直流电动机的性能与它的励磁方式有密切的关系,励磁方式不同,电动机的运行特性有很大差异。

①他励直流电动机。

励磁绕组与电枢绕组由不同的直流电源供电,两者不相联接,如图 4-36 所示。图中变阻器 R_f 用来调节励磁电流的大小,励磁电流 I_f 仅取决于他励电源的电动势和励磁电路的总电阻,而不受电枢端电压的影响。

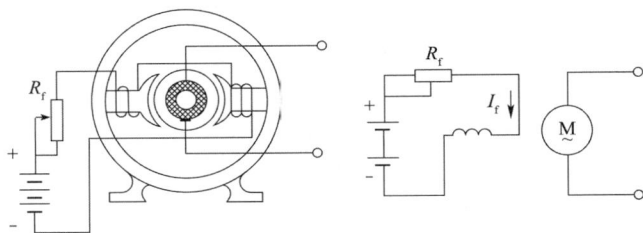

图 4-36　他励直流电动机

②并励直流电动机。

这种电动机的励磁绕组和电枢绕组相并联,如图 4-37 所示。由图可见,并励电动机的励磁电流 I_f 不仅与励磁回路的电阻有关,而且还受电枢端电压的影响。由于励磁绕组承受着电枢两端的全部电压,其值较高,为了减小励磁绕组的铜损耗,励磁绕组必须具有较大的电阻,所以励磁绕组匝数较多,导线较细。

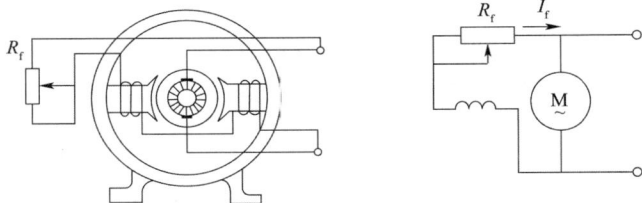

图 4-37　并励直流电动机

③串励直流电动机。

这种电动机的励磁绕组和电枢绕组相串联,如图 4-38 所示。由于通过励磁绕组的电流 I_f 就是电枢电流 I_a,为了减小励磁绕组的电压降和铜损耗,励磁绕组应具有较小的电阻,因此励磁绕组一般匝数较少,导线较粗。

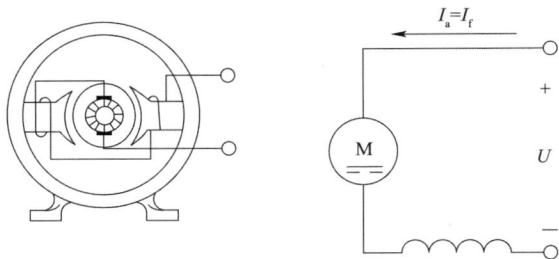

图 4-38　串励直流电动机

④复励直流电动机。

这种电动机的励磁绕组分成两部分,一部分与电枢绕组并联,称为并励绕组;另一部分与电枢绕组串联,称为串励绕组。当两部分励磁绕组产生的磁通方向相同时,称为积复励直流电动机;方向相反时则称为差复励直流电动机,如图 4-39 所示。

2.永磁式直流电动机

在小型直流电动机中也有用永久磁铁作为主磁极的,称为永磁电动机,永磁电动机可视为他励电动机的一种。

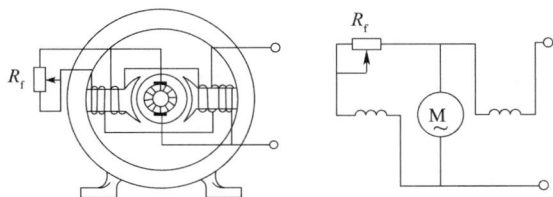

图 4-39 复励直流电动机

永磁电动机磁极用永磁材料(铁氧体或铁硼等)制成,由于取消了磁场线圈,因此结构简化,体积小,质量小,噪声小,故被现代汽车广泛采用,如轿车配用的起动机、电动刮水器、电动车窗、中控门锁、电动座椅、电动天线、电动后视镜等。本节以刮水电机为例进行介绍永磁式直流电动机的结构与工作原理。

(1)永磁式直流电动机结构。

永磁电动机由永久磁铁、电枢、蜗轮、蜗杆等组成,如图 4-40 所示。

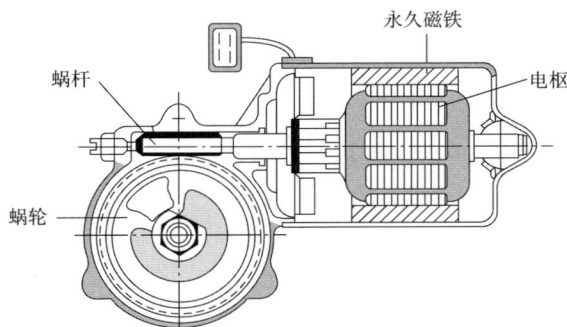

图 4-40 永磁电动机结构示意简图

(2)永磁式直流电动机工作原理。

以刮水电动机为例,为了满足刮水器的要求,要实现高、低速挡位工作,采用三刷式电动机。永磁式电动机工作原理如图 4-41 所示。

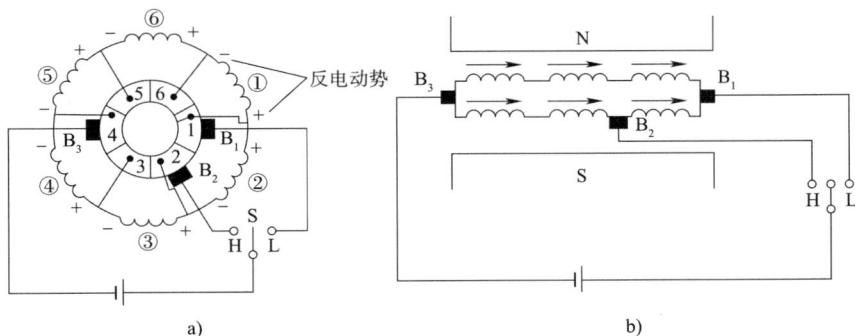

图 4-41 永磁电动机变速工作原理

直流电动机工作时,在电枢内的所有线圈中同时产生反电动势,每个小线圈都产生相等的反电动势 $E_R = Cn\varphi$,电动势的方向如图 4-41 所示。

当开关 S 拨到低速挡 L 时,在两个电刷 B_1、B_3 之间有两条并联支路,各有 3 个线圈,电动势方向如图 4-41 所示,根据电动机的电压平衡式:

$$U = R_\Sigma I_S + E_R = R_\Sigma I_S + 3Cn\varphi \qquad (4\text{-}27)$$

式中:I_S——线路总电流,A;

R_Σ——线圈总电阻,Ω。

当开关 S 拨到高速挡 H 时,在两个电刷 B_2、B_3 之间也有两条并联支路,一个支路有 2 个线圈串联,另一支路有 4 个线圈串联,但其中一个线圈的电动势与另外三个线圈的电动势方向相反,故在电动机电枢绕组上得到总的反电动势为 $2Cn\varphi$ 中,根据电动机的电压平衡式:

$$U = I_S R_\Sigma + E_R = I_S R_\Sigma + 2Cn\varphi \qquad (4\text{-}28)$$

$$n = \frac{U - I_S R_\Sigma}{2C\varphi}$$

由上式可知,由于反电动势的减小,使电枢的转速上升,重新达到电压平衡。这样永磁刮水电动机就得到了高、低速的不同转速,使得刮水器具有高、低速两种工作挡位。

二、任务实施

(一)实施要求

(1)掌握起动机解体前的检测方法。
(2)掌握起动机解体与检测方法。
(3)掌握起动机各组成部件的检测方法。

(二)实施准备

起动电机、万用表、拆装工具、记号表、擦拭布、润滑脂、细砂纸。

(三)实施步骤

(1)起动机解体前检测。
(2)起动机解体。
(3)起动机组成部件的清洁与检测。
(4)起动机装复及场地清理。

三、任务工单

任务名称	起动机拆装与检测				
姓名		班级		分组	
教师		地点		日期	
具体内容					
设备工具					
组员分工					

实训过程内容与流程记录	
一、场地准备	作业场地准备　　　是否完成:是□　否□
二、起动机解体前的检测	1.起动机型号及含义: 2.外观的检查: 3.起动机转子运转情况检查: 4.起动机拨叉和小齿轮运动情况检查:
三、起动机拆解	1.用记号笔在起动机外壳上做好记号。 2.拆下起动机电磁开关主接柱螺帽,拆下连接导线。 3.拆下起动机电磁开关固定螺栓,拨叉连接螺栓,取下起动机电磁开关。 4.拆下起动机防尘罩。 5.用专用工具拆出碳刷。 6.拆下起动机穿心螺栓,分离起动机后端盖与外壳。 7.取出止推垫圈,取出起动机转子总成与拨叉。 8.清洁各总成。
四、起动机解体后检测	1.电枢的检测 (1)外观检查　　　　正常□　损坏□ (2)检查换向器磨损情况:有无脏污、烧蚀　有□　无□ (3)电枢绕组电阻值的检测:用万用表检测换向器两相邻铜片之间的电阻值。 检测值:　　　　标准值:　　　　结论: (4)电枢绕组搭铁检测:用万用表检测换向器铜片与电枢轴之间的电阻值。 检测值:　　　　标准值:　　　　结论: 2.定子的检测 (1)定子绕组电阻值的检测:用万用表分别检测定子绕组两个接线端之间的电阻值。 检测值:　　　　标准值:　　　　结论: (2)定子绕组搭铁检测:用万用表检测定子绕组任一接线端与壳体之间的电阻值。 检测值:　　　　标准值:　　　　结论: 3.传动机构的检测 (1)检测传动小齿轮损伤情况　　　　正常□　损坏□ (2)检测单向离合器是否打滑　　　　是□　否□ 4.电刷及电刷架的检测 (1)电刷长度的检测 检测值:　　　　标准值:　　　　结论: (2)电刷弹簧弹力的检测 检测值:　　　　标准值:　　　　结论: 5.滑动轴承的检测 检查轴承是否有无磨损、松旷、卡滞的情况　　　　是□　否□
五、起动机装复	按拆卸的相反顺序组装

续上表

实训过程内容与流程记录		
六、6S 管理	1.设备还原	是□　否□
	2.场地清理	是否有工具遗漏：是□　否□
		地面是否整洁干净:是□　否□
实训任务回顾与总结		
任务收获与结果		
建议和改进措施		

◆ 小结

1. 铁磁材料具有高磁导性、磁饱和性和磁滞性等特点。根据不同铁磁材料的特点,可把铁磁材料分为软磁材料、硬磁材料和矩磁材料。

2. 继电器是利用较小的电流来控制较大电流的一种自动开关,在电路中起着自动操作、自动调节的作用。

3. 变压器是根据电磁感应原理制成的一种静止电气设备,由两组或两组以上的绕组组成,彼此间通过感应电压、电流来达到变换电压、电流和阻抗的目的。

4. 直流电动机根据励磁方式不同可分为串励式直流电动机、并励式直流电动机、复励式直流电动机和他励式直流电动机。

◆ 习题

一、单选题

1. 磁感应强度用( )表示。

　　A. H　　　　　　　　B. B　　　　　　　　C. D　　　　　　　　D. F

2. 磁感应强度是用来描述磁场中某点( )的物理量。

　　A. 磁场方向　　　B. 磁场强弱　　　　C. 磁场强弱与方向　D. 磁力线

3. 磁导率是用来衡量磁介质( )的物理量。

　　A. 大小　　　　　B. 方向　　　　　　C. 大小与方向　　　D. 导磁性能

4. 继电器在汽车电路中的作用是( )。

　　A. 关闭或打开管路阀门　　　　　　　B. 带动机械传动机构

　　C. 接通或断开电路　　　　　　　　　D. 改变电压

5. 汽车点火线圈实质上就是一个( )。

　　A. 继电器　　　　B. 电磁阀　　　　　C. 电磁铁　　　　　D. 变压器

6. 汽车点火线圈的低压线圈接( )。

　　A. 12V 蓄电池　　B. 火花塞　　　　　C. 启动机　　　　　D. 发动机

7. 变压器是根据( )原理而制成的。

　　A. 自感　　　　　B. 互感　　　　　　C. 有感　　　　　　D. 无感

8.电机、变压器的铁芯选用(　　　)。

  A.硬磁材料　　　　B.软磁材料　　　　C.矩磁材料　　　　D.无磁材料

9.有一变压器,其变比为10,在初级输入100V的直流电压,则在输出端电压为(　　　)。

  A.10V　　　　B.100V　　　　C.0V　　　　D.不能确定

10.用磁路欧姆定律,可对磁场中的磁通进行(　　　)。

  A.定量计算　　　　B.定性分析　　　　C.近似计算　　　　D.以上三种都不行

二、判断题

1.一般情况下,物质的磁导率是一常数。　　　　　　　　　　　　　　　(　　)

2.当电流流过线圈时,在线圈周围产生的磁场相当于一条形磁铁。　　(　　)

3.直流铁芯线圈电路中,由于铁芯不产生涡流,铁芯可采用整块软钢制成。　(　　)

4.直流电磁铁的吸力是固定不变的。　　　　　　　　　　　　　　　　(　　)

5.闭磁路点火线圈的磁阻较小,漏磁较少,能量转换率高。　　　　　(　　)

三、填空题

1.磁极之间存在相互作用,同名磁极_____,异名磁极_____。

2.磁力线是互不相交的_____曲线,在磁铁外部,磁力线从_____到_____;在磁铁内部,磁力线从_____到_____。

3.继电器是一种利用_____电流或电压控制_____电流或电压的自动开关电器。

4.变压器主要由_____和_____两个基本部分组成,变压器的铁芯通常采用_____制成的。

5.直流电动机可以通过改变_____来改变转动方向。

四、计算与分析题

1.一理想变压器一次绕组接到110V交流电源上,二次绕组匝数为165,输出电压为5.5V,电流为20mA,则一次绕组的匝数是多少? 一次绕组的电流是多少?

2.在直流电动机中,换向器和电刷的作用是什么?

项目五
汽车电子控制电路分析

知识目标

(1)熟悉三极管的结构、类型、图形符号。
(2)掌握三极管电流分配关系和电流放大特性。
(3)了解三极管主要参数及测量方法。

技能目标

(1)能检测三极管,判别三极管类型、引脚、材料。
(2)能用万用表对三极管进行正确测量,并做出评价。
(3)能分析三极管的具体应用实例。

素养目标

(1)具有良好的思想品德修养、职业道德素养、严谨的学习态度和良好的学习习惯。
(2)具有耐心细致的工作作风、严肃认真的工作态度、良好的团队协作精神以及较好的语言表达、交往及沟通能力。
(3)具有良好的心理素质和克服困难的能力以及科学探索精神与创新意识。

任务 1　三极管的识别与检测

任务描述

电动汽车以电力驱动为主,内部有很多非常精细的部件,包含大量的电子元件和电子电路,正确检测与识别电子元件的好坏,是汽车维修人员的基本功。某维修店接到一台比亚迪E5 故障车辆,故障现象是电动汽车冬天早上无法起动,仪表电池故障灯点亮,经过检测是电池加热器无法工作,通过本任务的学习,掌握半导体器件的识别和检测。

一、知识准备

（一）三极管

三极管全称为半导体三极管，也被称为双极性晶体管或晶体三极管，是一种电流控制的半导体器件。

1. 三极管的结构与测量方法

1）三极管的结构

三极管的基本结构是两个反向连接的 PN 结，分为 NPN 型和 PNP 型。无论哪种型号均包含三个区：发射区、基区和集电区，并相应地引出三个电极：发射极（E）、基极（B）和集电极（C）。三极管的外形、结构示意图及符号如图 5-1 所示。常用的半导体材料有硅和锗，当前国内生产的硅晶体管多为 NPN 型，锗晶体管多为 PNP 型。

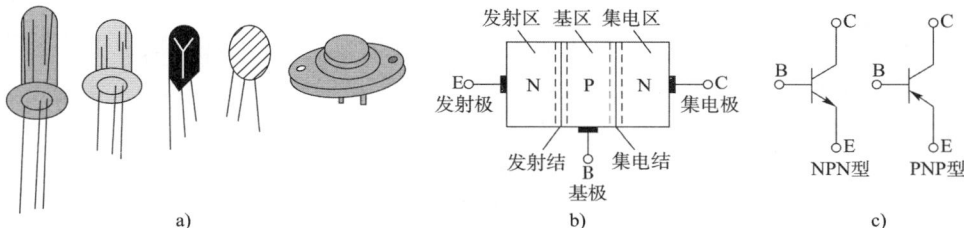

图 5-1 三极管的外形、结构及符号

2）三极管的测量方法

（1）判别基极和管子的类型。

选用欧姆挡的 R×100（或 R×1K）挡，先用红表笔接一个管脚，黑表笔接另一个管脚，可测出两个电阻值，然后再用红表笔接另一个管脚，重复上述步骤，又测得一组电阻值，这样测三次，其中有一组两个阻值都很小的，这组值对应红表笔接的为基极，且管子是 PNP 型的；反之，若用黑表笔接一个管脚，重复上述做法，测得一组两个阻值都很小的，对应黑表笔为基极，且管子是 NPN 型的。

（2）判别集电极。

以 PNP 为例，将万用表置于 R×100 或 R×1K 挡，红表笔基极 b，用黑表笔分别接触另外两个管脚时，所测得的两个电阻值会是一个大一些，一个小一些。在阻值小的一次测量中，黑表笔所接管脚为集电极；在阻值较大的一次测量中，黑表笔所接管脚为发射极。

2. 三极管的放大功能及特性曲线

1）三极管的放大功能

（1）三极管的放大电路。

三极管的放大电路有共基极放大电路、共集电极放大电路和共发射极放大电路 3 种。其中，共发射极放大电路是应用最为广泛的，下面，以共发射极放大电路为例，来讨论放大电路的电路结构、工作原理、分析方法以及应用。

晶体三极管
简易检测

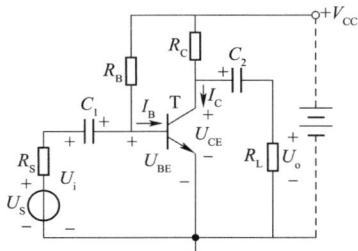
图5-2 三极管共发射极放大电路

①共发射极放大电路。

三极管主要用途之一是利用其放大作用组成放大电路。三极管将传感器微弱的信号进行放大,得到一定输出功率以驱动执行器(电磁阀、电机、继电器等),放大电路如图5-2所示。

电路中各个元件及其作用如下。

三极管:三极管是放大电路中最重要的元件,利用它的电流放大作用,可以在集电极获得放大的电流,这个放大的电流来自直流电源 V_{CC}。也就是说较小的输入信号通过三极管去控制电源 V_{CC} 提供较大的电流,以在输出端获得一个较大的信号 U_o,这就是三极管放大作用的实质。

集电极电源 V_{CC}:集电极电源有两个作用,一是为输出信号提供能量;二是保证集电结处于反向偏置状态,发射结处于正向偏置状态。电源一般为12V。

集电极负载 R_C:集电极电阻是将集电极电流的变化变换成电压的变化,实现电压放大,它的阻值一般在几十千欧左右。

耦合电容 C_1 和 C_2:电容在电路中起通交流隔直流的作用,C_1 是隔断放大电路与信号源之间的直流通路;C_2 用来隔断放大电路与负载之间的直流通路,使三者互不影响。同时,保证交流信号畅通的通过放大电路,是连接信号源、放大电路和负载三者之间的交流通路。耦合电容一般用极性电容,电容值一般为几十微法。

基极电阻 R_B:基极电阻的作用是提供适当的基极电流 I_B,基极电流 I_B 很小,一般为几十微安。

三极管的放大倍数是表征三极管放大能力强弱的参数,它等于输出信号电压除以输入信号电压,即:

$$A_u = \frac{U_o}{U_i} \tag{5-1}$$

②放大电路的静态分析。

静态是指放大电路没有输入信号时的工作状态。静态分析是要确定放大电路的静态参数 I_B、I_C、U_{BE} 和 U_{CE},以保证三极管处于放大状态。因为没有输入信号(交流信号),因此可以用直流通路来分析,图5-3是放大电路的直流通路,电容 C_1 和 C_2 视为开路。

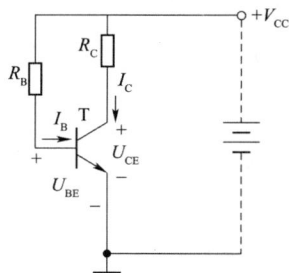
图5-3 放大电路的直流通路

由图5-3可知,静态时的基极电流为:

$$I_B = \frac{V_{CC} - U_{BE}}{R_B} \tag{5-2}$$

由于 U_{BE}(硅管约为0.6V)远远小于 V_{CC},因此可以忽略不计,那么可以得出集电极电流为:

$$I_C = \bar{\beta}I_B + I_{CEO} \approx \bar{\beta}I_B \approx \beta I_B \tag{5-3}$$

以及集电极-发射极之间的电压为:

$$U_{CE} = V_{CC} - R_C I_C \tag{5-4}$$

③三极管放大电路的工作过程。

当放大电路有输入信号时,三极管的各个电流和电压都含有直流分量和交流分量。直流分量一般为静态值,由上面的公式计算得出。放大过程如图5-4所示。

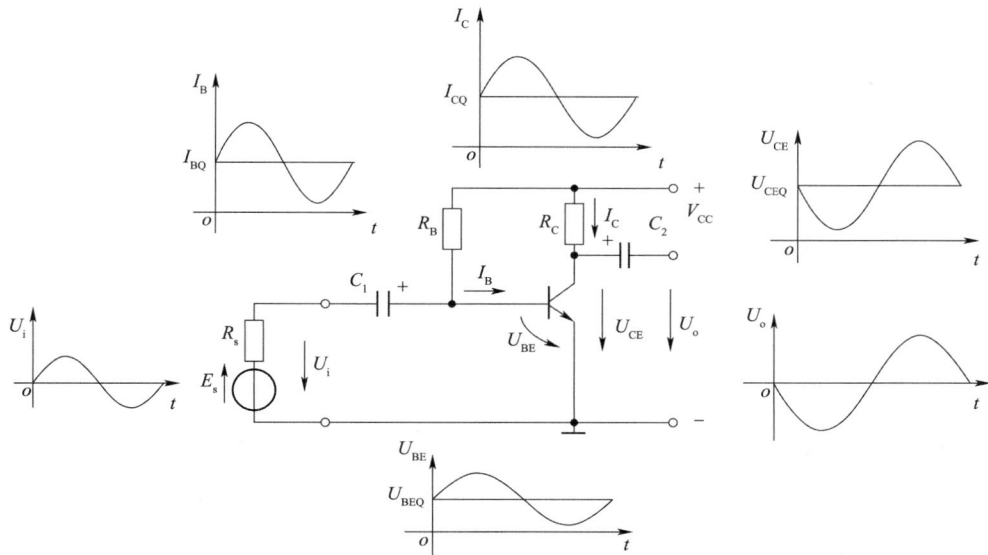

图5-4 放大电路中的电压、电流波形图

三极管放大电路工作过程分析如下。

信号 U_i 输入:信号源输出正弦交流信号 U_i,所以它能通过耦合电容 C_1 进入三极管的基极,输入信号很小,一般为几十毫伏。

基极电流 I_B:基极电流由两部分组成,一部分是电源 V_{CC} 提供的直流电流分量 I_{BQ}(下标 Q 表示静态状态);另一部分是信号源提供的交流电流分量,故流入基极电流是两者电流的叠加,波形是向上平移 I_{BQ} 分量的正弦波。

基极-发射极电压 U_{BE}:U_{BE} 同样是由两部分组成,一部分是静态状态下的直流电压分量 U_{BEQ}(下标 Q 表示静态状态);另一部分是信号源提供的交流电压分量 U_i,故 U_{BE} 是两者电压的叠加,波形是向上平移 U_{BEQ} 分量的正弦波。

集电极电流 I_C:基极电流的直流分量和交流分量都被三极管放大,且满足下面公式:

$$I_C = \bar{\beta} I_B + I_{CEO} \approx \bar{\beta} I_B \approx \beta I_B \tag{5-5}$$

故集电极电流的波形与基极电流 I_B 波形类似,只是被放大了几十倍。

集电极-发射极电压 U_{CE} 的公式为:

$$U_{CE} = V_{CC} - R_C I_C \tag{5-6}$$

波形如图5-4所示,可知它含有直流分量。

输出电压 U_o:由于耦合电容 C_2 的通交流隔直流特性,U_{CE} 只有交流分量能通过电容,故输出电压 U_o 的波形是过原点的正弦波。

总之,当设置适当的静态工作点时,三极管处于放大状态,它能将输入的微小信号进行放大,单级放大器的放大倍数一般为几十倍。另外,从波形来看,输出电压 U_o 波形与输入电

压 U_i 波形是反向的。

（2）三极管的主要参数。

三极管的特性也可以用数据说明，主要有下面几个参数。

①电流放大系数。

三极管电流放大系数分为静态电流放大系数 $\bar{\beta}$ 和动态电流（交流）放大系数 β。

静态放大系数是三极管工作在静态（无输入信号）时集电极电流 I_C 与基极电流 I_B 的比值，即：

$$\bar{\beta} = \frac{I_C}{I_B} \tag{5-7}$$

动态放大系数是当三极管工作在动态（有输入信号）时，集电极电流的变化量 ΔI_C 与基极电流变化量 ΔI_B 的比值，即：

$$\beta = \frac{\Delta I_C}{\Delta I_B} \tag{5-8}$$

由此可见 $\bar{\beta}$ 和 β 的含义是不同的，但两者数值较为接近，通常用 $\beta \approx \bar{\beta}$ 来估算。三极管的放大系数 β 在 20～200 之间。

②集电极最大允许电流 I_{CM}。

集电极电流 I_C 超过一定值后，三极管的 β 值要下降，当 β 值下降到正常的三分之二时对应的电流被称为集电极最大允许电流 I_{CM}。

③集-射极反向击穿电压 $U_{(BR)CEO}$。

当基极开路时，允许加在集电极与发射极之间的最大电压，叫 $U_{(BR)CEO}$，当集电极-发射极的电压 U_{CE} 大于最大允许电压时，三极管将被击穿。

④集电极最大耗散功率 P_{CM}。

当三极管正常工作时，流过的电流会使结温升高，从而引起三极管参数变化。当三极管工作参数变化不超过允许值时，集电极所消耗的最大功率，被称为最大耗散功率 P_{CM}。

2）三极管的放大电路特性曲线

三极管各极电流和电压之间的相互关系曲线称为三极管的特性曲线，它反映出晶体管的性能，是分析三极管放大电路的重要基础。它包括输入特性曲线和输出特性曲线。

（1）输入特性曲线。

输入特性曲线是指集电极与发射极之间的电压 U_{CE} 一定时，发射结电压 U_{BE} 与基极电流 I_B 之间的关系曲线，如图 5-5 所示。由图可以得出以下结论。

①三极管的输入特性曲线与二极管的伏安特性曲线一样，当 U_{BE} 很小时，三极管处于死区状态，I_B 等于零，三极管处于截止状态，只有 U_{BE} 的电压大于死区电压，晶体管才出现 I_B，随着 I_B 逐渐增大，三极管开始导通。硅管的死区电压约为 0.5V，锗管的死区电压约为 0.1V。

②对于硅管而言，当 $U_{CE} \geq 1V$ 时，集电极已经反向偏置，可以把从发射区扩散到基区的绝大部分电子拉入集电区，再增大 U_{CE}，I_B 变化也不再明显，也就是说 $U_{CE} \geq 1V$ 之后的特性曲线基本是重合的。

（2）输出特性曲线。

输出特性曲线是指当基极电流 I_B 一定时，集、射极之间的电压 U_{CE} 与集电极电流 I_C 的关系曲线会随着不同的 I_B 得出不同的曲线。如图 5-6 所示。

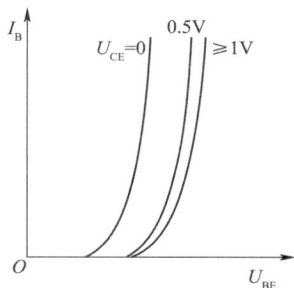

图 5-5 三极管的输入特性曲线　　　　图 5-6 三极管的输出特性曲线

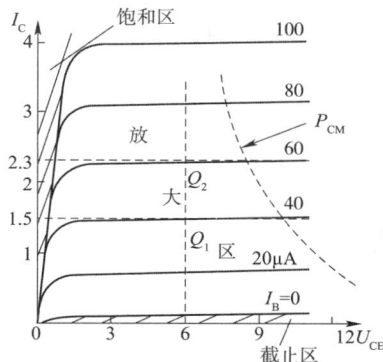

由图可见输出特性曲线可分为三个工作区。

①截止区。

$I_B = 0$ 的曲线以下的区域称为截止区。$I_B = 0$ 时，$I_C = I_{CEO}$（$<0.001\text{mA}$），这时三极管的发射结与集电结都处于反向偏置，U_{CE} 约等于电源电压 V_{CC}。

②放大区。

图中近于水平部分是放大区。在放大区，I_C 受 I_B 控制，即 $\Delta I_C = \beta \Delta I_B$，可以看出放大区为线性区，$I_C$ 和 I_B 成正比例关系。三极管处于放大区的特点是发射结正偏，集电结反偏。

③饱和区。

当 $U_{CE} < U_{BE}$ 时，集电结和发射结处于正向偏置，三极管工作处于饱和状态。在饱和区，I_C 不受 I_B 控制，即三极管失去放大功能。此时 U_{CE} 约等于 0，I_C 约等于 $\dfrac{V_{CC}}{R_C}$。

3. 三极管的开关电路

三极管的饱和、截止状态，可以用来作为开关，控制执行器通断。我们以硅管为例分析三极管的开关电路，如图 5-7 所示。

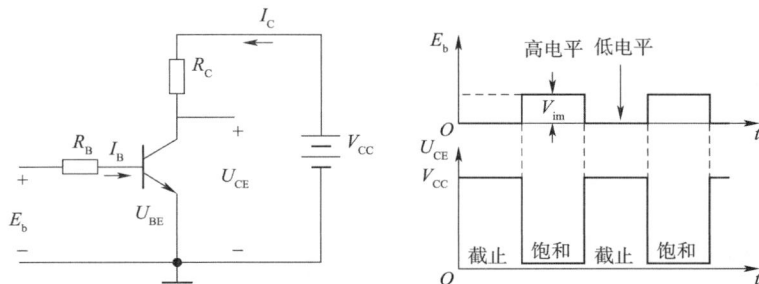

图 5-7 NPN 三极管的开关状态

根据公式：

$$U_{CE} = V_{CC} - R_C I_C \tag{5-9}$$

电源 E_b 提供基级电流，当 E_b 为低电平（一般小于 0.3V），即 U_{BE} 电压小于 0.5V 时，发射结截止，三极管处于截止状态，基极电流 I_B、集电极 I_C 都为零，由上述公式可以知道，$U_{CE} = V_{CC} - R_C I_C = V_{CC}$ 输出为高电平。

当 E_b 为高电平（一般大于 3.5V），即 U_{BE} 电压等于 0.7V 时，发射结正向偏置，三极管处于深度饱和状态，基极电流 I_B 很大，I_C 为饱和电流，输出电压 U_{CE} 为低电平，电压约为 0.3V 左右，输出波形如图所示。可知当输入为低电平时，输出为高电平；当输入为高电平时，输出为低电平。这就是三极管的开关作用。开关电路在工作时，受控制的电子元件一般接在集电极 C 上，控制信号加在基极 B 上。当基极 B 的控制信号为高电平时，三极管处于深度饱和状态，U_{CE} 电压接近为零，集电极 C 上的电子元件通电工作；当控制信号为低电平时，三极管处于截止状态，基极电流 I_B、集电极 I_C 都为零，电子元件断电不工作，恢复初始状态。在汽车电子电路中，功率较小的控制信号经过三极管开关电路，可以控制喷油器、继电器、指示灯等大功率器件的工作。电阻 R 起到限制基极电流的作用，防止因控制信号过大损坏三极管。二极管 VD 起续流作用，保护三极管免受反向电动势的冲击。

（二）集成运算放大器

前面讲述的都是分立电路，就是由各种单个元件联接起来的电子电路，集成电路是相对分立电路而言的，就是把整个电路的各个电子元件同时制造在一块半导体芯片上，组成一个整体，它相对于分立元件联成的电路而言，体积更小，质量更轻，功耗更低，可靠性强，并且价格也较便宜。

1. 集成运算放大器的特点

集成运算放大器，简称集成运放，是一种高性能的直接耦合的多级放大电路。因首先用于信号的运算，故而得名，主要有以下几个特点。

（1）采用直接耦合方式，充分利用管子性能良好的一致性，采用差分放大电路和电流源电路，基本上不采用电容元件，必须使用电容器的场合，大多采用外接的办法。

（2）用复杂电路实现高性能的放大电路，因为电路的复杂化并不带来工艺的复杂性。

（3）用有源元件代替无源元件，如：用三极管代替难于制作的大电阻。

（4）集成电路制作电感元件很困难，而且性能不稳定，所以集成电路要尽量避免使用电感元件。

2. 集成运算放大器的组成

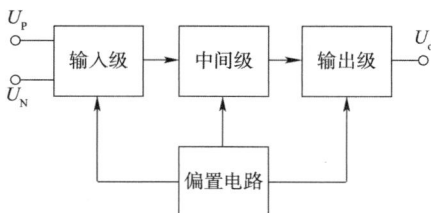

集成运算放大器的电路可分为输入级、中间级、输出级和偏置电路四个基本组成部分，如图5-8所示。

其中，输入级是提高运算放大质量的关键部分，要求输入电阻高，静态电流小，抑制干扰信号能力强，它有同相和反相两个输入端；中间级主要进行电压放大，多采用共发射极放大电路，要求有足够的放

图5-8 集成运算放大器的组成

大能力;输出级与负载相接,要求输出电阻小,带负载能力强,能输出足够大的电流和电压;偏置电路的作用为各级放大电路设置合适的静态工作点。放大器的符号以及实物如图5-9所示。

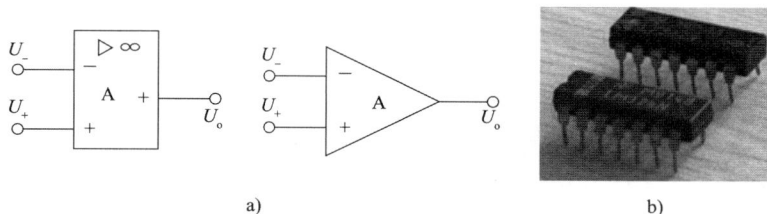

a)   b)

图5-9 集成运算放大器的符号及实物图

集成运算放大器有两个输入端,一个输出端,其中标" – "号端,称为反相输入端,表示仅从这一端加输入信号时,输出电压与输入电压相位相反;标" + "号端,称为同相输入端,表示仅从这一端加输入信号时,输出电压与输入电压相位相同;∞ 表示为理想运放。

3. 线性应用情况下理想运算放大器的特征

分析运算放大器时,一般可将它看成一个理想运算放大器。理想化的条件主要是:

(1)理想运放的同相和反相输入端电流近似为零,$I_+ = I_- \approx 0$;

(2)理想运放的同相和反相输入端电位近似相等 $U_+ = U_-$。

分析理想运算放大器时,有以下几种特性。

(1)虚断。由于理想运放的输入电阻非常高,在分析处于线性状态运放时,可以把两输入端视为等效开路,这一特性称为虚假开路,简称虚断。

(2)虚短。在分析运算放大器处于线性状态时,可把两输入端视为等电位,这一特性称为虚假短路,简称虚短。

(3)虚地。如将运放的同相端接地 $U_+ = 0$,则 $U_- = 0$,即反相端是一个不接"地"的"地",称为"虚地"。

4. 几种基本运算放大器电路

运算放大器能完成比例、加减、积分与微分等运算,这里只介绍前面几种。

1)反相比例运算放大电路

输入信号从反相输入端引入的运算,称为反相运算。反相放大器电路如图5-10所示。R_F 接在反相输入端和输出端之间,形成负反馈电路。同相输入通过电阻 R_2 接"地"。

根据运算放大器工作在线性区时的两条分析依据可知:

$$I_i \approx I_f, U_- \approx U_+ = 0 \tag{5-10}$$

$$I_i = \frac{U_i - U_-}{R_1} = \frac{U_i}{R_1} \tag{5-11}$$

$$i_f = \frac{U_- - U_o}{R_F} = -\frac{U_o}{R_F} \tag{5-12}$$

由此可得:

$$U_o = -\frac{R_F}{R_F} U_i \tag{5-13}$$

反相放大器的放大倍数:

$$A_{uf} = \frac{U_o}{U_i} = -\frac{R_E}{R_1} \tag{5-14}$$

式中,A_{uf}为负值,表明集成运放电路输出电压与输入电压反相,所以叫反相放大器。而且,A_{uf}仅取决于$\frac{R_F}{R_1}$的比值,而与集成运放本身无关。

2)同相比例运算放大电路

同相放大器电路如图5-11所示。输入信号通过R_2加到运放同相输入端,称为同相输入放大器。R_f接在反相输入端和输出端之间,形成负反馈电路;反相输入端经R_1接"地"。

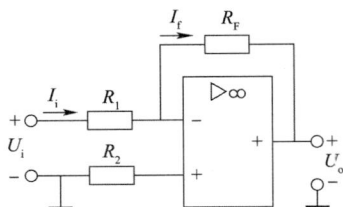

图5-10 反相比例运算电路　　图5-11 同相比例运算放大电路

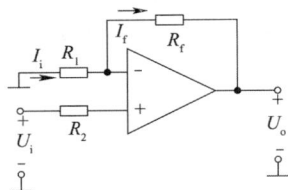

根据运算放大器工作在线性区时的两条分析依据可知:

$$U_- \approx U_+ = U_i, I_i \approx I_f \tag{5-15}$$

可列出:

$$I_i = -\frac{U_-}{R_1} = -\frac{U_i}{R_1} \tag{5-16}$$

$$I_f = \frac{U_- - U_o}{R_f} = \frac{U_i - U_o}{R_f} \tag{5-17}$$

由此可得:

$$U_o = \left(1 + \frac{R_f}{R_1}\right)U_i \tag{5-18}$$

同相放大器的放大倍数:

$$A_{uf} = \frac{U_o}{U_i} = 1 + \frac{R_f}{R_1} \tag{5-19}$$

A_{uf}大于零,表明输出电压与输入电压同相。如果将$R_1 = \infty$或$R_f = 0$,则$A_{uf} = 1$。构成的电路称为电压跟随器,电压跟随器一般作为信号与其负载之间的缓冲隔离。

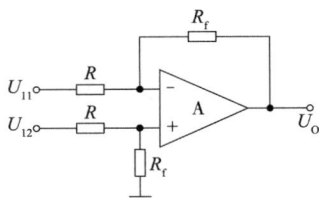

3)差分减法运算放大电路

如果两个输入端都有信号输入,就构成了差分放大器,如图5-12所示。差分放大器放大的是两个输入信号的差,输出电压为同相比例运算与反相比例运算输出电压之和,即:

图5-12 差分减法运算放大电路

$$U_o = \frac{R_f}{R}(U_{12} - U_{11}) \tag{5-20}$$

二、任务实施

(一)实施要求

(1)按要求正确使用万用表。
(2)能认识三极管外形及型号。
(3)能检测三极管的好坏。

(二)实施准备

万用表、晶体管。

(三)实施步骤

(1)选择正确的挡位及量程。
(2)测量三极管并给出结论。

三、任务工单

任务名称			三极管的检测			
姓名		班级		分组		
教师		地点		日期		
具体内容						
设备工具						
组员分工						
实训过程内容与流程记录						
一、场地准备	作业场地准备　　　　是否完成:是□　否□					
二、工具选择	1.工具型号: 2.万用表校表　　　　是否正常:是□　否□					
三、测量	提供不同型号三极管,判断管型、好坏,测量β值。					

提供不同型号三极管,判断管型、好坏,测量β值。

万用表类型	序号	型号	检测数据	判断管型	判断好坏	β值
	1					
	2					
	3					
	4					
	5					

续上表

实训过程内容与流程记录		
四、6S 管理	场地清理	是否有工具遗漏：是□　否□ 地面是否整洁干净:是□　否□
实训任务回顾与总结		
任务收获与结果		
建议和改进措施		

任务2　三极管在汽车电路中的应用

任务描述

　　某维修店接到一台比亚迪 E5 的故障车辆,故障现象是空调不制冷,考虑是汽车三极管放大电器出现故障。根据你掌握的知识,选择合适的工具,布置场地,安全规范的执行故障排除工作。

一、知识准备

　　1.汽车三极管的放大电路

　　汽车上的三极管放大电路能够把传感器采集的微弱信号进行放大,然后传输到汽车电控单元(ECU)。三极管放大电路可以将功率较小的控制信号放大成为功率较大的信号用以驱动执行元件,如继电器、电磁阀等。图 5-13 展示了利用三极管的放大特性制作的汽车电气线路搭铁(短路)探测器。汽车在行驶过程中,由于颠簸、振动等原因,电气线路与车体摩擦而损坏其绝缘层,发生搭铁(短路)故障。本探测器就是为了在不拆解导线的情况下,快速查出搭铁故障所发生的部位而制作的。

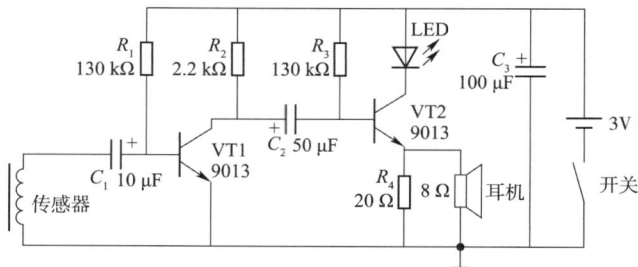

图 5-13　汽车电气搭铁探测电路

　　探测器的工作原理为:当导线搭铁后,在搭铁点会产生短路电流,短路点就会向周围发出高次谐波信号,这个信号会被由线圈和铁芯构成的传感器接收到,在传感器中产生交变的电信号,该信号很微弱,经过三极管放大后,使接在集电极的发光二极管闪烁发光,同时发射极的耳机发出声响。传感器越接近故障点,接收到的信号越强,经过放大后,发光二极管越亮,耳机发出的声响越强,根据发光二极管亮度变化和耳机声音变化,就能快速找到故障点。

2. 三极管开关电路在汽车上的应用

图 5-14 为 NPN 三极管开关电路。三极管开关电路在汽车电路中的应用相当广泛,主要用于电子调压器、电子点火器以及各种信号报警电路等。下面简单介绍几种汽车电路中常见的三极管开关电路。

1)蓄电池电解液液位过低报警电路

汽车上的许多信号报警电路的基本原理大致相同,都是通过监测电路中某一个点的电位变化,去控制三极管的导通(开)和截止(关),以发出声音或光的报警信号。

蓄电池电解液液位过低报警电路如图 5-15 所示。报警电路的传感器装在蓄电池盖子上的铅棒上。当图 5-15a)所示的蓄电池液面高度正常时,铅棒浸在

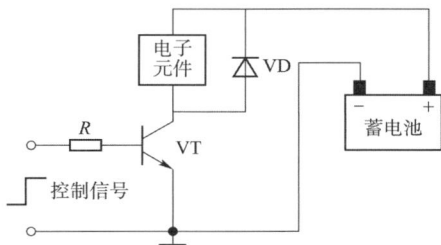

图 5-14 NPN 三极管开关电路

蓄电池电解液中,铅棒(相当于正极)与蓄电池的负极之间产生一定电压 V_A,使三极管 VT_1 处于饱和导通状态,三极管的电压 U_{CE} 很小,约等于零,B 点电位 V_B 近似为零,故三极管 VT_2 截止,报警灯(发光二极管)不亮。

当图 5-15b)所示的蓄电池电解液液面在最低限位以下时,铅棒不能与蓄电池电解液接触,则铅棒与蓄电池的负极之间电压为零,使三极管 VT_1 处于截止状态,B 点电位 V_B 上升,使三极管 VT_2 饱和导通,报警灯亮,提醒驾驶人蓄电池电解液液面过低,应及时补充蒸馏水。图中电阻 R_5 为报警(发光二极管)的限流电阻。

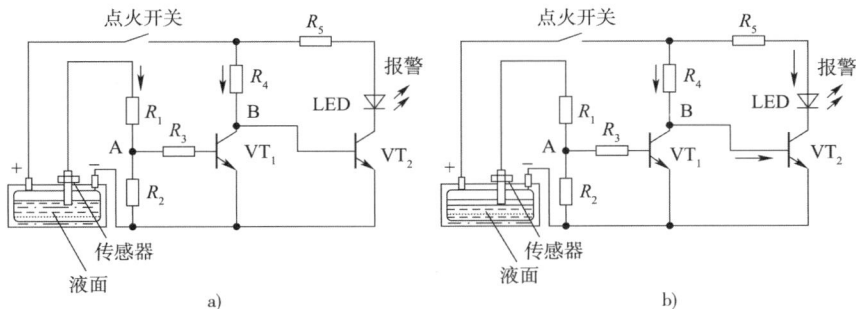

图 5-15 蓄电池液位过低报警电路

2)电子点火器

晶体管点火电路的点火信号由装在分电器内的信号发生器提供,图 5-16 展示的就是一种磁感应式信号发生器,随着分电器的旋转,信号转子转动,它的凸起与信号线圈之间的间隙不断变化,致使通过信号线圈的磁通量发生变化,凸起接近信号线圈时磁通迅速增加,在线圈两端产生电压信号;当凸起与信号线圈正对时,磁通变化量最小,线圈两端电压为零;当凸起离开信号线圈时磁通迅速减小,线圈两端电压急剧地改变极性,产生负的电压信号,信

号线圈输出交流信号,电压从正变为负就是点火时刻。

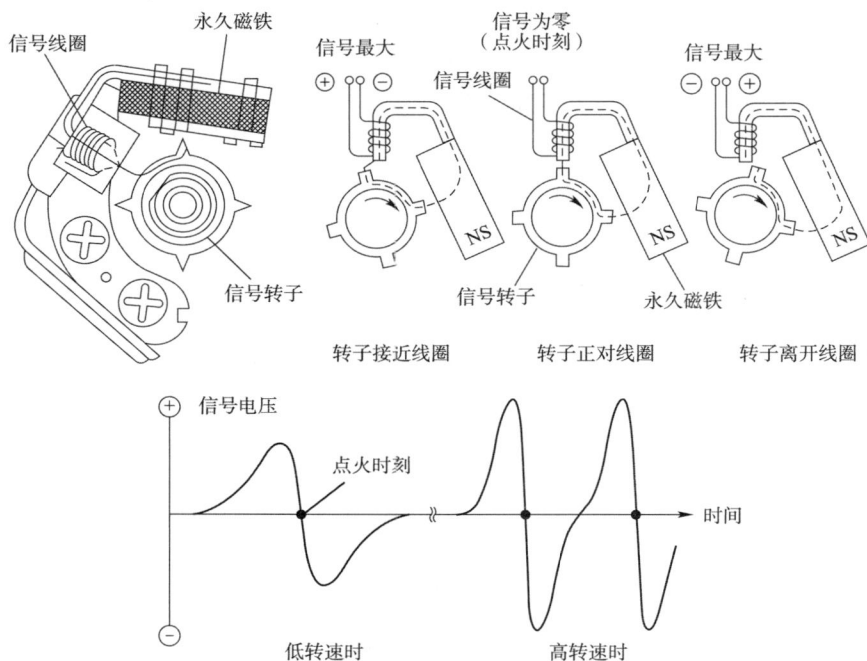

图 5-16　磁感应式信号发生器结构以及产生的信号波形

　　三极管电子点火器的工作原理如图 5-17 所示。接通点火开关时,当点火信号发生器产生正向脉冲时,信号电压与二极管的正向电压降叠加后,A 点电位大于 0.7V,三极管处于深度饱和状态,集电极有电流流过,点火线圈初级线圈储能。

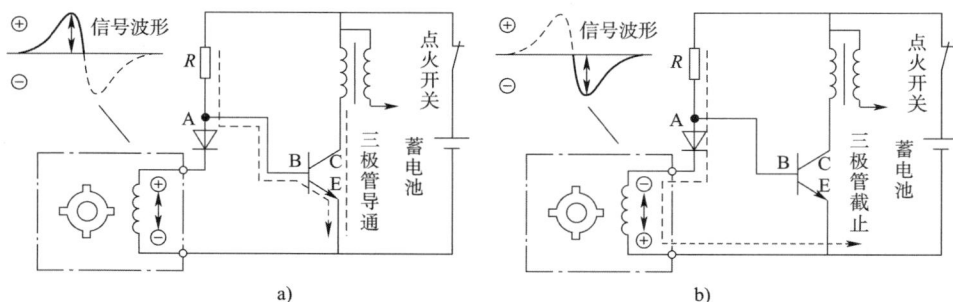

图 5-17　三极管电子点火器的工作原理

　　当点火信号发生器产生反向脉冲时,信号电压与二极管的正向电压降叠加后,A 点电位低于 0.5V,小于三极管发射结的导通压降,三极管处于截止状态。集电极无电流流过,于是初级电流被切断,根据电磁感应定律,在次级绕组中产生高压,经配电器按点火次序分配到各缸火花塞点火,点燃可燃混合气使发动机做功。

　　3. 运算放大器在汽车上的应用

　　温度、压力等变形信号的检测一般采用图 5-18 所示的电桥信号放大电路,图中电桥的一个臂是由传感器构成的。

根据电路知识可以得出：

$$u_A = \frac{R}{R+R}V_{CC} \qquad (5\text{-}21)$$

$$u_B = \frac{R}{R+R+\Delta R}V_{CC} \qquad (5\text{-}22)$$

当 $R_1 = R_2$ 以及 $R_3 = R_F$ 时，则上式变为：

$$u_O = \frac{R_F}{R_1}(u_B - u_A) \qquad (5\text{-}23)$$

当传感器的阻值没有变化时，即 $\Delta R = 0$ 时，电桥平衡，电路输出电压 $u_O = 0$；当传感器因温度、压力或其他变化而使传感元件的电阻值发生变化时，电桥就失去平衡，变化量经过差分运算放大器输送到汽车电脑 ECU。

运算电路还用在汽车蓄电池电压过低时的报警电路，如图 5-19 所示，稳压管 VZ 提供参考电压，当蓄电池电压高于 10V 时，比较器输出电压为 12V，发光二极管不发光，指示电压正常；当蓄电池电压低于 10V 时，比较器输出电压为零，发光二极管发光，指示电压过低。

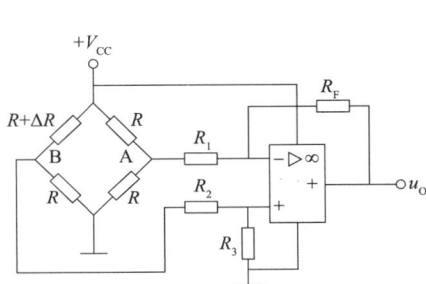

图 5-18　电桥信号放大电路　　　　图 5-19　蓄电池电压过低报警电路

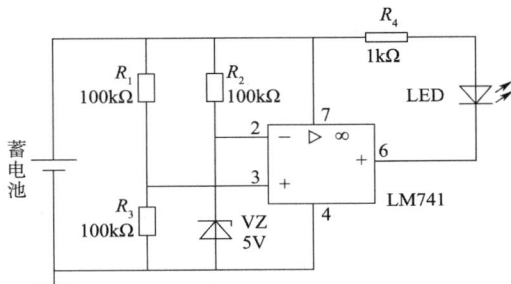

二、任务实施

(一) 实施要求

(1)按要求连接电路。
(2)能调整静态工作点确保信号不失真。
(3)正确选用仪器仪表，并对电路进行检测。

(二) 实施准备

函数信号发生器、万用表、示波器、毫安表、微安表、单管放大电路、开关电路。

(三) 实施步骤

(1)工量具准备及校正。
(2)单管放大倍数测量。
(3)单管开关电路测量。

三、任务工单

任务名称	三极管放大、开关电路连接与检测			
姓名		班级		分组	
教师		地点		日期	
具体内容					
设备工具					
组员分工					

<table>
<tr><td colspan="2" align="center">实训过程内容与流程记录</td></tr>
<tr>
<td rowspan="1">一、实验步骤</td>
<td>

1. 单管放大电路测量

（1）如图所示连接电路，在保证不失真的条件下，当负载开路时，测出输入输出电压，计算电压放大倍数。

（2）当负载电阻改变时，测量电压放大倍数，填入下表。

负载	电压		
	U_i（mV）	U_o（mV）	Au
空载 $R_L = \infty$			
负载 $R_L = 30k\Omega$			
负载 $R_L = 10k\Omega$			

（3）用示波器观察输入输出波形，描绘如下：

</td>
</tr>
</table>

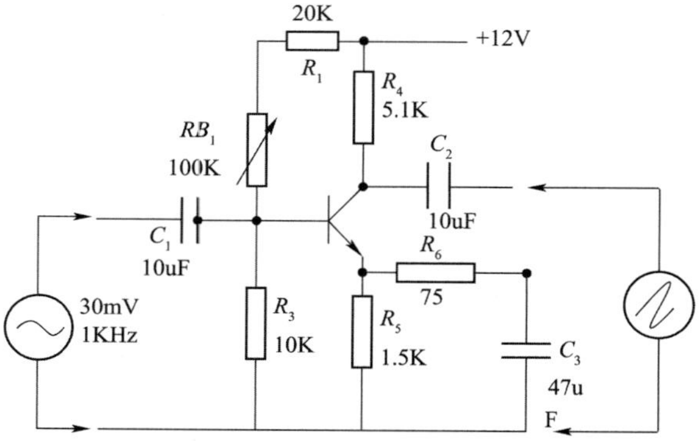

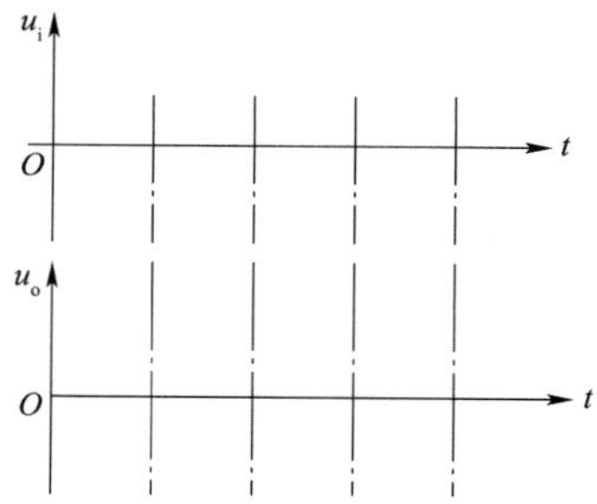

实训过程内容与流程记录		
一、实验步骤	**小结:** （1）由表中数据分析可以得出：放大器空载时其电压放大倍数_____；接上负载其电压放大倍数将_____，并且随负载的增大而_____。 （2）放大器电压放大倍数 = _____。 2. 三极管开关电路输出波形测量 （1）如图所示连接电路。 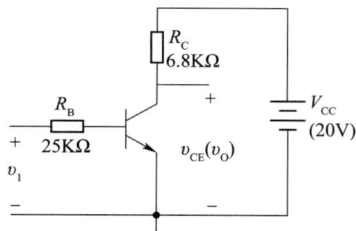 （2）观察基极与集电极波形，并描绘如下： 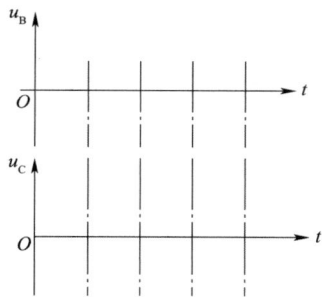 **小结:** （1）从电路上看，三极管的基极_____设置基极偏置。发射结的导通与截止由_____控制。 （2）从波形上可以看出，当基极为高电平时，此时三极管_____，集电极输出_____；当基极为低电平时，三极管_____，集电极输出_____。三极管相当于一个_____。		
二、6S 管理	场地清理	是否有工具遗漏： 是□ 否□ 地面是否整洁干净：是□ 否□
实训任务回顾与总结		
任务收获与结果		
建议和改进措施		

任务3　电机控制器的拆卸

任务描述

　　某维修店接到一台吉利帝豪 EV300 故障车辆,故障现象是汽车经常熄火,重起后恢复正常,经检查发现是电机控制器出现故障。请你根据所学知识,选择合适的工具,排除车辆故障。

一、知识准备

(一)电机控制器定义

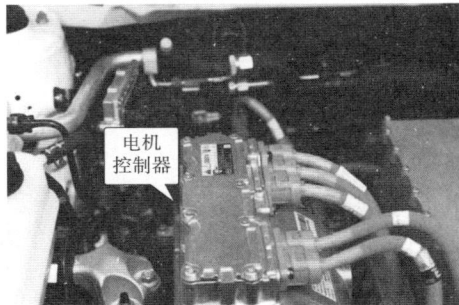

图 5-20　吉利帝豪 EV300 电机控制器位置图

　　根据《电动汽车术语》(GB/T 19596—2017)中的定义,电机控制器是控制动力电源与电机之间能量传输的装置。根据以上定义,电机控制器的功能是根据挡位、制动等指令,控制电机按照设定的方向、速度和角度工作,实现电动车辆的起动运行、进退速度、爬坡力度等行驶状态,或者帮助车辆制动,并将部分制动能量存储到动力蓄电池中,它是电动车辆的关键零部件之一,吉利帝豪 EV300 电机控制器位置如图 5-20 所示。

(二)电机控制器的结构

　　电机控制器,通常简称 MCU,由外壳、散热系统、IGBT 驱动电路、控制单元电路、电容、连接器、线束等部分组成。电机控制器主要组成部分如图 5-21 所示。

　　(1)控制单元电路。电机控制器的控制核心。控制单元电路包括:主芯片电路、电源芯片电路、通讯电路、解码器电路、存储芯片电路、温度采集电路、信号放大电路、PWM 输出电路等。

　　(2)IGBT 驱动电路。主要用于控制、驱动及保护 IGBT 正常工作。IGBT 驱动电路包括:IGBT 高压器件驱动、存储芯片电路、供电电路。IGBT 在控制器内主要起交直流电转变的作用,通过 IGBT 晶体管开通、关断次序,将直流电变换成三相交流电以驱动电机。

　　(3)支撑电容:目前,用于电动汽车的直流支撑电容的主要是薄膜电容器,薄膜电容器是电动汽车驱动电路中的主要元件,起平滑的作用。支撑电容控制直流母线上的电压波动保持在允许范围内,并且防止来自直流母线的电压过冲和瞬时过电压对 IGBT 的影响。

（4）散热器。散热器是电机驱动器冷却系统的主要部分,主要用于冷却功率器件及元器件运行过程中产生的热量,一般冷却方式分为风冷、强制风冷、水冷。一般 IGBT 功率模块都采用水冷的方式,MOS 的功率器件可以采用风冷或水冷的方式。

（5）壳体。电机控制器壳体主要用于固定各电子控制元件、电气控制元件、电气功率元件及连接器,并提供密闭的防尘防水（IP67）空间,来保护各电子元件的安全运行。

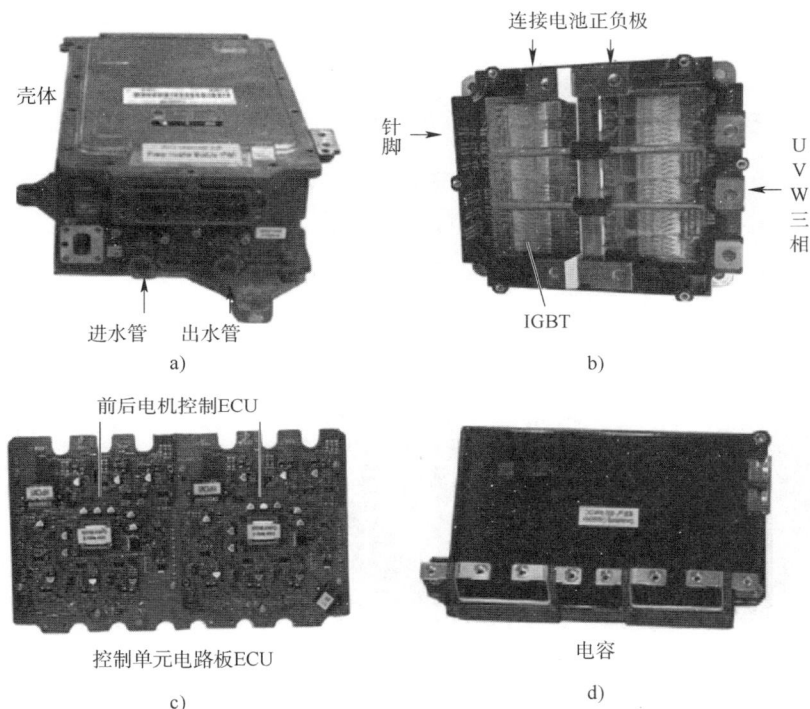

图 5-21 电机控制器的组成

（三）电机控制器的功能

电机控制器作为电动机驱动控制系统的关键部件,具有转矩控制、转速控制、旋变器零位自学能力、故障监控等功能。

1. 转矩控制功能

电机控制器（MCU）根据整车控制器（VCU）发送的扭矩请求指令,控制电机输出需求扭矩,主要是通过 PWM 控制 IGBT 的开关来实现控制。对于转矩响应必须有一定的性能要求,比如转矩响应时间小于 60ms,转矩控制精度满足 ±3％ 的要求等。

2. 转速控制功能

电机控制器（MCU）根据整车控制器（VCU）发送的转速指令,控制电机控制器的转速,这个功能主要用于定速续航等需要控制车辆速度的情况下使用。

3. 旋变器零位自学习功能

旋变器是旋转变压器的简称,其作用是输出电机转速相关信号给电机控制器（MCU）,

算法根据该信号做转速、转矩等的控制,但是旋变器在安装时与电机的零位有一定的偏差,因此需要计算这个偏移量。

4.故障监控

电机控制器(MCU)涉及高压控制,因此故障监控是必须的,而且要求会比较严苛。故障监控包括直流电流和电压监控、驱动电机定转子温度和电机控制器温度监控、IGBT以及传感器故障监控等。当监测到故障发生时,轻则报警,降低输出功率,重则关闭动力蓄电池阻断动力输出。

(四)电机控制器的拆卸

(1)准备高压防护工具、花键,做好绝缘防护。

(2)戴好绝缘手套,断开低压蓄电池负极,电池下电,等待十分钟,如图5-22所示。

(3)断开高压直流母线,排放电机控制器冷却液。

(4)拆下电机控制器上盖,如图5-23所示。

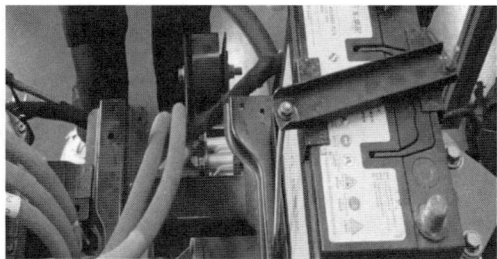

图5-22 断开低压蓄电池负极

图5-23 拆下电机控制器上盖

(5)使用绝缘工具,拆卸三相电机连接器的三个固定螺栓,取出三相电机三相线束,如图5-24所示。

(6)拆卸电机控制器高压线束连接器的两个固定螺栓,取下高压线束,如图5-25所示。

图5-24 拆卸三相线束

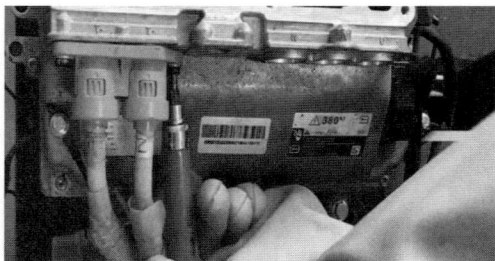

图5-25 拆卸高压线束

(7)拆卸电机控制器上的两个搭铁线固定螺栓,如图5-26所示。

(8)取下DC/DC正负极防尘盖,拔出电机控制器线束插头,拆卸DC/DC正负极固定螺栓,如图5-27所示。

图 5-26　拆卸搭铁螺栓

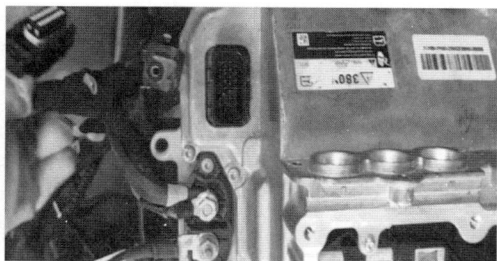

图 5-27　拆卸电机控制器线束插头

（9）拆卸卡扣，取出电机控制器的进出水管，如图 5-28 所示。

（10）拆卸电机控制器固定螺栓，取出电机控制器，电机控制器拆卸完毕，如图 5-29 所示。

图 5-28　拆卸电机控制器的进出水管

图 5-29　取出电机控制器

二、任务实施

（一）实施要求

（1）按照新能源汽车维修规范，准备作业场地。

（2）检查绝缘工具，确保绝缘可靠。

（3）参照维修手册拆装电机控制器。

（二）实施准备

隔离防护带、绝缘防护用品、绝缘工具箱、纯电动汽车。

（三）实施步骤

（1）遵守车间作业、环保法规等一般规定，做好场地隔离，放置高压警示牌。

（2）查找维修手册。

（3）拆卸电机控制器。

三、任务工单

任务名称	电机控制器的拆卸				
姓名		班级		分组	
教师		地点		日期	
具体内容					
设备工具					
组员分工					
实训过程内容与流程记录					
一、场地隔离	1.隔离作业场地		是否完成:是□ 否□		
	2.放置高压警示标志		是否完成:是□ 否□		
二、工具选择	1.绝缘拆装工具选择		工具型号:		
	2.绝缘拆装工具检查		工具是否有破损:是□ 否□		
三、防护用品检查	1.绝缘手套的检查		是否完好:是□ 否□		
			否的原因:		
	2.绝缘鞋(靴)的检查		是否完好:是□ 否□		
			否的原因:		
	3.绝缘防护服的检查		是否完好:是□ 否□		
			否的原因:		
	4.护目镜的检查		是否完好:是□ 否□		
			否的原因:		
	5.绝缘头盔的检查		是否完好:是□ 否□		
			否的原因:		
	6.绝缘地垫的检查		是否完好:是□ 否□		
			否的原因:		
四、电机控制器拆卸	列出拆卸步骤及注意事项				
五、6S 管理	场地清理		是否有工具遗漏: 是□ 否□		
			地面是否整洁干净:是□ 否□		
实训任务回顾与总结					
任务收获与结果					
建议和改进措施					

◈ 小结

1. 三极管内部含有两个 PN 结,分为 NPN 型和 PNP 型。包含三个区:发射区、基区和集电区,相应地引出三个电极:发射极(E)、基极(B)和集电极(C)。

2.三极管是一种电流控制器件,输出特性曲线可以划分为放大、饱和和截止三个区。

3.放大电路组成应遵循4条基本原则:要保证三极管有合适的静态工作点;要处于放大工作状态;要使变化的信号能输入、输出;要保证信号基本不失真。

4.多级放大电路一般由3级组成:输入级、中间级、输出级,各自承担不同的任务。多级放大电路常用的耦合方式有阻容耦合、直接耦合、变压器耦合等。

5.集成运算放大器实际上是高增益直接耦合多级的放大电路。集成运放在低频工作时,可将其视为理想运放。在应用中常把集成运算放大器特性理想化:同相和反相输入端电流近似为零、同相和反相输入端电位近似相等。

6.三极管的应用非常广泛,在放大电路中,三极管工作在放大区;在开关电路中,三极管工作在饱和区或截止区。

7.电机控制器是新能源汽车驱动控制系统的高压部件,具有扭矩控制、转速控制、旋变器零位自学能力、故障监控等功能,是一个高度集成的电子控制模块。

习题

一、单选题

1.数字万用表能选用(　　)挡位测量晶体管。

　A.电压　　　　　B.电流　　　　　C.蜂鸣挡　　　　D.以上都可以

2.三极管有(　　)个PN结。

　A.1　　　　　B.2　　　　　C.3　　　　　D.4

3.三极管做开关时,工作在(　　)。

　A.放大区　　　B.饱和区　　　C.截止区　　　D.饱和区或截止区

4.三极管工作在放大区的偏置条件是发射结(　　)集电结(　　)。

　A.正偏,反偏　B.正偏,正偏　C.反偏,反偏　D.反偏,正偏

5.放大电路设置静态工作点的目的是(　　)。

　A.提高输入电阻　　　　　　　B.提高放大能力

　C.降低输出电阻　　　　　　　D.实现不失真放大

二、判断题

1.三极管可以看成2个二极管背靠背连接。　　　　　　　　　　　(　　)

2.发射结处于正向偏置的三极管,一定工作在放大状态。　　　　　(　　)

3.阻容耦合多级放大电路各级的Q点相互独立,它只能放大交流信号。(　　)

4.三极管电流放大系数β越大越好。　　　　　　　　　　　　(　　)

5.理想的集成运放电路输入电阻为无穷大,输出电阻为零。　　　　(　　)

三、填空题

1.三极管的3个电极分别称为_____、_____和_____。它们分别用字母_____、_____和_____表示。

2. 三极管可以分为_____和_____两大类,有_____、_____和_____3种工作状态。

3. 多级放大电路常用的耦合方式有_____、_____和_____3种。

4. 集成运算放大器是一种采用_____耦合方式的放大电路。理想集成运放电路输入阻抗为_____,输出阻抗为_____。

四、简答题

1. 三极管不同工作状态的外部条件是什么? 对应三极电压大小关系是怎样的?

2. 如何用万用表测量三极管的类型、三极及 β 值?

项目六
数字电路在汽车上的应用

知识目标

(1) 掌握常用数制及数制之间的转换。
(2) 掌握逻辑门电路的符号及逻辑功能。
(3) 掌握对组合逻辑电路进行分析或按要求设计组合逻辑电路。
(4) 掌握时序逻辑电路的分析方法。
(5) 了解相关电路原理图的正确识读方法。

技能目标

(1) 能够正确进行安全防护。
(2) 能够正确使用数字万用表。
(3) 能够检测集成电路闪光器组成的转向信号、危险警报灯电路。
(4) 能够检测动力蓄电池电量显示电路。

素养目标

(1) 遵守操作规程,树立安全第一的职业观。
(2) 培养劳动精神、团队合作意识。
(3) 培养严慎、细致、求实、创新的工匠素养。

任务1 汽车散热器水位报警装置电路的连接与检测

任务描述

　　某维修店接到一台比亚迪 E5 故障车辆,经检查发现是汽车散热器水位报警装置电路故障,需更换。请你选择合适的工具,布置场地,安全规范的执行更换任务。

一、知识准备

(一) 逻辑门电路及逻辑代数

1. 数字信号与数字电路

在汽车电子电路中,电信号主要在传感器、ECU及执行器件之间进行传递。传感器输入ECU的信号大体上可以分两大类:一类信号是模拟信号,这种信号是连续变化的信号,如图6-1a)所示,如发动机的进气压力传感器输出的信号;另一类信号是数字信号,这种信号是电压"高"、"低"间隔变化的脉冲式信号,如图6-1b)所示,如光电式曲轴位置传感器,输出的信号是遮光盘不断通过光电耦合器而产生的"有"或"无"(透光或遮光)的规律变化的脉冲信号。

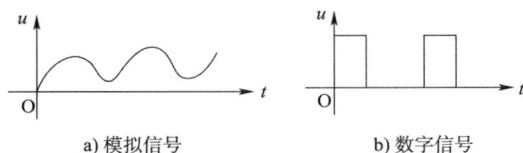

a) 模拟信号　　　　b) 数字信号

图 6-1　模拟信号与数字信号

数字信号与模拟信号不同,它的电压值本身没有什么意义,而我们关心的只是有无电压(脉冲)、间隔电压出现的次数(脉冲数量)、高电压或低电压维持的时间(脉冲宽度)等。数字信号与模拟信号的特性不同,在检测时一定要区分开。

汽车上传递的电信号绝大部分都是数字信号。数字信号的特点是只与电平高低的变化有关,而与电平的具体大小关系不大,传递的信息经常是"有"或"无","开"或"关"等非此即彼的关系,这种关系被称为"二值逻辑"。

在二值逻辑中用数字1和0代表两个状态,与之对应的电路是三极管的开或关,或者是电平的高或低。处理数字信号的电路就是数字电路,也被称为逻辑电路,后面重点介绍的逻辑门电路就是最基本的逻辑电路。由于该电路处理的是状态变换,所以对元件精度要求不高,易于集成,成本低廉,使用方便,组成的数字系统工作可靠,精度高,抗干扰能力强,在各个领域应用都很广。在汽车电路中数字集成电路随处可见,电控单元ECU就是一个典型的数字系统。

2. 数制

用数字量表示物理量的大小时,仅用一位数码往往不够用,因此,经常需要用进位计数的方法组成多位数码使用,把许多数码中每一位的构成方法以及从低位到高位的进位规则称为数制,数制之间的转换称为数制转换。

1)常用数制

在数字电路中经常使用的数制除了十进制以外,还经常使用二进制和十六进制。

(1)十进制。

十进制是日常生活和工作中最常使用的进位计数制。在十进制数中,每一位有0~9十个数码,所以计数的基数是 10,超过 9 的数必须用多位数表示,其中低位和相邻高位之间的进位关系是"逢十进一",故被称为十进制。

例如:$143.75 = 1 \times 10^2 + 4 \times 10^1 + 3 \times 10^0 + 7 \times 10^{-1} + 5 \times 10^{-2}$

其中,1 与 4 表示的数量不同是因为它们所处的位不同,不同的位具有不同的权重,这就是位权,十进制位权的表示方法是 $10^i (i = 1,2,3\cdots)$。

（2）二进制。

目前在数字电路中应用最广泛的是二进制。在二进制数中,每一位仅有 0 和 1 两个可能的数码,所以计数基数为 2。低位和相邻高位间的进位关系是"逢二进一",故被称为二进制。二进制位权的表示方法是 $2^i (i = 1,2,3\cdots)$。

二进制数可计算出它所表示的十进制数值。

例如:$(101.11)_2 = 1 \times 2^2 + 0 \times 2^1 + 1 \times 2^0 + 1 \times 2^{-1} + 1 \times 2^{-2} = (5.75)_{10}$

上式中分别使用下脚注的 2 和 10 表示括号里的数是二进制和十进制数。有时也用 B（Binary）和 D（Decimal）代替 2 和 10 这两个脚注。

（3）八进制。

八进制数的每一位有 0~7 八个数码,所以计数基数为 8,低位和相邻高位之间的进位关系是"逢八进一"。

八进制数可计算出它所表示的十进制数值。

例如:$(207.04)_8 = 2 \times 8^2 + 0 \times 8^1 + 7 \times 8^0 + 0 \times 8^{-1} + 4 \times 8^{-2} = (135.0625)_{10}$

（4）十六进制。

十六进制数的每一位有十六个不同的数码,分别用 0~9、A（10）、B（11）、C（12）、D（13）、E（14）、F（15）表示。

十六进制数可计算出它所表示的十进制数值。

例如:$(D8.A)_{16} = 13 \times 16^1 + 8 \times 16^0 + 10 \times 16^{-1} = (216.625)_{10}$

2）数制转换

（1）二进制转换成十进制。

把二进制转换为等值的十进制数称为二-十转换。在将一个二进制数转换成为它的等效十进制,只要将它按权展开,然后相加就可以了。

例如:$(1011.01)_2 = 1 \times 2^3 + 0 \times 2^2 + 1 \times 2^1 + 1 \times 2^0 + 0 \times 2^{-1} + 1 \times 2^{-2} = (11.25)_{10}$

（2）十进制转换成二进制。

将十进制数转换为它的等效二进制,整数部分采用基数连除法,先得到的余数为低位,后得到的余数为高位;小数部分采用基数连乘法,先得到的整数为高位,后得到的整数为低位。

例如把十进制数 44.375 转换成二进制数,转换计算过程如图 6-2 所示。

所以:$(44.375)_{10} = (101100.011)_2$

采用基数连除、连乘法,可将十进制数转换为任意进制数。

3. 逻辑门电路

门电路,是一种开关电路,它按一定条件进行开和关,从而控制着信号的通过或不通过,是最基本的逻辑电路。在电控单元中,这些电路是在一定条件下,按一定规律进行工作的。逻辑门所具有的功能称为逻辑功能,基本逻辑门有"与"门、"或"门和"非"门。逻辑门电路具有"完备性",理论研究和工程实践均已表明,任何复杂的数字系统,均可以用这三种基本门电路构成。

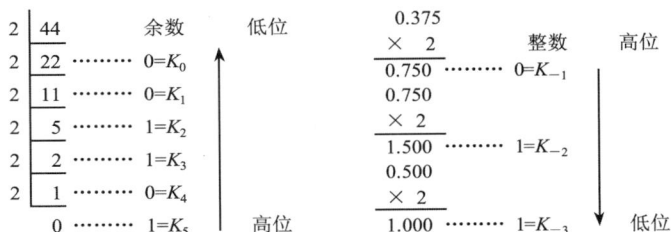

图 6-2　十进制转换为二进制计算过程示例

1)"与"运算和"与"门电路

(1)"与"逻辑运算。

"与"是和的意思。图 6-3a)为两个开关 A、B 串联控制一盏灯 Y 的电路。只有当开关 A 与 B 全都接通时,灯 Y 才亮;只要有一个或一个以上的开关断开,该灯就灭。上述开关状态和灯亮、灯灭之间的逻辑关系如图 6-3b)所示。这个例子表明,只有决定事物结果的全部条件同时具备时,结果才发生,这种因果关系叫作"与"逻辑。

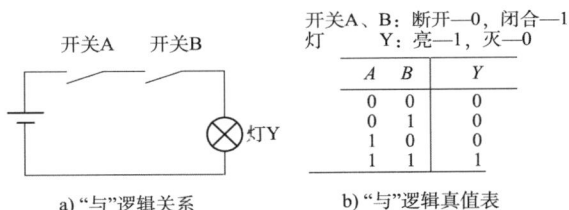

a)"与"逻辑关系　　　　b)"与"逻辑真值表

图 6-3　"与"逻辑

如果用逻辑代数来描述这种电路的工作特点,就能在灯与开关之间建立起相应的逻辑函数关系。此时,开关 A、B 的状态为条件(即输入信号),灯 Y 的状态为结果(即输出信号)。设开关接通为"1"状态,断开为"0"状态;灯亮为"1"状态,灯灭为"0"状态,则可列出与逻辑真值表。这种用"0"和"1"表示输入状态与输出状态之间逻辑关系的表格,被称为真值表。

真值表中,左栏为输入变量的各种可能的取值组合,右栏为其对应的输出状态。由该真值表体现的逻辑关系是"全 1 为 1,有 0 为 0"。这就是"与"逻辑功能,可用下式表示:$Y = A \cdot B$ 或者 $Y = AB$。

(2)"与"门电路。

能实现"与"逻辑功能的电路称为"与"门电路,其逻辑符号如图 6-4 所示。常见的"与"门电路有四路 2 输入"与"门 74LS08 和 CD4081,引脚如图 6-5 所示。

图 6-4　"与"门逻辑符号

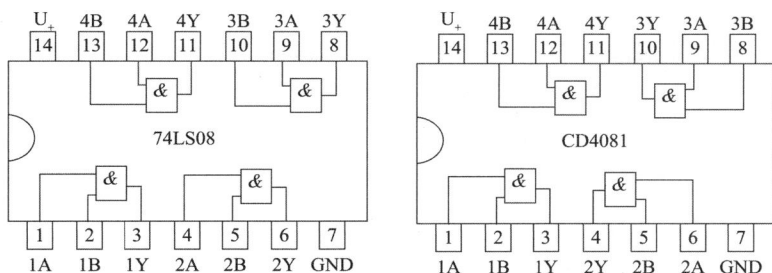

图 6-5　常用"与"门集成电路引脚图

2)"或"运算和"或"门电路

（1）"或"逻辑运算。

"或"是或者的意思。图 6-6a）为两个开关 A、B 并联然后与灯 Y 及电源 E 串联的电路，开关与灯泡之间的逻辑关系如图 6-6b）所示。很明显，只要开关 A 和 B 中有任何一个接通，或者两个都接通时，灯 Y 就亮；只有当两个开关都断开时，灯才灭。一般只要在决定某一种结果的各种条件中，有一个或一个以上的条件具备时，该结果就会发生，这种逻辑关系被称为"或"逻辑。

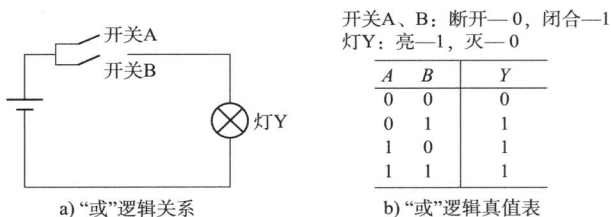

a)"或"逻辑关系　　　　b)"或"逻辑真值表

图 6-6　"或"逻辑

由该真值表体现的逻辑关系是"有 1 为 1，全 0 为 0"。这就是"或"的功能，其表达式为：$Y = A + B$。式中，符号"$+$"读作"或"而不读作"加"，但从形式上看，它和普通代数中的加法式子是一致的，因此，有时也被称为逻辑"加"。

（2）"或"门电路。

能实现"或"逻辑功能的电路称为"或"门电路，其逻辑符号如图 6-7 所示。常见的或门电路有四路 2 输入"或"门 74LS32 和 CD4071，引脚如图 6-8 所示。

图 6-7　"或"门逻辑符号

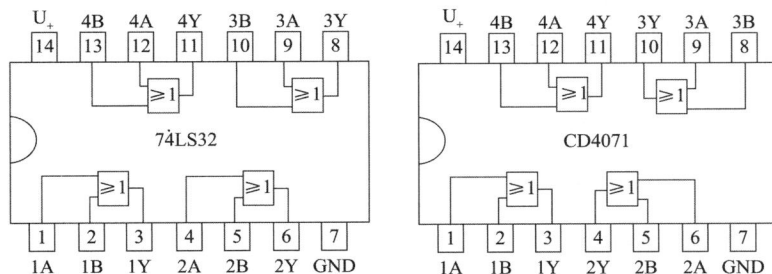

图 6-8　常用"或"门集成电路引脚图

3）"非"运算和"非"门电路

（1）"非"逻辑运算。

"非"是否定的意思，如图6-9a）所示，开关A与灯Y并联后接到电路中。很显然，当开关A接通时，灯不亮；而当开关A断开时，则灯亮。上述开关状态与灯亮、灭之间的关系用真值表来描述时，如图6-9b）所示。即在任何事物中，如果结果是其条件的逻辑否定时，这种特定的因果关系被称为"非"逻辑。

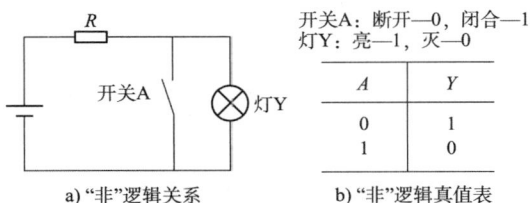

a)"非"逻辑关系　　　　b)"非"逻辑真值表

图6-9　"非"逻辑

由该真值表体现的逻辑关系是"是0则1，是1则0"。这就是"非"逻辑的功能，其逻辑式为：$Y=\bar{A}$，式中，符号"‾"读作"非"，（$\bar{A}$）读作A非。

（2）"非"门电路。

能实现"非"逻辑功能的电路称为"非"门电路。其逻辑符号如图6-10所示。常用的"非"门电路有六反相器74LS04和CD4069，引脚如图6-11所示。

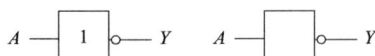

图6-10　"非"门逻辑符号

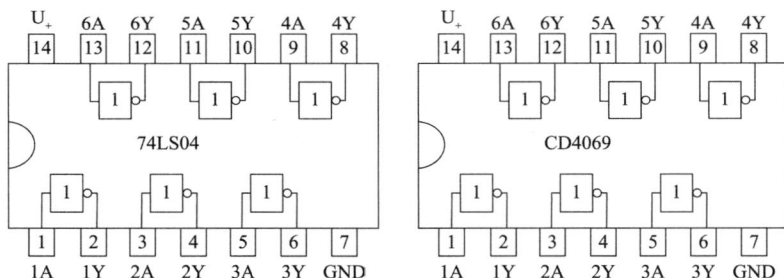

图6-11　常用"非"门集成电路引脚图

4）复合门电路

由"与"门、"或"门、"非"门经过简单的组合，可构成另一些常用的复合逻辑门，如"与非"门、"或非"门、"异或"门等。

（1）"与非"门。

将"与"运算和"非"运算相结合，就构成"与非"逻辑运算。这里的"与非"是指先"与"后"非"。其逻辑符号如图6-12所示。逻辑关系为$Y=\overline{AB}$。

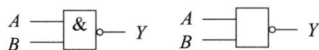

图6-12　"与非"门逻辑符号

"与非"门的逻辑功能可概括为:输入有0,输出为1;输入全1,输出为0。常用的"与非"门集成电路有四路2输入"与非"门74LS00和CD4011,如图6-13所示。

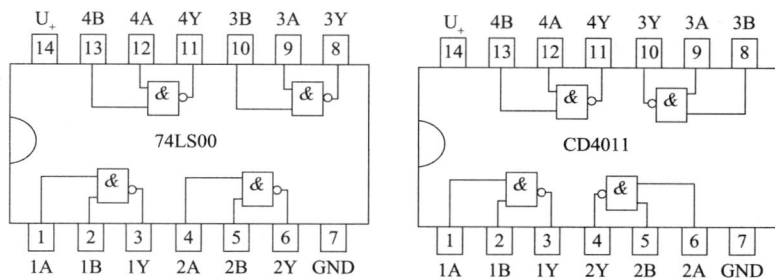

图6-13 常用"与非"门集成电路引脚图

（2）"或非"门。

将"或"运算和"非"运算相结合,就构成"或非"逻辑运算。这里的"或非"是指先"或"后"非"。其逻辑符如图6-14所示。逻辑关系为:$Y = \overline{A + B}$。

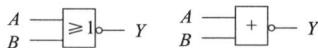

图6-14 "或非"门逻辑符号

"或非"门的逻辑功能可概括为:输入有1,输出为0;输入全0,输出为1。常用的"或非"门集成电路有四路2输入"或非"门74LS02和CD4001,如图6-15所示。

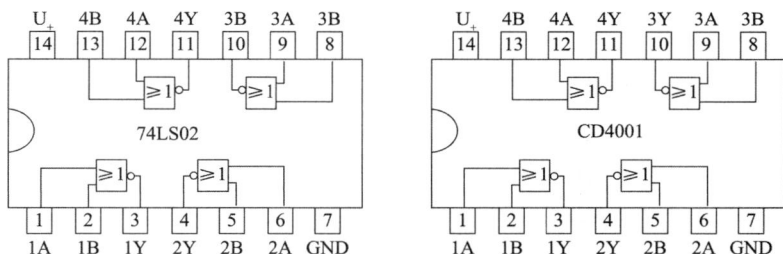

图6-15 常用"或非"门集成电路引脚图

4.逻辑代数

逻辑代数是1849年由英国数学乔治·布尔提出的进行逻辑运算的方法,其被广泛应用于解决开关电路与数字逻辑电路的分析与设计中。

1）逻辑代数的运算法则

（1）常量之间的关系。

① $0 \cdot 0 = 0 \cdot 1 = 1 \cdot 0 = 0$;$1 \cdot 1 = 1$;$0 + 0 = 0$;$0 + 1 = 1 + 0 = 1 + 1 = 1$。

② $\overline{0} = 1$;$\overline{1} = 0$。

（2）变量和常量之间的关系。

① $A + 0 = A$;$A + 1 = 1$;$A \cdot 0 = 0 \cdot A = 0$;$A \cdot 1 = A$

② $A + \overline{A} = 1$;$A + A = A$;$A \cdot \overline{A} = 0$;$A \cdot A = A$;$\overline{\overline{A}} = A$。

（3）基本代数规律。

①交换律。$A + B = B + A$；$A \cdot B = B \cdot A$。

②结合律。$A + (B + C) = (A + B) + C = (A + C) + B$；$A \cdot (B \cdot C) = (A \cdot B) \cdot C$。

③分配律。$A(B + C) = A \cdot B + A \cdot C$；$A + (B \cdot C) = (A + B)(A + C)$。

（4）反演定理（摩根定理）。

① $\overline{A \cdot B} = \overline{A} + \overline{B}$。

② $\overline{A + B} = \overline{A} \cdot \overline{B}$。

（5）常用公式。

① $A + AB = A$。

② $A + \overline{A}B = A + B$。

③ $AB + \overline{A}C + BC = AB + \overline{A}C$。

2）逻辑函数的化简

一个逻辑函数可以有多种逻辑函数表达式，而最基本的是"与或"表达式。逻辑函数的化简就是利用逻辑代数的基本公式和定理对给定的逻辑函数表达式进行化简，消除表达式中的多余乘积项和每一个乘积项中多余的因子，得出函数的最简"与或"表达式。常用的化简方法有吸收法、并项法、消去法等。

（1）吸收法。利用公式 $A + AB = A$，吸收多余的乘积项。

例：化简函数 $F = AB + CD + AB\overline{D}(E + F)$。

解：
$$\begin{aligned} F &= AB + CD + AB\overline{D}(E + F) \\ &= AB + CD \end{aligned}$$

（2）消去法。利用公式 $A + \overline{A}B = A + B$，消去乘积项多余的因子。

例：化简函数 $F = A + \overline{A}BC + DC$。

解：
$$\begin{aligned} F &= A + \overline{A}BC + DC \\ &= A + BC + DC \end{aligned}$$

（3）并项法。利用公式 $A + \overline{A} = 1$，把两项合为一项进行化简。

例：化简函数 $F = ABC + A\overline{BC} + AB\overline{C} + A\overline{BC}$。

$$\begin{aligned} F &= ABC + A\overline{BC} + AB\overline{C} + A\overline{B}C \\ &= (ABC + AB\overline{C}) + (A\overline{B}C + A\overline{BC}) \\ &= AB(C + \overline{C}) + A\overline{B}(C + \overline{C}) \\ &= AB + A\overline{B} \\ &= A(B + \overline{B}) \\ &= A \end{aligned}$$

(二) 组合逻辑电路

逻辑电路按逻辑电路结构和工作原理的不同分为两大类:组合逻辑电路和时序逻辑电路。在逻辑电路中,若任意时刻的输出状态仅取决于该时刻的输入信号状态,而与信号作用前的电路所处的状态无关,则这种电路被称为组合逻辑电路,它的显著特点是无记忆功能。

组合逻辑电路应用广泛,常用的有编码器、译码器、加法器、比较器和数据选择器等。

1.组合逻辑电路的分析与设计

1)组合逻辑电路的分析

(1)分析步骤。

组合逻辑电路的分析是为了明确组合电路的逻辑功能和应用方法。组合逻辑电路的分析大致可分为以下几个步骤:

①根据组合逻辑电路的逻辑图,写出电路输出函数的逻辑表达式;

②对逻辑表达式进行化简,得到最简的逻辑表达式;

③列真值表、将输入输出变量及所有可能的取值列成表格;

④确定功能,根据真值表和逻辑表达式确定电路的逻辑功能。

(2)例题分析。

【例6-1】 分析图6-16的逻辑功能。

①根据逻辑图,写出电路输出函数的逻辑表达式。

$$P = \overline{A}\overline{ABC} + \overline{B}\overline{ABC} + \overline{C}\overline{ABC}$$

②化简与变换。

图 6-16 例 6-1 图

$$Y = \overline{\overline{ABC}(A+B+C)} = \overline{\overline{ABC}} \cdot \overline{\overline{A}+\overline{B}+\overline{C}} = ABC + \overline{ABC}$$

③由表达式列出真值表,见表6-1。

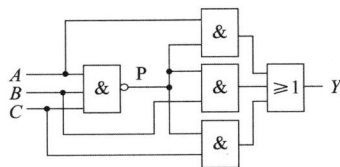

真值表 表6-1

A	B	C	L
0	0	0	0
0	0	1	1
0	1	0	1
0	1	1	1
1	0	0	1
1	0	1	1
1	1	0	1
1	1	1	0

④分析逻辑功能。

当 A、B、C 三个变量不一致时,输出为"1",这个电路被称为"不一致电路"。

2）组合逻辑电路的设计

（1）设计步骤。

组合逻辑电路的设计是分析的逆过程，它是根据给定的逻辑功能设计出逻辑电路，一般步骤为：

①分析实际问题，确定需要哪些是输入变量，哪些是输出变量，并以二值逻辑给输入和输出变量赋值，分析变量间的逻辑关系，把实际问题归纳为逻辑问题，并确定它们之间的逻辑关系；

②列出真值表，若有 n 个变量，则共有 2^n 种输入变量组合，列出所有可能情况下输出变量的取值，即采用"穷举法"；

③根据真值表，写出输出逻辑函数表达式，并化简成所需要的最简单的表达式；

④根据实际问题、技术和材料的要求设计出逻辑电路。

（2）例题分析。

【例6-2】 设有甲乙丙三人进行表决，若有两人以上（包括两人）同意，则通过表决，用 ABC 代表甲乙丙，用 L 表示表决结果。试写出真值表，逻辑表达式，并画出用"与非"门构成的逻辑图。

①分析题意，列出真值表。

用"1"表示同意，"0"表示反对或弃权，可列出真值表，见表6-2。

真值表　　　　　　　　　　　　　　　　　表6-2

A	B	C	L
0	0	0	0
0	0	1	0
0	1	0	0
0	1	1	1
1	0	0	0
1	0	1	1
1	1	0	1
1	1	1	1

②由真值表写出表达式。

$$L = A\overline{B}C + AB\overline{C} + ABC + \overline{A}BC$$

③化简函数表达式。

$$L = A\overline{B}C + AB\overline{C} + ABC + \overline{A}BC$$
$$= AC + AB + BC$$
$$= \overline{\overline{AC + AB + BC}}$$
$$= \overline{\overline{AC} \cdot \overline{AB} \cdot \overline{BC}}$$

④画出逻辑电路图，如图6-17所示。

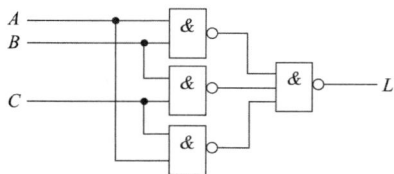

图6-17　表决器逻辑图

2. 常见组合逻辑电路

1）编码器

为了区分一系列不同的事物，将其中的每个事物用一个二值代码表示被称为编码，实现编码操作的电路被称为编码器。在二值逻辑电路中，信号都是以高、低电平的形式给出的，因此，编码器的逻辑功能就是把输入的每一个高、低电平信号编成一个对应的二进制代码。

（1）3 位二进制编码器。

目前经常使用的编码器有普通编码器和优先编码器两类。在普通编码器中，任何时刻只允许输入一个编码信号，否则输出将发生混乱。

现以 3 位二进制普通编码器为例，分析一下普通编码器的工作原理。它的输入是 $I_0 \sim I_7$ 共 8 个高电平信号，输出是 3 位二进制代码 $Y_2 Y_1 Y_0$。为此，又把它叫作 8 线-3 线编码器。输出与输入的对应关系见表 6-3。

3 位二进制编码器真值表　　　　表 6-3

输入	输出		
I	Y_2	Y_1	Y_0
I_0	0	0	0
I_1	0	0	1
I_2	0	1	0
I_3	0	1	1
I_4	1	0	0
I_5	1	0	1
I_6	1	0	0
I_7	1	1	1

由真值表列出逻辑表达式为：

$$Y_2 = I_4 + I_5 + I_6 + I_7 = \overline{\overline{I_4}\,\overline{I_5}\,\overline{I_6}\,\overline{I_7}}$$

$$Y_1 = I_2 + I_3 + I_6 + I_7 = \overline{\overline{I_2}\,\overline{I_3}\,\overline{I_6}\,\overline{I_7}}$$

$$Y_0 = I_1 + I_3 + I_5 + I_7 = \overline{\overline{I_1}\,\overline{I_3}\,\overline{I_5}\,\overline{I_7}}$$

用门电路实现的逻辑电路如图 6-18 所示。

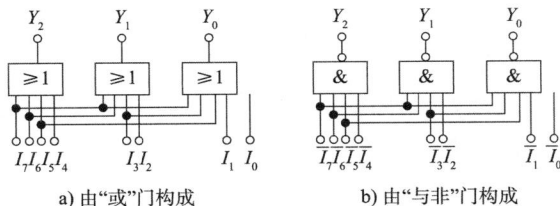

a）由"或"门构成　　　b）由"与非"门构成

图 6-18　3 位二进制编码器

（2）8421 码编码器。

8421 码编码器的输入端输入一个一位十进制数,通过内部编码,输出四位 8421BCD 码二进制代码,每组代码与相应的十进制数见表 6-4。

8421 码编码器真值表 表 6-4

输入	输出			
I	Y_3	Y_2	Y_1	Y_0
I_0	0	0	0	0
I_1	0	0	0	1
I_2	0	0	1	0
I_3	0	0	1	1
I_4	0	1	0	0
I_5	0	1	0	1
I_6	0	1	1	0
I_7	0	1	1	1
I_8	1	0	0	0
I_9	1	0	0	1

从真值表可以看出:输入 10 个互斥的数码,输出 4 位二进制代码。

由真值表列出逻辑表达式:

$$Y_3 = I_8 + I_9 = \overline{\overline{I_8}\,\overline{I_9}}$$

$$Y_2 = I_4 + I_5 + I_6 + I_7 = \overline{\overline{I_4}\,\overline{I_5}\,\overline{I_6}\,\overline{I_7}}$$

$$Y_1 = I_2 + I_3 + I_6 + I_7 = \overline{\overline{I_2}\,\overline{I_3}\,\overline{I_6}\,\overline{I_7}}$$

$$Y_0 = I_1 + I_3 + I_5 + I_7 + I_9 = \overline{\overline{I_1}\,\overline{I_3}\,\overline{I_5}\,\overline{I_7}\,\overline{I_9}}$$

用门电路实现的逻辑电路如图 6-19 所示。

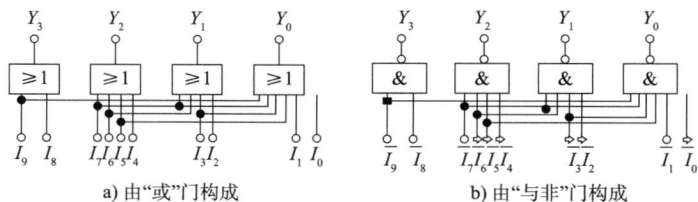

a) 由"或"门构成　　b) 由"与非"门构成

图 6-19　8421 码编码器

2）译码器

把代码状态的特定含义翻译出来的过程称为译码,实现译码操作的电路被称为译码器。译码器就是把一种代码转换为另一种代码的电路,常用的译码器电路有二进制译码器、二-十进制译码器和显示译码器三类。

（1）二进制译码器。

设二进制译码器的输入端为 n 个,则输出端为 2^n 个,且对应于输入代码的每一种状态,

2^n 个输出中只有一个为 1(或为 0),其余全为 0(或为 1)。

二进制译码器可以译出输入变量的全部状态,故又称为变量译码器。

现以 3 线-8 线译码器为例进行分析,常见的 3 线-8 线译码器向 74LS138。

3 线-8 线译码器真值表,见表 6-5。

3 线-8 线译码器真值表　　　　表 6-5

A_2	A_1	A_0	Y_0	Y_1	Y_2	Y_3	Y_4	Y_5	Y_6	Y_7
0	0	0	1	0	0	0	0	0	0	0
0	0	1	0	1	0	0	0	0	0	0
0	1	0	0	0	1	0	0	0	0	0
0	1	1	0	0	0	1	0	0	0	0
1	0	0	0	0	0	0	1	0	0	0
1	0	1	0	0	0	0	0	1	0	0
1	1	0	0	0	0	0	0	0	1	0
1	1	1	0	0	0	0	0	0	0	1

从真值表可以看出:输入为 3 位二进制代码,输出为 8 个互斥的信号。

由真值表列出的逻辑表达式为:

$Y_0 = \overline{A_2}\,\overline{A_1}\,\overline{A_0}$

$Y_1 = \overline{A_2}\,\overline{A_1}A_0$

$Y_2 = \overline{A_2}A_1\overline{A_0}$

$Y_3 = \overline{A_2}A_1A_0$

$Y_4 = A_2\overline{A_1}\,\overline{A_0}$

$Y_5 = A_2\overline{A_1}A_0$

$Y_6 = A_2A_1\overline{A_0}$

$Y_7 = A_2A_1A_0$

用门电路实现的逻辑图,如图 6-20 所示。

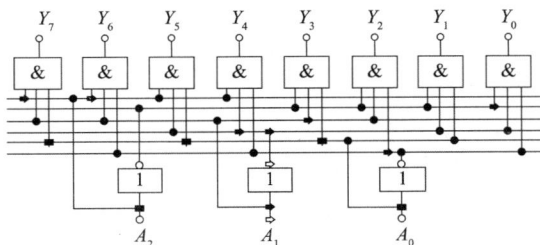

图 6-20　3 线-8 线译码器

(2)二-十进制译码器(8421 码译码器)。

把二-十进制代码翻译成 10 个十进制数字信号的电路,称为二-十进制译码器。二-十进制译码器的输入是十进制数的 4 位二进制编码（BCD 码），分别用 A_3、A_2、A_1、A_0 表示；输出的是与 10 个十进制数字相对应的 10 个信号，用 $Y_9 \sim Y_0$ 表示。由于二-十进制译码器有 4 根输入线，10 根输出线，所以又称为 4 线-10 线译码器。

二-十进制译码器真值表见表 6-6。

二-十进制译码器真值表 表 6-6

A_3	A_2	A_1	A_0	Y_9	Y_8	Y_7	Y_6	Y_5	Y_4	Y_3	Y_2	Y_1	Y_0
0	0	0	0	0	0	0	0	0	0	0	0	0	1
0	0	0	1	0	0	0	0	0	0	0	0	1	0
0	0	1	0	0	0	0	0	0	0	0	1	0	0
0	0	1	1	0	0	0	0	0	0	1	0	0	0
0	1	0	0	0	0	0	0	0	1	0	0	0	0
0	1	0	1	0	0	0	0	1	0	0	0	0	0
0	1	1	0	0	0	0	1	0	0	0	0	0	0
0	1	1	1	0	0	1	0	0	0	0	0	0	0
1	0	0	0	0	1	0	0	0	0	0	0	0	0
1	0	0	1	1	0	0	0	0	0	0	0	0	0

根据真值表得出的逻辑表达式为：

$$Y_0 = \overline{A_3}\,\overline{A_2}\,\overline{A_1}\,\overline{A_0} \quad Y_1 = \overline{A_3}\,\overline{A_2}\,\overline{A_1}A_0 \quad Y_2 = \overline{A_3}\,\overline{A_2}A_1\overline{A_0} \quad Y_3 = \overline{A_3}\,\overline{A_2}A_1A_0$$

$$Y_4 = \overline{A_3}A_2\overline{A_1}\,\overline{A_0} \quad Y_5 = \overline{A_3}A_2\overline{A_1}A_0 \quad Y_6 = \overline{A_3}A_2A_1\overline{A_0} \quad Y_7 = \overline{A_3}A_2A_1A_0$$

$$Y_8 = A_3\overline{A_2}\,\overline{A_1}\,\overline{A_0} \quad Y_9 = A_3\overline{A_2}\,\overline{A_1}A_0$$

用门电路实现的逻辑图，如图 6-21 所示。

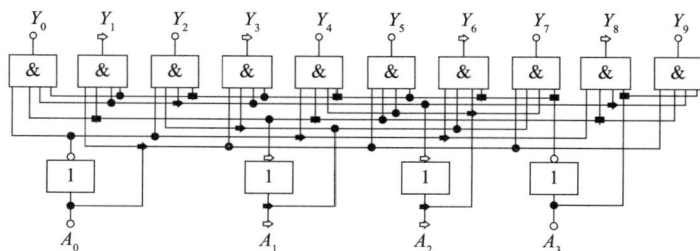

图 6-21　二-十进制译码器

（3）显示译码器。

发光二极管由特殊的半导体材料砷化镓、磷砷化镓等制成，可单独使用，也可组装成分段式显示器件，分段式显示器件由 7 条线段围成字形，如图 6-22 所示。每一段包含一个发光二极管，分别用 a、b、c、d、e、f、g 表示，外加正向电压时二极管导通，发出清晰的红、绿、黄等光色。只要按规律控制各发光段的亮灭，就可以显示各种字形和符号。发光二极管有共阴、共阳极之分，使用共阴式发光二极管时，公共阴极接地，七个阳极 a ~ g 由相应的 BCD/七段译码器来控制。

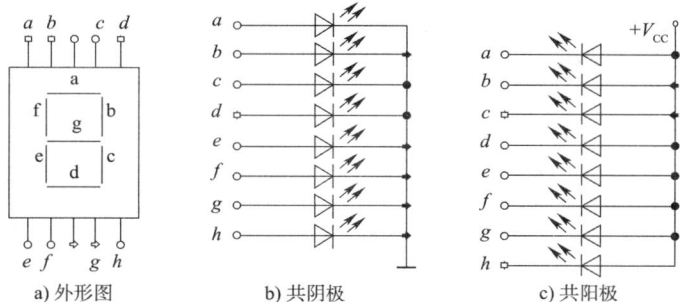

a) 外形图 　　　 b) 共阴极 　　　 c) 共阳极

图 6-22　七段字形显示

BCD/七段译码器的输入是一位 BCD8421 码,输入端用 A_3、A_2、A_1、A_0 表示,输出用数码管的各段信号 Y_a、Y_b、Y_c、Y_d、Y_e、Y_f、Y_g 来表示。用 BCD/七段译码器驱动共阴发光二极管时,输出信号为高电平有效,即输出为 1 时,相应各段显示发光,其真值表见表 6-7。

BCD/七段译码显示真值表　　　　　　　　　　　　　　　表 6-7

输入				输出							显示字形
A_3	A_2	A_1	A_0	a	b	c	d	e	f	g	
0	0	0	0	1	1	1	1	1	1	0	0
0	0	0	1	0	1	1	0	0	0	0	1
0	0	1	0	1	1	0	1	1	0	1	2
0	0	1	1	1	1	1	1	0	0	1	3
0	1	0	0	0	1	1	0	0	1	1	4
0	1	0	1	1	0	1	1	0	1	1	5
0	1	1	0	0	0	1	1	1	1	1	6
0	1	1	1	1	1	1	0	0	0	0	7
1	0	0	0	1	1	1	1	1	1	1	8
1	0	0	1	1	1	1	0	0	1	1	9

3. 组合逻辑电路在汽车上的应用举例

由门电路组成的门锁控制系统的控制电路如图 6-23 所示。为了避免电机通电时间长引起发热,需要利用定时器限制通电时间。

(1)闭锁/解锁动作。

利用门钥匙开关或门控制开关使触点位于开锁侧,则向"或"门 A 输出"Hi",解锁定时器进行工作,约 0.2s 晶体管 V_1 处于接通状态,所有门锁电机电流向下流动,此时处于解锁状态。而"与"门 E 的输出,只要不把钥匙插入发动机锁孔中,"与"门 E 就会处于"Lo"位置,所以与"或"门的输出无关。

利用门钥匙开关或门控制开关进行上锁操作,则向"或"门 B 输出"Hi",闭锁定时器工作,约 0.2s 晶体管 V_2 接通,所有门锁电机电流向上流动,处于锁闭状态。

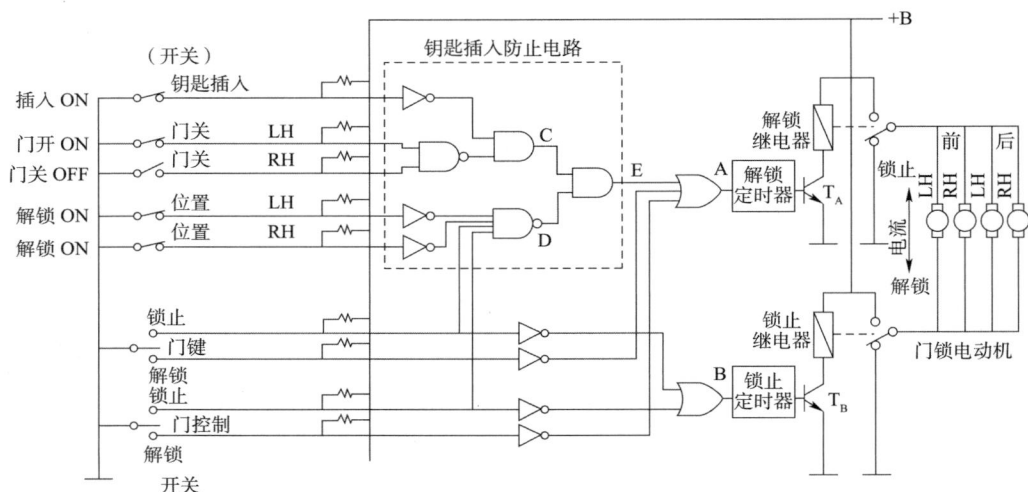

图 6-23　门锁控制系统的控制电路

(2)防止键锁闭。

防正键锁闭是指若已执行了锁门操纵,而一侧前门打开并且点火开关钥匙仍插在锁心内,则所有的车门会自动打开,以防止点火开关钥匙遗忘在汽车内。

图 6-23 中的虚线部分是钥匙插入防止电路。当钥匙插入发动机锁孔没有拔出时,驾驶座或副驾驶座的门开着,"与"门 C 输出"Hi",这时,操作门锁按钮,使门锁机构处于上锁状态,则位置开关处于断开,"与非"门 D 输出"Hi"。此外,利用门控制开关操作上锁时,开关的"Lo"信号会向"与非"门输入,门 D 会输出"Hi",从而从"与门"E 输出"Hi",使解锁定时器工作,电机向解锁一侧驱动,不形成闭锁状态。这时,驾驶员必须注意把钥匙从发动机锁孔中拔出。

二、任务实施

(一)实施要求

(1)能按照要求完成集成块电路搭建。
(2)能完成集成块检测,并给出结论。

(二)实施准备

电子实验台、74LS04、电阻、电容、开关、发光二极管、蜂鸣器、导线。

(三)实施步骤

(1)汽车散热器水位报警器电路连接与搭建。
(2)实验现象观察及结果判断。

三、任务工单

任务名称	汽车散热器水位报警器电路连接与检测				
姓名		班级		分组	
教师		地点		日期	
具体内容					
设备工具					
组员分工					

	实训过程内容与流程记录
一、场地准备	作业场地准备　　　　是否完成:是□　否□
二、电路连接	按下图所示连接电路,使用双控开关 S 模拟散热器水位。 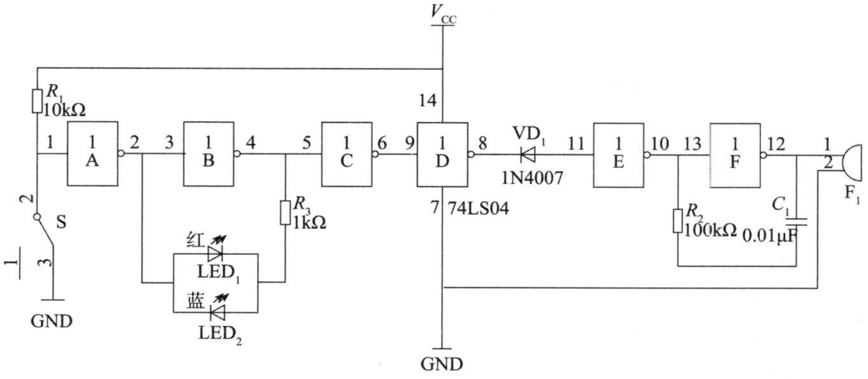

| 三、检测数据记录 | 将实验检测数据记录在下表中 |

电路元件	散热器水位正常	水箱水位低
开关 S		
蓝色 LED2		
红色 LED1		
蜂鸣器		

四、6S 管理	1.设备还原　　　　是□　否□ 2.场地清理　　　　是否有工具遗漏:是□　否□ 　　　　　　　　　地面是否整洁干净:是□　否□

	实训任务回顾与总结
任务收获与结果	
建议和改进措施	

任务2　汽车转向灯电路的连接与检测

任务描述

某维修店接到一台比亚迪 E5 故障车辆,经检查发现汽车转向灯不亮,需更换。请你选择合适的工具,布置场地,安全规范的执行更换任务。

一、知识准备

(一)时序逻辑电路

在各种复杂的数字电路中不但需要对二值信号进行算术运算和逻辑运算,还经常需要将这些信号和运算结果保存起来,为此,需要使用具有记忆功能的基本逻辑电路,这些具有记忆功能的逻辑电路被称为时序逻辑电路。时序逻辑电路由组合逻辑电路和存储电路组成,与组合逻辑电路相比,它的输出状态不仅取决于当时的输入信号,还与电路原来所处的状态有关。我们把能够存储一位二进制数字信号的电路称为触发器。触发器是一种最简单的时序逻辑电路,是构成其他时序逻辑电路的最基本的单元电路。

触发器有两个稳定状态,一个是"0"态,另一个是"1"态,在没有外来信号作用时,它将一直处于某一种稳定状态,只有在一定的输入信号控制下,才有可能从一种稳定状态转换到另一种稳定状态(翻转),并保持这种状态不变,直到下一个输入信号使它翻转为止。

触发器按逻辑功能分类有 RS 触发器、JK 触发器、D 触发器、T 和 T′触发器;按照结构形式的不同,又可分为基本 RS 触发器、同步触发器、主从触发器和边沿触发器。

1. RS 触发器

RS 触发器按电路结构分类,有基本 RS 触发器、可控 RS 触发器和主从 RS 触发器。

基本 RS 触发器的输入信号是以电平信号直接控制触发器翻转的。在实际应用中,当采用多个触发器工作时,往往要求各触发器的翻转在某一时刻同时进行,这就需要引入一个时钟控制信号,简称时钟脉冲,用 CP 表示。这种触发器只有当时钟脉冲信号到达时,才能根据输入信号一起翻转。我们将具有时钟信号控制的触发器称为可控触发器。

可控触发器按触发方式分类,有同步 RS 触发器和主从 RS 触发器。

1)基本 RS 触发器

(1)电路结构。

基本 RS 触发器电路结构最简单,它是构成触发器的一个基本组成部分,如图 6-24 所示,它是由两个"与非"门的输入端和输出端相互交叉连接构成。它有两个信号输入端 $\overline{R}$ 和 $\overline{S}$,$\overline{R}$ 叫置"0"输入端或复位端,$\overline{S}$ 叫置"1"输入端或置位端。$\overline{R}$ 和 $\overline{S}$ 上面加上"‾"表示低电平触发有效。

一般情况下,当 $Q=1,\overline{Q}=0$ 时,称触发器处于"1"态;当 $Q=0,\overline{Q}=1$ 时称触发器为"0"态。我们把触发信号输入前,触发器所处的稳定状态叫现态,用 Q^n 表示;触发信号输入后触发器所处的稳定状态叫次态,用 Q^{n+1} 表示。

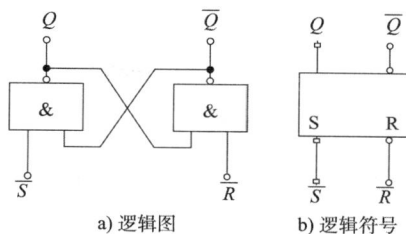

a) 逻辑图   b) 逻辑符号

图 6-24 基本 RS 触发器

(2)逻辑功能分析。

根据输入信号的不同组合,可以得出基本触发器的逻辑功能。

①当 $\overline{R}=0,\overline{S}=1$ 时,根据"与非"门的逻辑功能可知,无论原来 Q 的状态是 0 还是 1,都有 $Q=0$,即触发器被置为"0"态。

②当 $\overline{R}=1,\overline{S}=0$ 时,无论原来 Q 的状态是 0 还是 1,都有 $Q=1$,即触发器被置为"1"态。

③当 $\overline{R}=1,\overline{S}=1$ 时,根据"与非"门的逻辑功能可知,触发器保持原有状态不变,即原来的状态被触发器存储起来,这体现了触发器具有记忆能力。

④当 $\overline{R}=0,\overline{S}=0$ 时,$Q=\overline{Q}=1$,不符合触发器的逻辑关系。并且由于"与非"门的延迟时间不可能完全相等,在两输入端的 0 同时撤除后,将不能确定触发器是处于 1 状态还是 0 状态,我们把触发器的这种状态叫不定态。触发器正常工作时不允许出现这种情况,对基本 RS 触发器的输入信号应遵守 $\overline{R}+\overline{S}=1$ 的约束。

根据上面的分析我们可以列出基本 RS 触发器的逻辑功能表见表 6-8。

基本 RS 触发器逻辑功能表   表 6-8

$\overline{R}_D$	$\overline{S}_D$	Q^n	Q^{n+1}	功能说明
0	0	0	×	触发器状态不定
0	0	1	×	
0	1	0	0	触发器置0(复位)
0	1	1	0	
1	0	0	1	触发器置1(置位)
1	0	1	1	
1	1	0	0	触发器保持原状态($Q^{n+1}=Q^n$)
1	1	1	1	

2)同步 RS 触发器

(1)电路结构。

同步 RS 触发器是在基本 RS 触发器中增加两个"与非"门组成时钟控制门,如图 6-25 所示。

(2)逻辑功能分析。

①当 $CP=0$ 时,输入信号 R、S 不起作用,触发器的状态保持不变。

②当 $CP=1$ 时,工作情况与基本 RS 触发器相同。其逻辑功能见表 6-9。

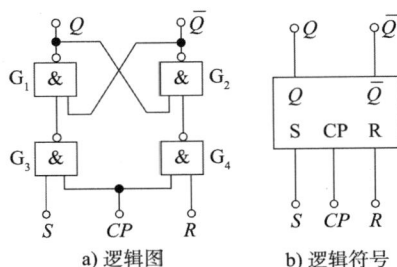

a) 逻辑图　　b) 逻辑符号

图 6-25　同步 RS 触发器

同步 RS 触发器功能表　　　　　表 6-9

CP	R	S	Q^{n+1}	功能
0	×	×	Q^n	保持
1	0	0	Q^n	保持
1	0	1	1	置1
1	1	0	0	置0
1	1	1	不定	不允许

3）主从 RS 触发器

为了提高触发器工作的可靠性,希望在每个 CP 周期里输出端的状态只能改变一次。为此在同步 RS 触发器的基础上设计出了主从 RS 触发器。

（1）电路结构。

主从 RS 触发器是由两个同步 RS 触发器组成,但它们的时钟信号相位相反,如图 6-26 所示。"与非"门 $G_1 \sim G_4$ 组成从触发器,"与非"门 $G_5 \sim G_8$ 组成主触发器。逻辑符号"∧"表示正边沿触发,即 CP 由"0"变"1"时刻,触发器才能被触发翻转;在"∧"下边加个小圆圈表示负边沿触发,即 CP 由"1"变"0"时刻,触发器才能被触发翻转。

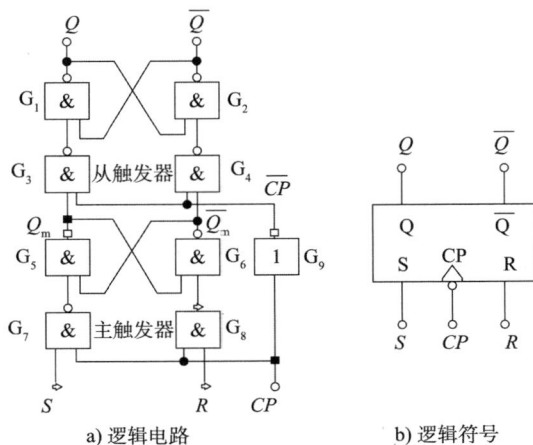

a) 逻辑电路　　　　b) 逻辑符号

图 6-26　主从 RS 触发器

（2）逻辑功能分析。

主从 RS 触发器的逻辑功能表见表 6-10。

主从 RS 触发器逻辑功能表 表 6-10

CP	S	R	Q^{n+1}
⌐‾	0	0	Q^n
⌐‾	0	1	0
⌐‾	1	0	1
⌐‾	1	1	不定

①$CP = 1$ 期间，主触发器控制门 G_7、G_8 打开，接收输入信号 R、S，

从触发器控制门 G_3、G_4 封锁，其状态保持不变。

②CP 下降沿到来时，主触发器控制门 G_7、G_8 封锁，在 $CP = 1$ 期间接收的内容被存储起来。同时，从触发器控制门 G_3、G_4 被打开，主触发器将其接收的信号送入从触发器，输出端随之改变状态。

③$CP = 0$ 期间，由于主触发器保持状态不变，因此，受其控制的从触发器的状态也不可能改变。

由上述分析可得出主从 RS 触发器的特性方程为 $Q_m^{n+1} = S + \overline{R}Q_m^n$，$RS = 0$。

2. JK 触发器

为了克服 RS 触发器存在不定态的缺点，在主从 RS 触发器的基础上增加两条反馈线。为了和主从 RS 触发器区别开，把两个信号输入端称 J 和 K，它的逻辑符号如图 6-27 所示。

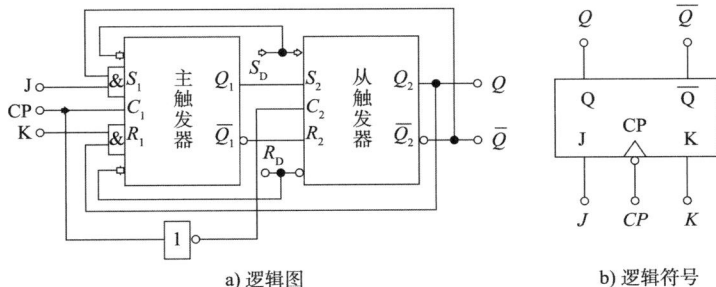

a) 逻辑图　　　　　　　　　　b) 逻辑符号

图 6-27　主从 JK 触发器

根据逻辑图可列出逻辑表达式为：$S = J\overline{Q^n}$，$R = KQ^n$。

代入主从 RS 触发器的特性方程，即可得到主从 JK 触发器的特性方程：

$$Q^{n+1} = S + \overline{R}Q^n = J\overline{Q} + \overline{KQ^n}Q^n = J\overline{Q} + \overline{K}Q^n（CP 下降沿到来时有效）。$$

当 $CP = 1$ 时，主触发器被打开，可以接收输入信号 J、K，其输出状态由输入信号的状态决定。但从触发器被封锁，无论主触发器的输出状态如何变化，对从触发器均无影响，即触发器的输出状态保持不变。

当 CP 由 1 变 0 时刻，主触发器被封锁，从触发器按照主触发器的状态翻转。J、K 输入状态的改变不会引起主触发器的变化，而从触发器状态也不会改变，这就保证了在 CP 脉冲

的一个周期内,触发器的输出状态只改变一次,而且是在 CP 脉冲下降沿时刻改变状态。具体分析如下。

(1) $J = 0, K = 0$。

设触发器初态为0,即 $Q = 0$。当 $CP = 1$ 时,由于主触发器 $S = J\overline{Q} = 0, R = KQ = 0$,所以状态保持不变,即 $Q_\text{主} = 0$。当 CP 由1变0时,从触发器 $S_\text{从} = Q_\text{主} = 0, R_\text{从} = \overline{Q}_\text{主} = 1, Q = 0$。状态保持不变。

(2) $J = 0, K = 1$。

设触发器初态为0,当 $CP = 1$ 时,由于主触发器 $S = J\overline{Q} = 0, R = KQ = 0$,状态不变。当 CP 由1变0时,从触发器状态与主触发器状态一致,$Q = Q_\text{主} = 0$。若初态为1,当 $CP = 1$ 时,主触发器 $S = J\overline{Q} = 0, R = KQ = 1$,状态翻转为0。

即不论触发器原来处于何种状态,下一个状态都是0。

(3) $J = 1, K = 0$。

通过(2)的类似分析过程可知,不论触发器原来处于何种状态,下一个状态都是1。

(4) $J = 1, K = 1$。

设触发器初态为0,主触发器 $S = J\overline{Q} = 1, R = KQ = 0$,当 $CP = 1$ 时主触发器输出 $Q_\text{主} = 1$。当 CP 从1变0时,从触发器状态与主触发器变为一致,$Q = 1$。若触发器初态为1,主触发 $S = J\overline{Q} = 0, R = KQ = 1$,当 $CP = 1$ 时,主触发器输出 $Q_\text{主} = 0$。当 CP 由1变为0时,触发器输出 $Q = 0$。

即当 $J = 1, K = 1$ 的情况下,每一脉冲时钟到来时,触发器的状态发生翻转,与原状态相反,此时 JK 触发器具有计数功能。

3. D 触发器

边沿 D 触发器的逻辑图和逻辑符号如图 6-28 所示。它由6个“与非”门连接而成。电路有一个输入端,用 D 表示。边沿触发器不仅将触发器的触发翻转控制在 CP 触发沿到来的一瞬间,而且将接收输入信号的时间也控制在 CP 触发沿到来的前一瞬间。因此,边沿触发器没有空翻现象,从而大幅提高了触发器工作的可靠性和抗干扰能力。

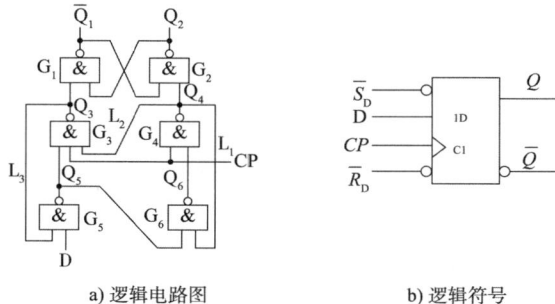

a) 逻辑电路图   b) 逻辑符号

图 6-28 边沿 D 触发器

边沿 D 触发器的逻辑功能见表 6-11,其特性方程为 $Q^{n+1} = D$。

边沿 D 触发器逻辑功能表 表 6-11

D	Q^n	Q^{n+1}	功能说明
0	0	0	
0	1	0	输出状态与 D 状态相同
1	0	1	
1	1	1	

(二) 集成 555 定时器

1. 集成 555 定时器电路概述

555 时基电路是一种能够产生定时信号(或称时钟信号),能够完成各种定时或延时功能的中规模集成电路。它将模拟功能和数字逻辑功能巧妙结合在一起,电路功能灵活,适用范围广,只要在外部配上几个阻容元件,就可以构成性能稳定且准确的方波发生器、单稳态触发器和施密特触发器等。集成 555 定时器的应用相当广泛,在汽车电子电路中随处可见。

目前,国际上各电子器件公司生产的 555 定时器产品型号繁多,但总体来说分为双极型和 CMOS 两种类型。双极型产品型号最后的三位数码都 555;CMOS 产品型号的最后四位数码都是 7555,它们的结构、工作原理以及外部引脚排列基本相同。

1)555 的基本结构

集成 555 定时器电路如图 6-29 所示,电路由分压器(由 3 个 5kΩ 电阻组成,555 电路由此得名)、C_1、C_2 两个电压比较器、基本 RS 触发器、放电管 VT 等组成。555 定时器的引脚排列图如图 6-30 所示。

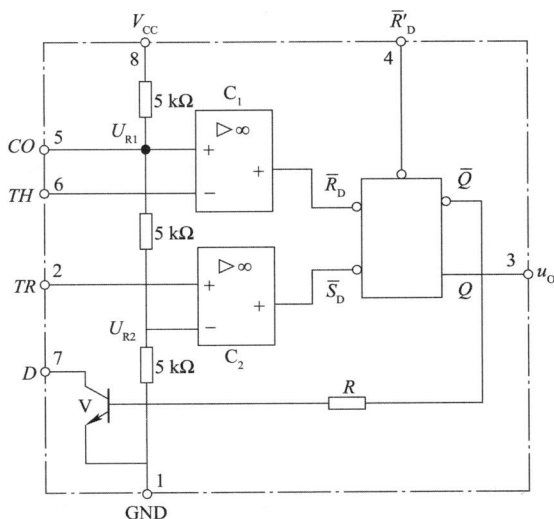

图 6-29 555 定时器内部电路

2)555 定时器工作原理

TH 是比较器 C_1 的输入端,TR 是比较器 C_2 的输入端。C_1 和 C_2 的参考电压由 V_{CC} 经三个

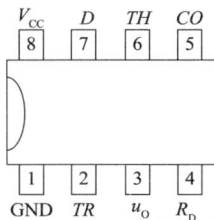

图 6-30 555 定时器的电路符号

管脚 1-接地端；管脚 2-低电平触发端；管脚 3-输出端；管脚 4-直接置零端；管脚 5-电压控制端；管脚 6-高电平触发端；管脚 7-放电端；管脚 8-电源端

5kΩ 电阻分压给出。当控制电压输入端 CO 悬空时，比较器 C_1 和 C_2 的比较电压分别为 $\frac{2}{3}V_{CC}$ 和 $\frac{1}{3}V_{CC}$。

R_D 是复位端，只要在 R_D 端加上低电平，输出端 u_O 便立即被置 0，不受其他输入端状态的影响。正常工作时必须使 R_D 处于高电平。

（1）当 $U_{TH} > \frac{2}{3}V_{CC}$，$U_{\overline{TR}} > \frac{1}{3}V_{CC}$ 时，比较器 C_1 输出低电平，C_2 输出高电平，基本 RS 触发器被置 0，放电三极管 V 导通，输出端 u_O 为低电平。

（2）当 $U_{TH} < \frac{2}{3}V_{CC}$，$U_{\overline{TR}} < \frac{1}{3}V_{CC}$ 时，比较器 C_1 输出高电平，C_2 输出低电平，基本 RS 触发器被置 1，放电三极管 V 截止，输出端 u_O 为高电平。

（3）当 $U_{TH} < \frac{2}{3}V_{CC}$，$U_{\overline{TR}} > \frac{1}{3}V_{CC}$ 时，比较器 C_1 输出高电平，C_2 输出高电平，基本 RS 触发器状态不变，电路保持原态不变。

由以上分析可以得到 555 定时器电路的逻辑功能表，见表 6-12。

555 的逻辑功能表 表 6-12

TH	TR	$\overline{R'_D}$	u_O	放电三极管 VT
×	×	L	L	饱和导通
$> (2/3)U_{CC}$	$> (1/3)U_{CC}$	H	L	饱和导通
$< (2/3)U_{CC}$	$> (1/3)U_{CC}$	H	原状态	原状态
$< (2/3)U_{CC}$	$< (1/3)U_{CC}$	H	H	截止

2. 集成 555 定时器电路的典型应用

555 时基电路的基本应用电路有三种：单稳态触发器、多谐振荡器和施密特触发器。

1）555 构成的单稳态触发器

单稳态触发器具有下列特点：

①它有一个稳定状态和一个暂稳状态；

②在外来触发脉冲的作用下，能够由稳定状态翻转到暂稳状态；

③暂稳状态维持一段时间后，将自动返回到稳定状态，而暂稳状态时间的长短与触发脉冲无关，仅决定于电路本身的参数。单稳态触发器一般用于定时、整形以及延时电路。

（1）电路结构和工作原理。

如图 6-31 所示，R、C 是定时元件；v_I 是输入触发信号，下降沿有效，接到 555 的 2 脚；3 脚 v_O 是输出信号。

如图 6-32 所示，在没有触发信号时电路工作在稳态。即 v_I 是高电平时，$v_O = 0$，VT 饱和导通。接通电源后，电路会自动达到稳定状态，当 v_I 下降沿到来时，电路被触发，$v_O = 1$，VT 截止，这时电容 C 开始充电，在电容电压 v_C 上升到 $2/3V_{CC}$ 以前，电路保持暂态不变。随着电

容 C 的充电,当 v_C 上升到 $2/3V_{CC}$ 时,触发器翻转,$v_0=0$,VT 饱和导通,暂态结束。电容 C 通过三极管 VT 放电,C 放电结束后,电路回到稳定状态,等待下一个触发脉冲。

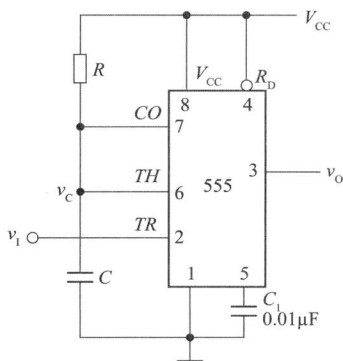

图 6-31　555 电路构成的单稳态触发器

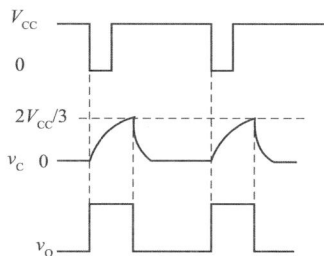

图 6-32　555 电路构成的单稳态触发器工作波形图

(2)单稳态触发器的应用。

利用 555 定时器构成的单稳态触发器如图 6-33 所示。只要用手触摸一下金属片 P,由于人体感应电压相当于在触发输入端(引脚 2)加入一个负脉冲,555 输出端(引脚 3)输出高电平,灯泡(R_L)发光,当暂稳态时间(t_W)结束时,555 输出端恢复低电平,灯泡熄灭。这个触摸开关可以用于夜间定时照明,定时时间可以由 RC 参数调节。

2)555 构成的多谐振荡器

多谐振荡器是产生矩形脉冲的自激振荡器。多谐振荡器一旦起振,电路就没有稳态,只有两个暂稳态,它们做交替变化,输出连续的矩形脉冲信号,因此又被称为无稳态电路,常用来做脉冲信号源。

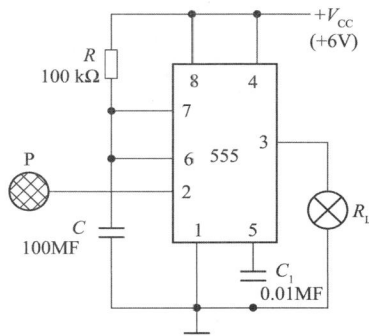

图 6-33　触摸式定时控制开关电路

(1)电路结构和工作原理。

555 构成的多谐振荡器如图 6-34 所示。

R_1、R_2、C 是外接定时元件,6、2 脚连接起来(v_C)对地接电容 C,三极管 VT 集电极 7 脚接到 R_1、R_2 的连接点 P。

接通电源前电容 C 上无电荷,所以接通电源瞬间,C 来不及充电,故 $v_C=0$、$v_0=1$,555 电路内部的 VT 截止。随着电容 C 充电,v_C 缓慢上升,当 v_C 上升到 $2/3V_{CC}$ 时,555 电路内部的触发器翻转,$v_0=0$,VT 饱和导通,VT 饱和导通使电容 C 通过 R_2 放电。随着电容 C 放电,v_C 不断下降。当 v_C 下降到 $1/3V_{CC}$ 时,触发器翻转,$v_0=1$,VT 截止。随后电容 C 又开始充电,进入下一个循环,于是在输出端 3 脚产生了矩形脉冲。电路的工作波形见图 6-35。

(2)多谐振荡器的应用。

如图 6-36 所示,利用 555 定时器的输出端 3 接继电器 J 的线圈,使继电器按多谐振荡频率进行工作,继电器的触点接到转向灯的电源回路中,控制电源的通断,使转向灯按一定频率闪烁。闪光器的灯亮时间由 C_1 的充电时间决定:$t_{灯亮}=t_{C1充}\approx0.7(R_A+R_{VD1})C_1$(式中,$R_{VD1}$ 为二极管 VD1 的正向电阻)。闪光器的灯灭时间由 C_1 的放电时间决定:$t_{灯灭}=t_{C1放}\approx0.7$

$R_B C_1$。闪光器的灯亮灯灭周期即多谐振荡器的振荡周期为 $T = t_{C1充} + t_{C1放} = 0.7(R_A + R_B + R_{VD1})C_1$。信号灯的闪烁频率为 $f = 1/T \times 60$（次/分钟）。通过适当选择 R_A、R_B 和 C_1 的值，即可取得一定的闪烁频率。

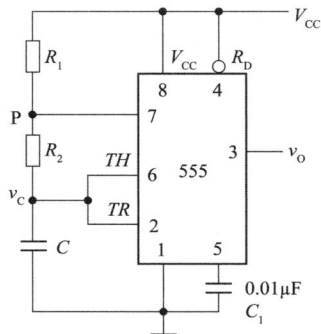

图 6-34　555 构成的多谐振荡器

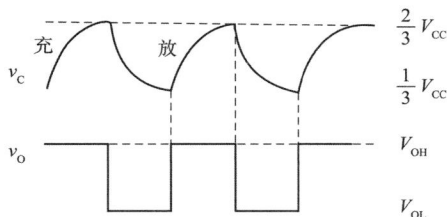

图 6-35　555 构成的多谐振荡器工作波形

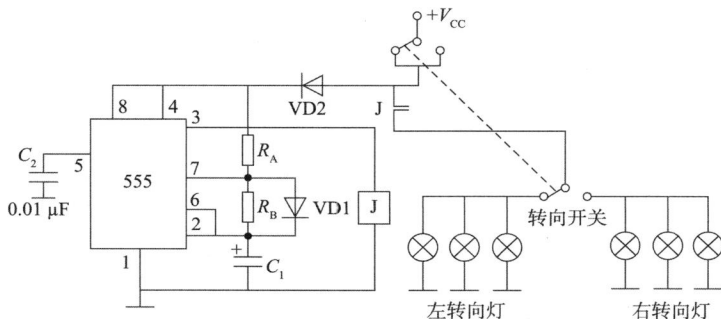

图 6-36　555 构成的汽车转向闪光器

3）555 构成的施密特触发器

施密特触发器具有回差电压特性，能将边沿变化缓慢的电压波形整形为边沿陡峭的矩形脉冲。

（1）电路结构和工作原理。

由 555 定时器构成的施密特触发器的电路和工作波形如图 6-37 所示。

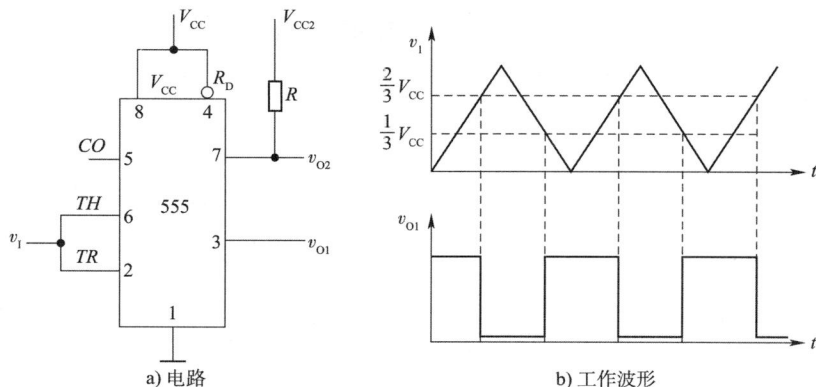

a）电路　　　　　　　　b）工作波形

图 6-37　用 555 定时器构成的施密特触发器

① $v_I = 0V$ 时,v_{O1} 输出高电平。

②当 v_I 上升到 $\frac{2}{3}V_{CC}$ 时,v_{O1} 输出低电平;当 v_I 由 $\frac{2}{3}V_{CC}$ 继续上升,v_{O1} 保持不变。

③当 v_I 下降到 $\frac{1}{3}V_{CC}$ 时,电路输出跳变为高电平。而且在 v_I 继续下降到 0V 时,电路的这种状态不变。

图中,R、V_{CC2} 构成另一输出端 v_{O2},其高电平可以通过改变 V_{CC2} 进行调节。

(2)电压滞回特性和主要参数。

电压滞回特性如图 6-38 所示。

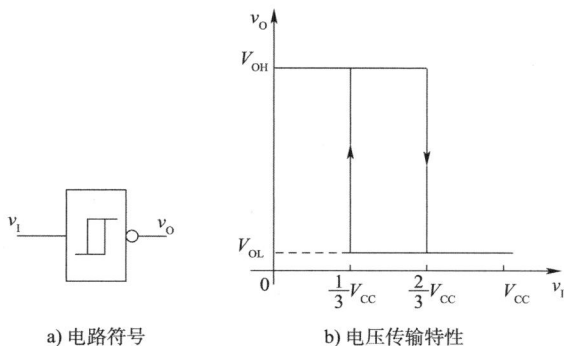

a) 电路符号   b) 电压传输特性

图 6-38 施密特触发器的电路符号和电压传输特性

主要静态参数如下:

①上限阈值电压 V_{T+}——v_I 上升过程中,输出电压 v_O 由高电平 V_{OH} 跳变到低电平 V_{OL} 时,所对应的输入电压值。$V_{T+} = \frac{2}{3}V_{CC}$;

②下限阈值电压 V_{T-}——v_I 下降过程中,v_O 由低电平 V_{OL} 跳变到高电平 V_{OH} 时,所对应的输入电压值。$V_{T-} = \frac{1}{3}V_{CC}$;

③回差电压 ΔV_T。回差电压又叫滞回电压,定义为:$\Delta V_T = V_{T+} - V_{T-} = \frac{1}{3}V_{CC}$。

若在电压控制端 V_{CO}(5 脚)外加电压 V_S,则将有 $V_{T+} = V_S$、$V_{T-} = V_S/2$、$\Delta V_T = V_S/2$,而且当改变 V_S 时,它们的值也随之改变。

(3)施密特触发器的应用。

①施密特触发器在汽车自动变光上的应用。

下面,以前照灯 555 自动变光器为例介绍施密特触发器在自动变光上的应用。这种采用 555 电路的变光器能使汽车在夜间会车时于相距 100~150m 内把远光灯自动转换成近光灯,会车后又自动恢复到远光灯,从而避免夜间会车时因远光灯眩目而造成的交通事故,提高汽车行驶的安全性。

电路如图 6-39 所示。变光器主要由光电检测电路、施密特触发电路及开关电路等组成。

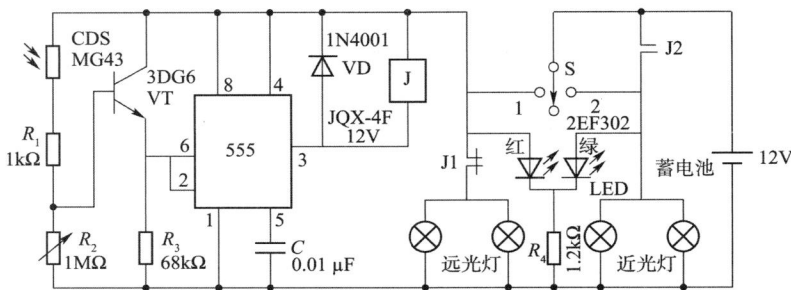

图 6-39　前照灯光 555 自动变光器

采用光敏电阻作为光电检测元件,光敏电阻在黑暗的情况下阻值很大,当有光照射时,阻值迅速降低。将光敏电阻安装在汽车头部且在本车前照灯照射不到的部位,当汽车前方没有会车车辆时,光敏电阻没有受光照射,阻值很高,三极管 VT 的基极处于低电位,三极管截止,555 的 2、6 脚为低电平,3 脚输出为高电平,继电器 J 不吸合,常闭触点 J1 导通,红色发光二极管发光,指示远光灯发光,当会车时,光敏电阻阻值降低,三极管 VT 的基极电位升高,VT 导通,555 的 2、6 脚为高电平,3 脚输出低电平,继电器 J 吸合,常闭触点 J1 断开,常开触点 J2 闭合,绿色发光二极管发光,指示近光灯发光,进行会车。555 构成的施密特触发器使光照达到一定强度时,继电器才吸合,避免自身前照灯忽亮忽暗。

②施密特触发器在汽车转向灯上的应用。

下面以 555 转向灯闪光器解释施密特触发器在汽车转向灯上应用的工作原理。

如图 6-40 所示,假定零时刻电容初始电压为零,8 脚电压为 V_{CC},接通转向开关后,因电容两端电压不能突变,则有 555 定时器的高电平触发端(6 脚)和低电平触发端(2 脚)电压均为零,则 555 定时器的输出端(3 脚)为高电平,三极管 T_1 导通,有电流流经转向灯,转向灯亮。电流路径为:蓄 + →转向开关 K→转向灯(ZD_1 或 ZD_2)→三极管 T_1(C-E)→蓄 -。同时555 定时器的放电管截止,7 脚与地断路,电源通过 R_1、W 向电容 C_1 充电,电容电压开始上升。

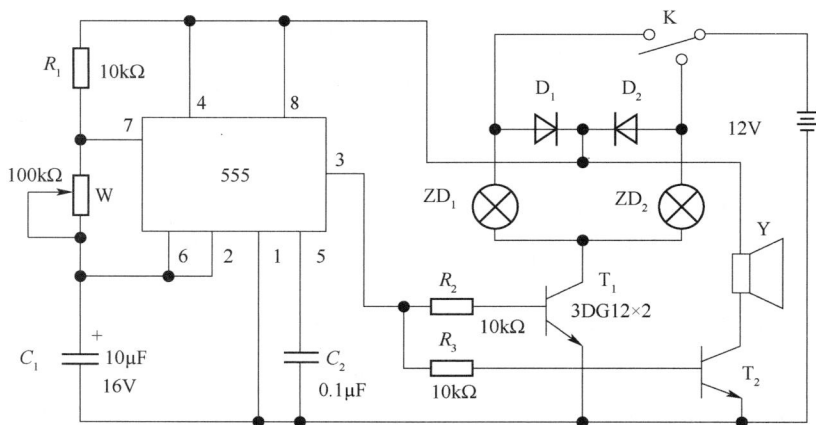

图 6-40　转向信号、危险警报灯电路图

当电容两端电压 $U_{c1} \geq \frac{2}{3}V_{CC}$ 时,高电平触发端(6 脚)和低电平触发端(2 脚)电压均大于等于 $\frac{2}{3}V_{CC}$,555 定时器的输出端(3 脚)为低电平,三极管 T_1 截止,转向灯熄灭。由于此时 555 定时器的放电管导通,电容 C_1 不再充电,反而通过电阻 W 和放电端向地放电,电容电压开始下降。当电容两端电压下降到 $U_{c1} \leq \frac{1}{3}V_{CC}$ 时,高电平触发端(6 脚)和低电平触发端(2 脚)电压均小于等于 $\frac{1}{3}V_{CC}$,那么 555 定时器的输出端就由低电平变为高电平,转向灯亮起,同时放电管由导通变为截止,电源通过 R_1、W 重新向电容 C_1 充电,重复上述过程。如此周而复始,转向灯就以一定的频率闪烁。

通过调节电阻 W 的阻值,可以改变电容 C_1 的充放电时间常数,以调节闪烁频率。

二、任务实施

(一)实施要求

(1)能按照要求完成电路搭建。
(2)能完成检测,并给出结论。

(二)实施准备

万用表,导线若干,N555 集成块、电阻、电容、电位器、二极管、示波器。

(三)实施步骤

(1)器材及工量具的准备。
(2)线路搭建。
(3)线路检测及结果判断。

三、任务工单

任务名称	555 定时转向灯电路的连接与检测			
姓名		班级		分组	
教师		地点		日期	
具体内容				
设备工具				
组员分工				

续上表

<table>
<tr><td colspan="9">实训过程内容与流程记录</td></tr>
<tr><td>一、场地准备</td><td colspan="2">作业场地准备</td><td colspan="6">是否完成:是□　否□</td></tr>
<tr><td rowspan="2">二、集成块认识</td><td>集成块</td><td>作用</td><td colspan="7">引脚功能</td></tr>
<tr><td rowspan="1">N555</td><td></td><td>D</td><td>R_D</td><td>GND</td><td>TH</td><td>TR</td><td>CO</td><td>V_{CC}</td></tr>
</table>

								u_O

三、汽车转向灯电路连接与检测	 1. 如图所示连接电路。 2. 测量 LED 的闪光频率。 3. 调整 W，再次测量 LED 的闪光频率。
四、6S 管理	1. 设备还原　　　是□　否□ 2. 场地清理　　　是否有工具遗漏：是□　否□ 　　　　　　　　地面是否整洁干净:是□　否□

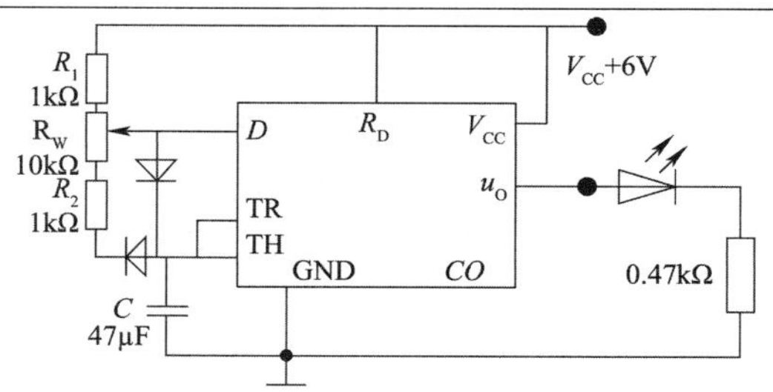

实训任务回顾与总结	
任务收获与结果	
建议和改进措施	

◆ 小结

1. 数字信号(逻辑信号)的变化在时间和数值上都是离散的,处理数字信号(逻辑信号)的电子电路叫数字电路。数字电路主要研究输入信号与输出信号之间的逻辑关系。数制是数的表示方法,常用的数制有二进制和十进制两种。

2. 逻辑电路中实现基本和常用逻辑运算的电子电路被称为逻辑门电路,基本门电路有"与"门、"或"门、"非"门。常用的复合逻辑门电路有"与非"门、"或非"门、"异或"门等。

3. 组合逻辑电路由各种门电路按一定的逻辑功能要求组合连接而成,其特点是任一时刻的电路输出仅取决于该时刻输入信号,而与信号作用前电路原来的状态无关。

4. 组合逻辑电路分析步骤:逻辑图→写出逻辑表达式→逻辑表达式化简→列出真值表→逻辑功能描述。

组合逻辑电路的设计步骤:列出真值表→写出逻辑表达式→逻辑表达式化简→画出逻辑图。

5. 时序逻辑电路主要由存储电路和组合逻辑电路组成。其特点是在任何一个时刻的输出状态不仅取决于当时的输入信号,还取决于电路原来的状态,具有记忆功能。

6.触发器是时序逻辑电路的基本单元,可以作为二进制存储单元使用。它有两个稳定的状态,在外界信号作用下,可以从一个稳态转变为另一个稳态。

◇习题

1.用公式将下列函数化简成最简"与或"表达式。

(1)$Y = ABC + A\overline{B} + A\overline{C}$。

(2)$Y = A\overline{B} + \overline{A}B + AB$。

(3)$Y = (\overline{A+B})C + \overline{ABC}$。

(4)$Y = A\overline{B}C + AB\overline{C} + A + \overline{A}B$。

2.在击剑比赛中,若有 A、B、C 三名裁判,A 为主裁判,当两名以上裁判(必须包括 A 在内)认为运动员得分,按动电钮,发出得分信号,请设计该组合电路。

3.用红、黄、绿三个指示灯表示三台设备的工作情况,绿灯亮表示全部正常;红灯亮表示有一台不正常;黄灯亮表示两台不正常;红、黄全亮表示三台都不正常。试设计出组合电路。

4.触发器的触发方式有几种?分别是哪几种?

5.请分别写出 RS、JK、D 触发器的真值表和特征方程。

6.555 定时器主要由哪几部分组成?每部分各起什么作用?应用电路的基本形式有哪几种?

7.举例说明 D/A 转换器、A/D 转换器在现实生活中的应用情况。

项目七

高压安全事故应急处理

知识目标

(1)熟悉新能源汽车国家高压法规相关要求。

(2)掌握新能源汽车维修规范要求。

(3)掌握高压中止标准的操作流程。

(4)熟悉事故应急的处理措施。

技能目标

(1)能够正确进行安全防护。

(2)能够按要求执行下电操作。

(3)能够根据实际情况实施应急处理。

素养目标

(1)遵守操作规程,树立安全第一的职业观。

(2)培养劳动精神、团队合作意识。

(3)培养严慎、细致、求实、创新的工匠素养。

任务1 高压防护要求与措施

任务描述

电动汽车几百伏的电压让人望而生畏,是不是只要触碰电动汽车就需要做高压防护呢?它在生产过程中设计了哪些安全措施?请在车上逐一找到高压位置并说明具体需要哪些防护措施。

一、知识准备

(一) 电压等级

传统的燃油汽车,其电源系统电压均在安全电压范围之内,为 A 级电压,其电路不要求提供触电防护;而电动汽车采用了大容量动力电池组,高压驱动电动机等高压电气系统,为 B 级电压,电压等级对应电流的范围见表 7-1。电动汽车的高压系统,是一个高电压、大电流的电力回路,其电压高达 300V 至 660V(或更高),电流可达到数百安培,瞬时短路放电的电流更是成倍增加,这种高压系统对驾乘人员的安全具有极大的威胁,一旦电动汽车发生故障,对低电压系统电器、控制器及至整车都可能造成严重的事故,所以电动汽车的强电安全技术是新能源汽车的关键性技术之一。

电压等级 表 7-1

电压等级	最大工作电压	
	直流	交流
A	$0 < U \leqslant 60$	$0 < U \leqslant 30$
B	$60 < U \leqslant 1500$	$30 < U \leqslant 1000$

(二) 安全要求

1. 高压标记要求

B 级电压的电能存储系统或产生装置,应标如图 7-1 所示的警示符号,底色为黄色,边框和箭头为黑色。当移开遮拦或外壳可以露出 B 级电压带电部分时,遮拦和外壳上也应有同样清晰可见的符号。

B 级电压电路中电缆和线束的外皮应用橙色加以区别。

图 7-1 高压警告标记

2. 绝缘电阻要求

在最大工作电压下,直流电路绝缘电阻应不小于 $100\Omega/V$,交流电路应不小于 $500\Omega/V$。如果直流和交流的 B 级电压电路可导电的连接在一起,则应满足绝缘电阻不小于 $500\Omega/V$ 的要求,如图 7-2 所示。

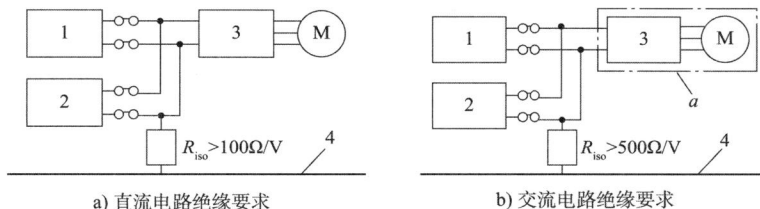

a) 直流电路绝缘要求   b) 交流电路绝缘要求

图 7-2 直流、交流电路传导连接的 B 级电压系统绝缘电阻的要求
1-燃料电池系统;2-动力蓄电池;3-逆变器;4-电平台;a-交流电路

3. 绝缘电阻监测要求

车辆应有绝缘电阻监测功能，并能通过绝缘监测功能验证试验。在车辆 B 级电压电路接通且未与外部电路传导连接时，该装置能够持续或者间歇地检测车辆的绝缘电阻，当该绝缘电阻值小于制造商规定的阈值时，应通过一个明显的信号装置(例如:声或光信号)提醒驾驶员。

4. 电位均衡要求

用于防护与 B 级电压电路直接接触的外露可导电部分(例如:可导电外壳和遮拦)，应传导连接到电平台，如图 7-3 所示，且满足以下要求:

(1)外露可导电部分与电平台间的连接阻抗(等电位线)应不大于 0.1Ω；

(2)电位均衡通路中，任意两个可以被人同时触碰到的外露可导电部分，即距离不大于 2.5m 的两个可导电部分间，电阻应不大于 0.2Ω。

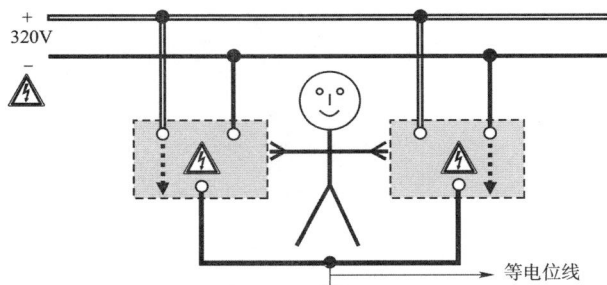

图 7-3　电位均衡要求示意图

5. 高压互锁回路

高电压组件的带电工作部件带有盖板或壳体，以防止直接接触，与高电压导线的导体类似，高电压组件的导体通过绝缘层或绝缘的插头壳体防止接触。售后服务人员进行高电压组件方面的工作前，必须通过执行安全规定关闭高电压系统，使所有带电部件都处于无电压状态，保证安全地进行作业。如果售后服务人员忘记按规定关闭高电压系统，则会有一个附加安全措施——"高压互锁回路"，来自动关闭高电压系统。

高压互锁就是用低压信号监视高压回路完整性的一种安全设计方法。主要作用是确认整个高压系统的完整性，保证整车安全使用。

高压互锁的结构如图 7-4 所示。

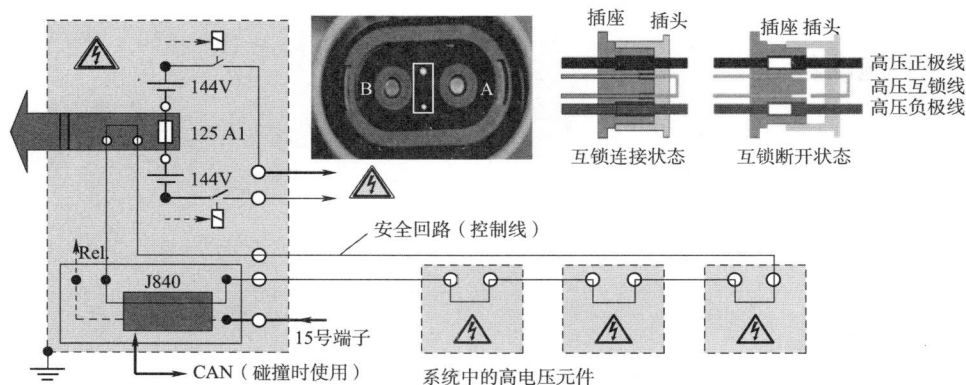

图 7-4　高压互锁回路

6. 高压自放电电路

即使断电时打开了高压蓄电池的接触器,供电电子装置内的电容器/电感器也可能保持在某一数值,可能危及接触部件的人,因此高压系统每次断电时都要让高电压电路放电。

如图 7-5 所示,新能源汽车中通常有一个主动放电电阻,关闭高压系统时,电容仍然保持高压状态,由于自放电电路的存在,立即接通自放电电阻,电容通过电阻完成自放电。

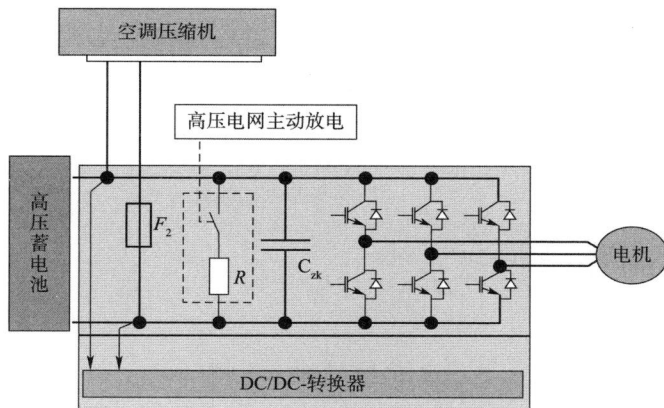

图 7-5 高压自放电电路

二、任务实施

(一) 实施要求

(1) 能根据电压等级要求作相应防护准备。
(2) 能认识高压部件。
(3) 能对高压部件作绝缘测试。
(4) 能正确采取高压安全防护措施。

(二) 实施准备

电动汽车、绝缘防护用品、数字万用表、绝缘测试仪。

(三) 实施步骤

(1) 准备作业场地及测量工具。
(2) 高压部件的认识与检测。
(3) 进行 6S 管理。

三、任务工单

任务名称			高压部件检测与高压防护			
姓名		班级		分组		
教师		地点		日期		
具体内容						
设备工具						
组员分工						
实训过程内容与流程记录						
一、场地隔离	1.隔离作业场地　　　　　　　　是否完成:是□　否□ 2.放置高压警示标志　　　　　　是否完成:是□　否□					
二、工具准备	1.绝缘拆装工具/防护用品选择　　种类/型号:_____。 2.绝缘拆装工具/防护用品检查　　是否有破损:是□　否□					
三、高压部件认识与检测	1.测量动力蓄电池电压:_____。电压等级:A□　B□ 2.是否需要采取防护措施　　　是□　否□ 3.找到高压部件并写出名称及绝缘电阻值。 (1) (2) (3) (4) (5) (6) (7) (8) 4.实验车辆是否配备以下安全防护措施。 (1)高压警告标记　　　　　　是□　否□ (2)高压互锁装置　　　　　　是□　否□ (3)等电位线　　　　　　　　是□　否□					
四、6S管理	1.设备还原　　　　是□　否□ 2.场地清理　　　　是否有工具遗漏:是□　否□ 　　　　　　　　　地面是否整洁干净:是□　否□					
实训任务回顾与总结						
任务收获与结果						
建议和改进措施						

任务2 新能源汽车高压系统的维修规范

任务描述

一台比亚迪秦 EV 存在高压上电故障,根据检修操作流程,需要对车辆执行下电操作。

一、知识准备

(一)维修车间防护

在对新能源汽车进行高压作业时,需要有专用的维修工位,如图 7-6 所示,并应保持专用维修工位清洁、干燥、通风良好。维修作业前应设置安全隔离警示,避免无关人员靠近。

图 7-6 专用维修工位

1. 维修规范要求

(1)车辆维修期间,必须同时有两名持有上岗证的人员进行工作,其中一人工作职责为监督维修全过程,防止出现不安全行为,当发生触电事故时,能及时进行救护。

(2)涉及高压维修及维护的操作过程中,维护人员禁止佩戴手表、金属笔、项链、手链等金属物品,避免意外触电。

(3)未经过高压安全培训的维修人员,不允许对高压部件进行维修操作,严禁非专业人员对高压部件进行移除及安装。

(4)对于车辆维修过程中的高压配件必须标记明显的高压勿动警示,并禁止将带有高压电的部件放置在无人看管的环境中。

(5)车辆在充电过程中不允许对高压部件进行拆装、维修等工作。

(6)维修前必须进行高压电禁用操作。

(7)维修完毕后进行上电操作前,需确认车辆无维修人员在进行操作。

(8)更换高压部件后测量搭铁是否良好。

(9)电缆接口必须按照规定力矩拧紧。

(10)禁止体内植入电子医疗设备的人员参与电动汽车高压部件的维修。

2. 维修安全措施

(1)用带用不同颜色的线代表不同电压,重视高压部件上的橙色高压线路和上面的警示信息。

(2)带高压电零件的防解除保护。

(3)高压电采用正负极与车辆搭铁绝缘。

(4)绝缘电阻检测,服务断开高压接通锁。

(5)采用高压互锁装置。

(二)售后维修人员资质要求

1. 一级资质

只要新能源汽车的高压系统运行正常,每位售后技术人员都可进行一般性修理工作。开始工作前必须由高压工程师指导维修人员了解高压系统带来的危害,维修人员必须熟悉高压组件的标记和安全操纵车辆的方法。

一级资质人员是在接受了充分的作业指导后有足够能力从事一定高压系统作业的人员,指导内容包括所分配的任务、不当作业时的潜在危险及必要的防护装置和安全措施。如有必要,一级资质人员还可以接受在职培训,并获得相应培训证书。一级资质人员必须有书面确认接受了相关指导的说明。

2. 二级资质

进行高压组件方面作业的维修人员必须经过相应的培训认证,维修人员经过培训认证后成为新能源汽车高压系统的电气专业人员(高电压工程师)。

二级资质授权的作业范围主要包括:

(1)一级资质人员的作业范围;

(2)经认可的高压电系统断电操作;

(3)高压蓄电池的分类;

(4)高压电蓄电池的拆卸/组装。

在我国,每个厂家对二级资质都要进行认证,一方面必须通过理论和实际培训认证证明该维修人员具备工作能力和专业知识;另一方面还必须经过相关车型的培训,得到具体认证。概括为以下两方面要求:

(1)具备《特种作业操作证(低压电工证)》,如图 7-7 所示;

(2)必须经过厂家新能源车型培训,并通过考核。

3. 三级资质

三级资质主要指能够在带电状态下进行高压系统作业、拆除维修高压蓄电池,例如进行接触电阻故障的检测和相关零部件的维修。

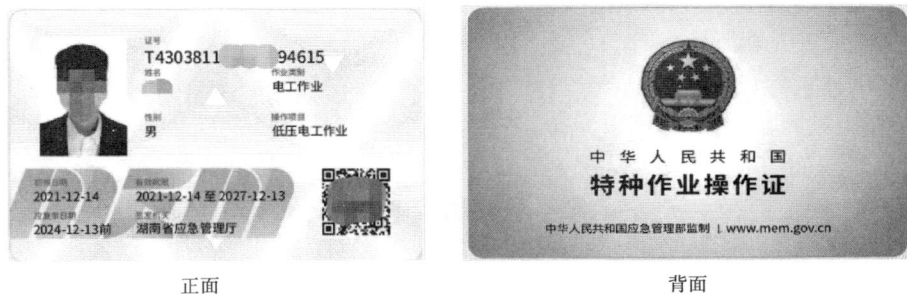

正面   背面

图 7-7　低压电工证

(三) 高压中止标准操作流程

高压中止标准操作主要包括四部分:掌握并遵守高压系统作业的安全规范;断开高压系统(断电);防止高压系统再激活(保护);确定高压系统断电(确认)。

1. 断开车辆 12V 辅助蓄电池

对于有些特殊的维修作业,技术人员会根据维修信息指导断开车上的 12V 蓄电池负极连接线。

2. 车辆断电(断电)

如果车辆没有出现影响技术人员进行诊断和维修的特殊情况,则技术人员的检查工作通常会从检查汽车的驱动系统开始。为了安全起见,首先查看驱动系统的电源是否被切断,确认下电后就可以开始进行维修作业了。

车辆断电后,技术人员还必须保管好车辆钥匙,以防止其他人起动车辆。有些配备远程无钥匙起动系统的汽车厂家要求所有钥匙在进行车辆维修作业过程中,必须与车辆保持 4.6m 远的距离。

在正常情况下,如果没有发生驱动系统故障,则切断混合动力汽车和纯电动汽车的电源会导致蓄电池组高压继电器断开及变频器高压电容放电。维修人员必须验证车辆的高压系统是否处于不能启动的禁用状态,此后才能继续进行作业。

3. 电容放电(断电)

混合动力汽车和纯电动汽车的变频器中都安装了高压电容。高压电容在车辆运行时,一端与动力电池包的高压母线相连,另一端连接到相应的变频器上。如果汽车断电且高压电池包的高压继电器已断开后,变频器的电容仍然保持充电状态,则动力电池包母线和变频器上可能仍有高压电。为避免这种情况发生,混合动力汽车和纯电动汽车的变频器上设计了自放电电路,一旦汽车断电,该放电电路就会开始工作。

不同的车辆,电容放电所需的时间不尽相同,通常车辆的放电间隔时间为 5min 或 10min。具体车型的准确放电时间可以通过汽车厂家的维修信息来了解。技术人员必须在汽车动力驱动系统断电后再等待足够长的时间,才能接触高压连接部件。

4. 拆卸维修开关(断电)

维修开关是一种安全装置,专为汽车高压系统需要紧急禁用时设计。只有出现下列情形时才能拆下维修开关。

（1）车辆已被下电。

（2）变频器电容已充分放电。

维修开关被拆下后，动力蓄电池会被分成两部分，对外输出电压几乎为零。很多维修开关还设计了冗余的低压互锁装置，维修开关被拆下时，该互锁装置作为一种电路与控制模块断开，或将电路断开。维修开关呈橙色，位于动力电池包附近，通常采用隐蔽式设计。拆下维修开关前，技术人员需要戴上高压绝缘手套，做好安全防护。

5. 防止高电压系统再激活（保护）

汽车维修开关拆下后，技术人员应将其妥善保管，确保不会被其他人拿去重新安装上。还要固定住高压系统以防重新接通。

6. 确定高压系统断电（确认）

关闭汽车电源后，断开其12V辅助蓄电池的连接，为变频器的电容留出足够的时间放电。对于某个具体系统，为保证能够安全地对其进行维修作业，技术人员必须根据汽车厂家的维修信息指示，使用电压表来确定两个检测点之间有无电压，或电压是否安全。如果该系统此前已经做了处理，则理论上不存在电压，即使有电压，其电压值也应该很小。在大多数情况下，如果高压系统已正确断电，技术人员测量出的电压值应该小于1V。为确认某个高压部件或连接部件已下电，技术人员应戴上高压绝缘手套，在指定的测量点测量电压。

二、任务实施

（一）实施要求

（1）做好高压安全防护。

（2）进行故障现象确认。

（3）根据检修需要正确执行高压下电操作。

（二）实施准备

高压绝缘防护用品、绝缘拆装工具、隔离栏、绝缘检测仪、数字万用表、纯电动汽车。

（三）实施步骤

（1）准备维修工位。

（2）穿戴绝缘防护用品。

（3）断开12V蓄电池负极。

（4）等待5~10min。

（5）验电，确认电容器自行放电完成。

（6）拆卸维修开关，并做好防接通措施。

（7）用万用表测量高压系统，确认是否断电。

三、任务工单

任务名称	高压下电操作				
姓名		班级		分组	
教师		地点		日期	
具体内容					
设备工具					
组员分工					
实训过程内容与流程记录					
一、场地隔离	1.隔离作业场地　　　　是否完成：是□　否□ 2.放置高压警示标志　　是否完成：是□　否□				
二、工具准备	1.绝缘拆装工具/防护用品选择　　种类/型号：_____。 2.绝缘拆装工具/防护用品检查　　是否有破损：是□　否□				
三、高压断电操作	1.断开低压蓄电池负极　　　　是□　否□ 2.等待时间：_____。 3.测量高压部件两端电压值 　高压部件名称：_____。　电压测量值：_____。 4.拆卸维修开关。 5.是否做好防接通措施　　　　是□　否□ 6.测量动力蓄电池端电压：_____。				
四、6S 管理	1.设备还原　　　　是□　否□ 2.场地清理　　　　是否有工具遗漏：是□　否□ 　　　　　　　　　地面是否整洁干净：是□　否□				
实训任务回顾与总结					
任务收获与结果					
建议和改进措施					

任务 3　高压事故应急处理

✍ 任务描述

你知道什么情况下容易触电吗？如果发现有人触电，如果进行急救？

一、知识准备

(一)电流对人体的危害

电流对人体的伤害有三种,电击、电伤与电磁场伤害。

(1)电击是人身体的某部位接触带电体,电流流过人体,使人体内脏器官组织受到损伤,从而受伤甚至造成死亡的触电事故。

(2)电伤是指人体未直接接触带电体,但由于电的热效应、化学效应、机械效应等对人体造成了伤害。如电弧作用下或熔丝熔断时,对人体的烧伤、金属溅伤等外部的间接伤害。

(3)电磁场伤害是指人在高频磁场的作用下,出现头晕、乏力、记忆力衰退、失眠多梦等神经系统紊乱的不适症状。

根据大量的触电事故及原因分析,电击对人体所引起的伤害程度与多方面因素相关,以下就其中影响较大的几个因素进行重点介绍。

1. 电流通过人体的时间长短

日常生活中,很多人都有过触电经历。如,当手指不慎接触到带电体时,由于人体的条件反射会迅速脱离带电体,因时间极短,往往这种电击对人体的伤害很小,若此时身体不能摆脱电流,则伤害程度会加大,电流流过人体的时间越短,则伤害越小,时间越长,则伤害越大,严重的会导致死亡。

2. 电流的大小

事实证明,不管是交流电还是直流电都对人体具有伤害作用。不同人最大能承受电流的大小也有所区别。一般来说,如果人体流过的电流在 0.05A 以上,就会有生命危险。

3. 人体自身电阻的大小

在相同电压作用下,人体的电阻越小,则流过人体的电流会越大,电流对人体的伤害程度也越大。根据研究结果,当人体皮肤有完好的角质外层且干燥时,人体电阻的大小大约为 $10^4 \sim 10^5\Omega$;当角质层破损时,会下降到 $800 \sim 1000\Omega$。

若取人体内部电阻为 800Ω,流过 50mA 计算,根据欧姆定律:$U = 50mA \times 800\Omega = 40V$。

也就是说,人体在角质层破损或潮湿的情况下,40V 的电压就对人体有生命危险了。为了安全起见,这个值下降 10%,取 36V 为安全电压,这是用于小型电气设备或小容量电气线路的安全措施。我国规定安全电压的等级为 42V、36V、24V、12V、6V。手提照明灯、高度不足 2.5m 的一般照明灯,如果在没有特殊安全结构或安全措施的情况下,应采用 42V 或 36V 的安全电压;金属容器内、隧道内、矿井内等工作地点狭窄、行动不便、周围有大面积接地导体或潮湿环境的情况下,其安全电压应降至 12V。

4. 电流的频率

电流频率不同,对人体的伤害程度也不同,25 ~ 300Hz 的交流电流对人体伤害最严重,1kHz 以上,伤害程度明显减轻,但高压高频电也有电击致命的危险。例如,10kHz 高频交流电感知电流,男性约为 12mA;女性约为 8mA。平均摆脱电流,男性约为 75mA;女性约为 50mA。可能引起心室颤动的电流,通电时间 0.3s 时约为 1100mA;3s 时约为 500mA。电流大小对人体的影响具体见表 7-2。

电流大小对人体的影响　　　　　　　　表 7-2

名称		成年男性	成年女性
感知电流	工频	1.1mA	0.7mA
	直流	5.2mA	3.5mA
	10^4Hz 电流	12mA	8mA
摆脱电流	工频	16mA	10.5mA
	直流	76mA	51mA
	10^4Hz 电流	75mA	50mA
致命电流	工频	30～50mA	
	直流	1300mA(0.3s),500mA(3s)	
	10^4Hz 电流	1100mA(0.3s),500mA(3s)	

冲击电流对人体也有伤害,其能引起强烈的肌肉收缩,给人以冲击的感觉。雷电和静电都能产生冲击电流,对人体的伤害程度与冲击放电能量有关。

5. 电流流经身体部位与身体接触面积

实际上,流经身体的电流大小取决于电压大小与身体电阻。而身体电阻的大小又取决于电流流经身体的路径。人体不同部位的平均电阻大小,见表 7-3。

人体不同部位的平均电阻　　　　　　　　表 7-3

当前路径	示意图	身体电阻 $R_{human\Omega}$（Ω）	200V 时电流大小（mA）
手——手		1000	200
手——足		1000	200
手——足		750	267
手——胸		450	444

当前路径	示意图	身体电阻 $R_{human\Omega}$（Ω）	200V 时电流大小（mA）
手——臀		550	364

（二）触电急救

进行触电急救,应遵循迅速、就地、准确、坚持的原则。

（1）迅速断电或脱离电源。发现有人触电,第一时间应迅速断电。如果电源开关离得较近,首先断开电源开关;若电源开关离得远,则在施救者采用绝缘措施的前提下设法让触电者脱离电源。

（2）就地抢救。在将触电者脱离电源后,应移到安全的地方就地、及时地进行抢救。时间就是生命,不能送往医院或等待医护人员到达。

（3）准确。即视触电者受伤害情况正确采取救治方法。检查触电者的意识、呼吸及脉搏的视情况而采用不同的救治方法。

（4）坚持不放弃。触电者往往会因电流通过人体而导致意识模糊、呼吸停止、心脏停止跳动等症状。施救者不能因为这些现象的出现而放弃救治,应设法联系医疗部门并坚持救治直到医护人员的到来。

下面对几种主要的触电急救方法进行介绍。

1. 人工呼吸

当触电者失去意识,呼吸停止,但仍有心跳的情况下,应采用口对口人工呼吸。

采取人工呼吸方法时,如图 7-8 所示,应保持触电者的气道通畅,救护人站在其头部的一侧,自己深吸一口气,对着伤病人的口将气吹入,造成吸气。为使空气不从鼻孔漏出,此时可用一手将其鼻孔捏住,然后,以吹气 2s 放松 3s,每分钟 10 ~ 12 次的速度,坚持操作直到触电者正常呼吸为止。

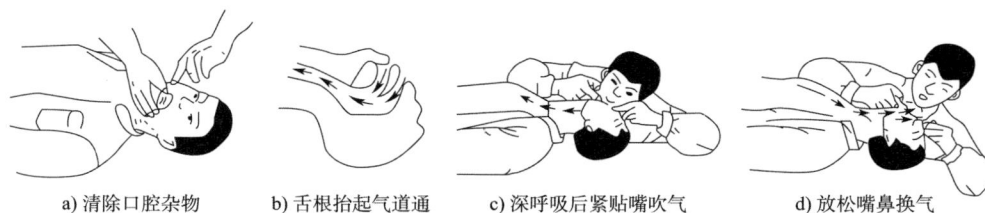

a) 清除口腔杂物　　b) 舌根抬起气道通　　c) 深呼吸后紧贴嘴吹气　　d) 放松嘴鼻换气

图 7-8　人工呼吸操作流程

2. 胸外心脏按压

触电者失去意识,有呼吸但心脏停止跳动的情况下,应采用胸外心脏按压进行急救。患者应仰卧平躺于硬质平面,解开衣领和腰带,操作者跪在其旁,操作者左手掌根部放在患者胸骨下 1/3 交界处,如图 7-9a)所示,右手平行重叠压在手背上,如图 7-9b)所示,操作者肩、肘、腕应位于同一轴线,身体与患者身体平面垂直;胸外按压时应以掌根部为着力点,肘关节伸直,依靠自身重力垂直向下按压,如图 7-9c)所示。每次按压后让胸廓完全回弹,放松时双手不要离开胸壁,保持已选择的按压位置不变,如图 7-9d)所示,按压和放松的时间大致相等,按压频率为 100 ~ 120 次/分。成人按压幅度至少为 5cm,但不宜超过 6cm,儿童和婴儿的按压幅度至少为胸部前后径的 1/3(儿童约 5cm,婴儿约 4cm)。

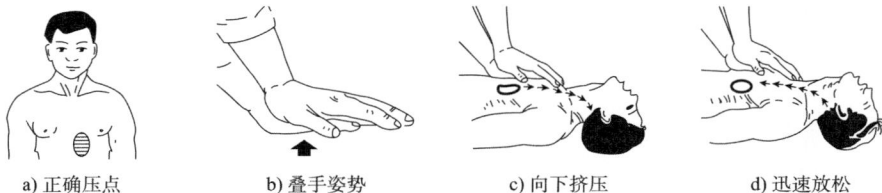

a) 正确压点　　b) 叠手姿势　　c) 向下挤压　　d) 迅速放松

图 7-9　胸外心脏按压的操作重点

当触电者呼吸与心跳均停止,则应将口对口人工呼吸与胸外心脏按压两种方法同步进行。以胸外按压 30 次及 2 次人工呼吸为一个循环,5 次循环为一组。如 5 次循环结束,意识仍未恢复,则继续进行一组 5 次循环,直至触电者意识恢复或医护人员到达。

二、任务实施

(一)实施要求

(1)能根据实际情况正确选择急救措施。
(2)能正确实施胸外心脏按压和人工呼吸急救法。

(二)实施准备

心肺复苏教具。

(三)实施步骤

(1)判断患者状态。
(2)心肺复苏施救。

三、任务工单

任务名称	高压事故应急处理			
姓名		班级		分组	
教师		地点		日期	
具体内容				

续上表

设备工具	
组员分工	
实训过程内容与流程记录	
一、场地隔离	隔离作业场地　　　　是否完成:是□　否□
二、判断患者状态及启动急救	1.把患者放在仰卧位。 2.判断患者意识有无反应有□　无□ 3.判断患者有无心跳　有□　无□
三、心肺复苏操作	1.胸外按压30次。 (1)患者仰卧在平实的硬质平面上,头部与躯干处在同一平面。 (2)交叠双手,上身前倾,双臂伸直,垂直向下,用力并有节奏地按压患者双乳头连线与胸骨交界处30次。 2.人工呼吸两次。 (1)一手置于患者额部,向下压;另一只手放在患者下颌处,向上抬,让患者的嘴角与耳垂的连线与地面垂直。 (2)清除患者口腔中的异物(如假牙或呕吐物等)。 (3)捏住患者鼻子,用嘴包住患者的嘴快速将气体吹入。 3.重复以上两个步骤。
四、6S管理	1.设备还原　　　　　是□　否□ 2.场地清理　　　　是否有工具遗漏:　是□　否□ 　　　　　　　　　　地面是否整洁干净:是□　否□
实训任务回顾与总结	
任务收获与结果	
建议和改进措施	

小结

1.汽车用电电压可以分成A、B两个等级,A级电压电路不要求提供触电防护。

2.在执行新能源汽车检修时,应设置高压警告标识,新能源汽车高压导线用橙色表示。

3.不同新能源汽车企业对售后服务人员都有资质要求,未经过高压安全培训的维修人员,不允许对高压部件进行维修操作,严禁非专业人员对高压部件进行移除及安装。

4.在高压部件检修时,要严格执行高压断电、防止接通和验电等步骤。

5.电流对人体的伤害有电击、电伤与电磁场三种。

6.电流对人体的伤害与电流通过人体的时间长短、电流的大小、人体自身电阻的大小、电流的频率、电流流经身体部位与身体接触面积等因素有关。

7.进行触电急救,应遵循迅速、就地、准确、坚持的原则。急救措施主要包括人工呼吸、胸外心脏按压。人工呼吸的频率为10~12次/分钟,胸外按压频率为100~120次/分,心肺复苏的按压与通气比为30∶2。

▶ 习题

一、单选题

1. 电动汽车上的高压线一般用( )颜色标示。

　A. 白色　　　　　　　B. 绿色　　　　　　　C. 橙色　　　　　　　D. 蓝色

2. 执行高压系统作业时,必须严格遵守( )安全操作规范。

　A. 双人作业,单手操作　　　　　　　B. 双人作业,双手操作

　C. 单人作业,单手操作　　　　　　　D. 单人作业,双手操作

3. 直流电超过( )V 为危险电压。

　A. 12　　　　　　　B. 24　　　　　　　C. 48　　　　　　　D. 60

4. 电动汽车维修操作人员必须持证上岗,《特种作业操作证(低压电工证)》发证单位是( )。

　A. 交警部门　　　　　　　B. 汽车维修行业管理处

　C. 交通运输管理局　　　　　D. 安监局

5. 下面( )不是引起电气起火的原因。

　A. 短路　　　　　　　B. 过载　　　　　　　C. 接触不良　　　　　D. 天气寒冷

二、判断题

1. 纯电动汽车的电压等级属于 B 级,不需要作防护。　　　　　　　　( )

2. 在执行纯电动汽车检修时要放置高压警告标识。　　　　　　　　( )

3. 高压互锁就是用低压信号监视高压回路完整性的一种安全设计方法。　( )

4. 未经过高压安全培训的维修人员,不允许对高压部件进行维修操作。　( )

5. 涉及高压维修及维护的操作过程中,维护人员禁止佩戴手表、金属笔、项链、手链等金属物品。　　　　　　　　　　　　　　　　　　　　　　　　　( )

三、填空题

1. 电流对人体的伤害有电击、_____与电磁场。

2. 心肺复苏时,胸外按压和人工呼吸次数的比值是_____。

3. 动力电池漏电检测判定不漏电的标准是:等于或高于_____。

4. 触电急救的原则是_____、_____、_____、_____。

四、简答题

1. 高压断电操作时,应该分几步进行?操作过程有哪些注意事项?

2. 通过实操胸外按压法,你有什么体会?

参 考 文 献

[1] 侯立芬.汽车电工电子技术[M].北京:机械工业出版社,2021.

[2] 黄文进,尹爱华.新能源汽车电学基础与高压安全[M].北京:机械工业出版社,2023.

[3] 黄经元,于晨斯.新能源汽车高压安全与防护[M].上海:华东师范大学出版社,2021.

[4] 吴涛.汽车电工与电子技术[M].西安:西安电子科技大学出版社,2023.

[5] 王谦,李子路,陈林.汽车电工电子技术[M].成都:西南交通大学出版社,2020.

[6] 刘映霞,王强.汽车电工电子技术[M].北京:人民交通出版社股份有限公司,2019.